“十二五”职业教育国家规划教材
经全国职业教育教材审定委员会审定

城市轨道交通通信与信号

第2版

主　编　贾毓杰
参　编　胡金成　周　珊　芦南美　李建洋
刘春阳　肖　娜　刘道荣　王　宏
辛国明　郎　方　胡文宇　蒋圣超
翟新松　赵　妍　张大鹏　郭志桓
主　审　章贤方

机械工业出版社
CHINA MACHINE PRESS

本书是经全国职业教育教材审定委员会审定通过的“十二五”职业教育国家规划教材，是根据《教育部关于“十二五”职业教育教材建设的若干意见》及教育部新颁布的《高等职业学校专业教学标准(试行)》，在第1版的基础上修订而成的。全书分为17个项目。项目一～项目五是信号基础设备部分，介绍了继电器、轨道电路、计轴器、信号机、转辙机等基础信号设备；项目六、项目七是联锁设备部分，介绍了正线车站和车辆段的计算机联锁设备；项目八～项目十一是ATC部分，比较详细地说明了ATP、ATO、ATS设备组成、工作原理及应用；项目十二～项目十七是通信部分，说明了城市轨道交通通信设备的原理及应用。附录中以实际应用的设备为基础，绘制了城市轨道交通正线和车辆段信号平面图，并列出了常用的信号系统的英文缩写对照表，可供教学中参考使用。

本书可作为高等职业院校城市轨道交通专业的教学用书，也可作为城市轨道交通企业新职工的培训教材。

为方便教学，凡选用本书作为授课教材的教师均可以教师身份登录www.cmpedu.com下载免费电子课件，或来电咨询：010－88379865。

图书在版编目(CIP)数据

城市轨道交通通信与信号/贾毓杰主编. —2版. —北京：机械工业出版社，2014.6(2018.1重印)

“十二五”职业教育国家规划教材

ISBN 978-7-111-47813-3

Ⅰ.①城… Ⅱ.①贾… Ⅲ.①城市铁路—交通信号—信号系统—高等职业教育—教材 Ⅳ.①U239.5

中国版本图书馆CIP数据核字(2014)第200235号

机械工业出版社(北京市百万庄大街22号 邮政编码100037)

策划编辑：曹新宇 责任编辑：师 哲

责任校对：纪 敬 封面设计：陈 沛

责任印制：李 飞

北京铭成印刷有限公司印刷

2018年1月第2版第8次印刷

184mm×260mm · 14.75印张 · 2插页 · 343千字

标准书号：ISBN 978-7-111-47813-3

定价：39.80元

凡购本书，如有缺页、倒页、脱页，由本社发行部调换

电话服务 网络服务

服务咨询热线：010-88379833 机 工 官 网：www.cmpbook.com

读者购书热线：010-88379649 机 工 官 博：weibo.com/cmp1952

教育服务网：www.cmpedu.com

封面无防伪标均为盗版 金 书 网：www.golden-book.com

第2版前言

本书是按照教育部《关于开展“十二五”职业教育国家规划教材选题立项工作的通知》，经过出版社初评、申报，由教育部专家组评审确定的“十二五”职业教育国家规划教材，是根据《教育部关于“十二五”职业教育教材建设的若干意见》及教育部新颁布的《高等职业学校专业教学标准(试行)》，在第1版的基础上修订而成的。

此次修订，在原有教材的基础上，补充了计轴器、ZDJ9转辙机、CBTC等相关知识点和图形，设备介绍更加侧重国产设备，同时在信号设备的介绍中，注重结合典型城市轨道交通线路，增加了城市轨道交通信号系统的应用实例。

本书由河北轨道运输职业技术学院贾毓杰任主编，具体编写分工如下：河北轨道运输职业技术学院贾毓杰(项目一、二、四、五、十二、十三)，安徽交通职业技术学院李建洋(项目三)，有河北轨道运输职业技术学院的胡金成(项目六)，周珊、芦南美(项目七)，天津滨海快速交通发展有限公司刘春阳、肖娜(项目八)，刘道荣、王宏(项目九)，辛国明、郎方(项目十)，胡文宇、蒋圣超(项目十一)，翟新松、赵妍(项目十四、十五)，张大鹏、郭志桓(项目十六、十七)。全书由天津滨海快速交通发展有限公司章贤方主审。本书在编写过程中得到天津滨海快速交通发展有限公司和深圳地铁有限责任公司的技术支持，苏州大学李晓村教授提供了很多指导和热情帮助，在此深表感谢。

本书经全国职业教育教材审定委员会审定，教育部专家在评审过程中对本书提出了很多宝贵的建议，在此对他们表示衷心的感谢!

由于编者水平有限，加之我国城市轨道交通近年来发展迅速，书中难免有不妥之处，敬请广大读者批评指正。

编　者

第1版前言

信号系统是城市轨道交通的重要基础设施之一，为确保列车的运行安全和提高行车效率起着重要作用。虽然城市轨道交通列车运行速度相对较低，但运行密度高、站间距离短，因此ATC(列车运行自动控制系统)因其本身技术含量高，具有网络化、综合化、数字化、智能化等特点而已成为城市轨道交通信号系统的共同选择。ATC系统包括ATP(列车自动防护)、ATO(列车自动运行)、ATS(列车自动监控)三个子系统，通过信息交换网络构成闭环系统，实现地面控制与车上控制结合、现地控制与中央控制结合，三个子系统构成了一个以安全设备为基础，集行车指挥、运行调整以及列车驾驶自动化等功能为一体的列车自动控制系统。我国城市轨道交通的ATC系统目前大多采用进口设备，主要来自德国SIEMENS、英国WESTINGHOUSE、美国US&S、法国ALSTON等公司。国产信号系统由于多种原因尚未形成完整的产品，近年来ATP系统等开始逐步在正线得到应用。除ATC系统外，地铁信号设备还包括继电器、轨道电路、转辙机、信号机等基础设备。城市轨道交通正线车站目前多采用西门子公司SICAS计算机联锁系统等进口设备，车辆段(车厂)大多使用国产的计算机联锁设备。

城市轨道交通通信系统是为传输服务、给旅客提供信息、保证对车站进行高层次控制而建立的视听链路网。除为旅客提供服务外，通信系统还为运营控制中心、车站、车辆段及沿线的运营、管理及维修人员提供语音传输、数据传输、图像传输等服务。通信系统是多个独立的子系统的组合，包括公务电话、调度电话、无线集群系统、站内及轨旁电话、闭路电视、广播系统、时钟系统等。这些子系统能协调工作，并能对各自子系统内的故障进行检测和报警，从而确保整个通信系统可靠工作。

城市轨道交通的发展需要大量设备使用和维护人员。本书紧扣职业教育的特点，采用项目式编写方式，每个项目包括了理论教学、实践性教学和理论知识的拓展提高等模块，在讲述专业知识的基础上，突出实际操作技能的训练，适用于城市轨道交通信号专业、运输专业的学生，也可作为城市轨道交通企业新职工的培训教材。通过本书的学习，学生能够对城市轨道交通的信号设备、通信设备有比较全面的了解，为从事城市轨道交通运营指挥和通信信号设备维护等工作提供知识保障。

本书共分为16个项目。项目一~项目四是信号基础设备部分，介绍了继电器、轨道电路、信号机、转辙机等基础信号设备；项目五、项目六是联锁设备部分，介绍了正线车站和车辆段的计算机联锁设备；项目七~项目十是ATC部分，比较详细地说明了ATP、ATO、ATS设备组成、工作原理及应用；项目十一~项目十六是通信部分，说明了城市轨道交通通信设备的原理及应用。教材的附录中以实际应用的设备为基础，绘制了城市轨道交通正线和车辆段信号平面图，并列出了常用的信号系统的英文

缩写对照表，可供教学中参考使用。

本书由贾毓杰主编，并编写了项目一～项目四、项目六，参加编写的有胡金成(项目五)，刘春洋、肖娜(项目七)，刘道荣、王宏(项目八)，杨宏飞、辛国明(项目九)，胡文宇、严冬(项目十)，王洪强(项目十一)，魏学磊、张辉丽(项目十二)，赵妍、翟新松(项目十三)，郭祥寿(项目十四)，孙杰贤(项目十五)，贺庆林(项目十六)。全书由章贤方主审。在编写过程中，得到了天津滨海快速交通发展有限公司、深圳地铁有限责任公司等的技术支持，在此表示衷心感谢。

由于我国城市轨道交通目前使用的信号和通信设备引进多国技术，制式众多，而且公司的规章制度存在一定差异，本书只能引用其中的部分设备及规章的资料进行说明，而且相关设备发展日新月异，书中的资料和数据可能与实际设备存在出入，仅供参考。同时，由于编者水平所限，书中的不足及错误之处，请读者批评指正。

编　者

目 录

CONTENTS

项目一　信号基础设备——继电器

知识要点

1. 了解直流无极继电器、整流继电器、有极继电器、偏极继电器、交流二元继电器的工作原理。

2. 以信号机控制电路为例掌握继电器在控制电路中的作用。

3. 了解故障-安全原则的基本要求；了解信号设备应怎样实现故障-安全原则。

相关理论知识

一、继电器的基本原理

继电器是一种电磁开关，能以较小的电信号控制执行电路中的大功率设备，是实现自动控制和远程控制的重要设备。

继电器类型有很多，均由电磁系统和触点系统两部分组成。其中电磁系统主要包括线圈、铁心以及可动的衔铁等；触点系统由动触点和静触点组成。

继电器工作原理如图 1-1 所示。当线圈中通入规定的电流后，根据电磁原理，线圈中产生磁性，衔铁被吸引；当线圈中没有电流时，衔铁由于重力作用被释放。衔铁上的触点称为动触点。随着衔铁的动作，动触点与静触点接通或断开，从而实现对其他设备的控制。

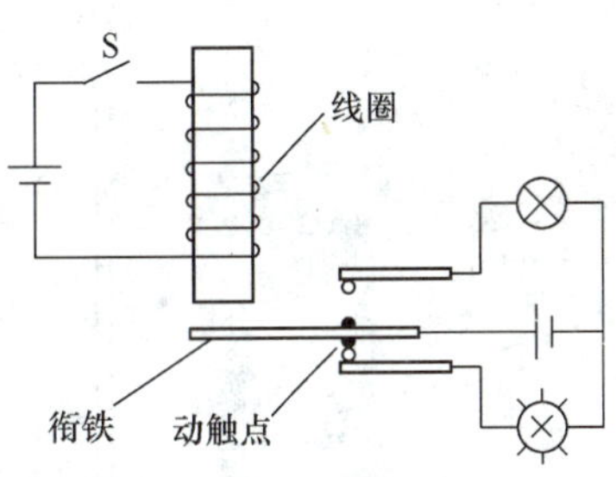

图 1-1　继电器工作原理

二、继电器的分类

1. 按动作原理分类

（1）电磁继电器　电磁继电器是利用电流通过线圈产生的磁场来实现动作的继电器。信号设备中使用的大多是这类继电器。

（2）感应继电器　感应继电器是利用电流通过线圈产生的交变磁场与其翼板中的另一交变磁场所感应的电流相互作用，使翼板转动而动作的继电器。例如，相敏轨道电路所使用的交流二元继电器。

2. 按动作电流分类

（1）直流继电器　直流继电器是由直流电源供电的继电器。大部分信号继电器都是直流继电器。

(2) 交流继电器　交流继电器是由交流电源供电的继电器。例如，信号机点灯电路中用于监督信号机是否灭灯的灯丝继电器，用于信号机灯泡主、副灯丝转换的灯丝转换继电器等。

3. 按动作时间分类

(1) 正常动作继电器　衔铁动作时间0.1~0.3s，大部分信号继电器属于此范围。

(2) 缓动继电器　缓动继电器包括缓吸和缓放两种，衔铁动作时间超过0.3s。

4. 按工作可靠程度分类

(1) 安全型继电器　依靠自身结构满足系统的安全要求，主要是依靠重力作用释放衔铁。

(2) 非安全型继电器　断电后依靠弹力保证继电器落下，又称为弹力式继电器。

三、安全型继电器

城市轨道交通信号系统大多使用安全型继电器以确保设备具有“故障-安全”特性。安全型继电器一般为电磁继电器，可采用直流电也可采用交流电，根据需要还可使继电器具有缓动功能。

1. 直流无极继电器

我国轨道交通信号中应用较多的是AX系列继电器，其基本结构属于直流无极继电器。

(1) 结构　安全型直流无极继电器结构如图1-2所示，由直流电磁系统和触点系统两部分构成。

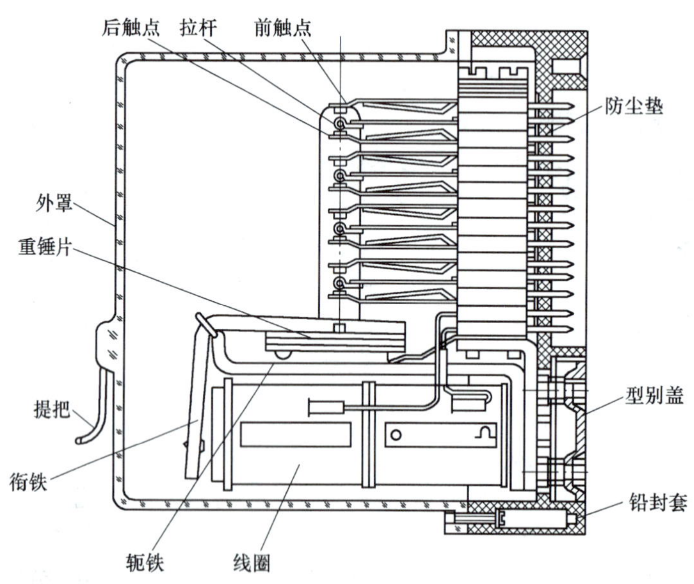

图1-2　安全型直流无极继电器结构示意图

直流电磁系统由线圈、铁心、轭铁等组成。线圈分为前圈和后圈，可根据电路需要设置单线圈控制、双线圈串联控制或双线圈并联控制。通电时线圈产生磁通，吸引衔铁；断电后线圈失磁，衔铁依靠重力作用可靠释放。

触点系统包括拉杆和触点组。触点组分为静止的前触点、后触点和固定在拉杆上的动触点。触点的接通情况可以反映继电器的状态，同时用于控制其他设备。直流无极继电器一般有 8 组触点，彼此独立但动作一致。

(2) 工作原理　当线圈通以直流电后，产生磁通，经铁心、轭铁、衔铁和气隙，形成闭合磁路，使铁心对衔铁产生吸引力。当此吸引力增大到足以克服重锤片和拉杆等重力时，就能将衔铁吸向铁心，于是衔铁带动拉杆推动动触点向上动作，使动触点与前触点闭合，此时称继电器处于励磁状态(又称为吸起状态)。

当线圈中的电流减少或断电时，磁路的磁通随之减少，铁心对衔铁的吸引力相应减少，当吸引力不足以克服重锤片和拉杆的重力时，衔铁即释放，使动触点与前触点断开并与后触点闭合，此时称继电器处于失磁状态(又称为落下状态)。

这种继电器使用直流电，同时继电器的动作与通入线圈的电流方向无关，故称直流无极继电器。不同类型继电器线圈及触点的图形符号参见表 1-1 和表 1-2。

表 1-1　不同类型继电器线圈的图形符号(部分)

序号	符　号	名　称	序号	符　号	名　称
1		无极继电器	6		有极加强继电器
2		无极继电器(两线圈分接)	7	4　1	偏极继电器
3		无极缓放继电器	8	5　6	整流式继电器
4		无极加强继电器	9	~	交流继电器
5		有极继电器	10	~ ~	交流二元继电器

表 1-2　不同类型继电器触点的图形符号(部分)

序　号	符　号		名　称
	标准图形	简化图形	
1	1	1	前触点闭合、后触点断开
2	1	1	前触点断开、后触点闭合
3	113 111 112	113 111 112	极性继电器触点组 定位触点闭合，反位触点断开
4	113 111 112	113 111 112	极性继电器触点组 定位触点断开，反位触点闭合

2. 整流式继电器

整流式继电器应用于交流电路中，其电磁系统、触点系统、动作原理与直流无极继电器基本相同，在直流无极继电器的基础上增加整流电路，一般采用四个二极管组成桥式整流电路，如图1-3所示，将交流电源整流后输入继电器线圈。整流式继电器线圈符号参见表1-1，其触点符号与直流无极继电器相同。

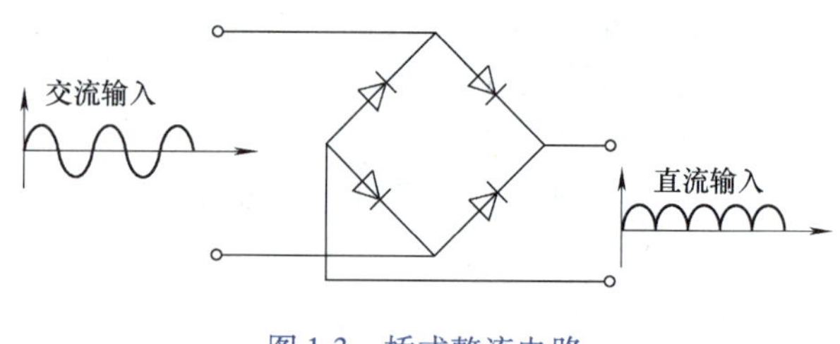

图1-3 桥式整流电路

3. 有极继电器

有极继电器根据线圈中电流极性不同而具有定位和反位两种稳定状态，这两种稳定状态在线圈中电流消失后，仍能继续保持，所以又称为极性保持继电器。它的特点是在电磁系统中增加了永久磁钢。在线圈中通以规定极性的电流时，继电器吸起，断电后衔铁仍能保持在吸起位置；通以反向电流时，继电器落下，断电后仍保持在落下位置。

有极继电器的触点系统与直流无极继电器相同，其线圈及触点的图形符号参见表1-1和表1-2。

当电路中的电流较大时，触点断开过程中在触点间会产生电弧。电弧温度过高，会引起触点表面氧化，造成接触不良。为了通断较大电流，可采用改进型的有极继电器，其主要特点是动触点片改为面接触，以增大接触面积，触点系统配备永久磁钢材料的磁吹弧装置，如图1-4所示。

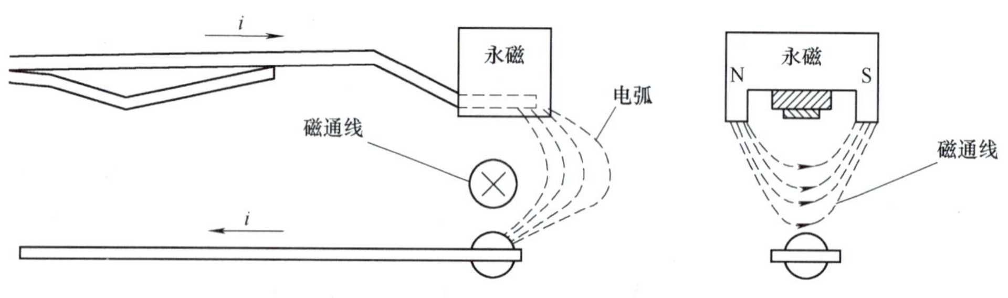

图1-4 磁吹弧装置

4. 偏极继电器

偏极继电器是为了满足信号电路中鉴别电流极性的需要而设计的。它与无极继电器不同，衔铁的吸起与线圈中电流的极性有关，只有通过规定方向的电流时，衔铁才吸起，电流方向与要求的方向相反时，衔铁不动作。它只有一种稳定状态，衔铁靠电磁力吸起，若断电立即落下。

偏极继电器的两组线圈串联使用，接线方式与无极继电器相同。

偏极继电器的触点系统与无极继电器完全相同，具有8组触点。

5. 交流二元继电器

交流二元继电器属于交流感应式继电器，具有两个既相互独立又相互作用的交变电磁系统，故称二元继电器，有吸起和落下两种状态。根据不同频率，交流二元继电器分为25Hz和50Hz两种。

交流二元继电器的结构如图 1-5 所示，由电磁系统、翼板、触点等组成。

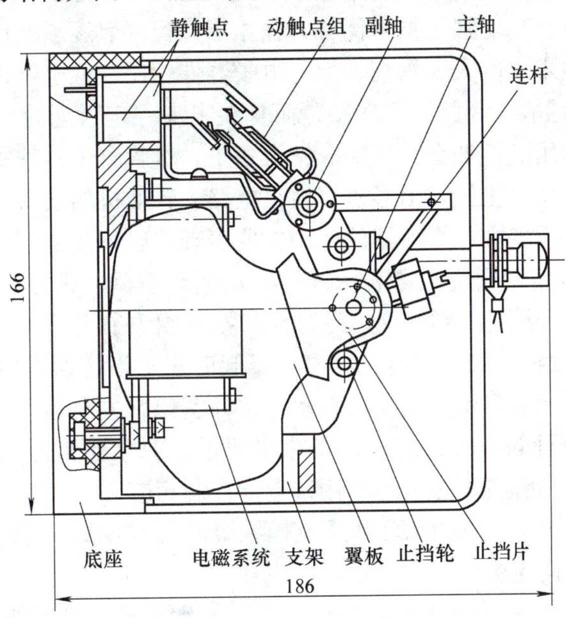

图 1-5　交流二元继电器

交流二元继电器的电磁系统包括局部电磁系统和轨道电磁系统。局部电磁系统由局部线圈和局部铁心组成；轨道电磁系统由轨道线圈和轨道铁心组成。

交流二元继电器与前面介绍的继电器工作原理完全不同，只有在其局部线圈和轨道线圈中输入电流频率相同、且局部线圈中电流相位超前轨道线圈中电流相位 90°时，翼板中才能产生正方向的转矩，接通前触点，其他情况下，翼板不产生转矩，继电器将保持原来的位置而不动作。

交流二元继电器具有如下两个特点。

（1）具有频率选择特性　当交流二元继电器局部线圈中电流频率为 50Hz 时，只有在轨道线圈接收到频率为 50Hz 的电流时，继电器才可能动作，除此之外，翼板中平均转矩为零，继电器不动作。

（2）具有相位选择特性　即使轨道线圈与局部线圈中的电流频率相同，继电器并不一定吸起，只有局部线圈电流相位超前轨道线圈相位 0° ~ 180°时，翼板中才产生正转矩，使继电器能够吸起。通过计算可知，当相位超前 90°时正转矩最大。

交流二元继电器应用于相敏轨道电路，这种故障-安全特性不仅能够解决轨道电路轨端绝缘的破损防护问题，还能防止牵引电流及其他频率的干扰。通过计算可以知道，当轨道线圈的电流频率为局部线圈电流频率的 n 倍时，不论电压多高，翼板均不能产生转矩使继电器误动。

在我国城市轨道交通引进的国外信号设备中，相应配套了一定数量的国外继电器。国外继电器设备与国产设备工作原理基本一致，但关键器件强度更大，具有更高的可靠性。

四、继电器的作用

“故障-安全”原则是轨道交通信号设备必须遵循的原则，当系统任何部分发生故障时，应确保系统的输出导向安全状态。随着电子技术的迅速发展，电子器件尤其是计算机以其速度快、体积小、容量大、功能强等技术优势，在相当大程度上逐渐取代继电器构成自动控制和远程控制系统，使技术水准大大提高。但与电子器件相比，继电器仍存在一定优势，尤其是具有“故障-安全”性能，因此不仅现在，而且在未来一定时期内，继电器在轨道交通信号领域仍将起着重要作用。例如在计算机联锁设备中，尽管电子器件所占比例相当大，但仍需要将继电器电路作为系统主机与信号机、轨道电路、转辙机的接口电路。

目前轨道交通信号设备中，继电器的作用主要表现在以下几方面。

(1) 表示功能　利用不同继电器表示线路的占用和空闲、信号的开放和关闭、道岔是否在规定位置、区间是否闭塞等状态。例如，车站每组联锁道岔均设置定位表示继电器(DBJ)和反位表示继电器(FBJ)，当有关继电器吸起时表示该道岔在定位或在反位，进而利用继电器触点接通控制台或显示屏的相关表示灯，并实现有关设备间的相互控制关系。

(2) 驱动功能　目前轨道交通信号设备中主要被控对象是信号机和转辙机，不论车站是采用继电器联锁还是计算机联锁，均利用继电器控制相应设备。例如，车站的联锁道岔控制电路中设置有定位操纵继电器(DCJ)和反位操纵继电器(FCJ)，当条件满足，有关继电器吸起时，能够驱动道岔向定位或反位转换。

(3) 实现逻辑电路　在继电式车站联锁设备以及继电式区间半自动闭塞设备中，利用继电电路实现有关逻辑关系，以保证正线列车运行和车辆段内调车作业的安全。例如在6502电气集中联锁电路中，完全利用继电电路判断道岔位置是否正确、进路是否空闲等条件，从而确定能否开放信号；信号开放后，利用继电电路锁闭与之相敌对的信号，并实时检查联锁条件，必要条件下及时关闭有关信号，保证行车安全。

任务一　认识继电器

1. 目标

1) 能根据外观区分不同继电器，了解继电器名称中有关字母的含义。

2) 能正确判别继电器插座的触点编号。

3) 了解继电器的鉴别孔和继电器插座鉴别销的作用。

2. 设备

常用继电器及其插座。

3. 相关资料

(1) 继电器名称中有关字母的含义　安全型继电器的型号用汉语拼音和数字表示，字母表示继电器种类，见表1-3，数字表示线圈电阻值。例如JWJXC-H125/0.44：J表示继电器，W表示无极，J表示加强触点，X表示信号，C表示插入式，H表示缓放，125表示继电器前线圈电阻125Ω，0.44表示继电器后线圈电阻0.44Ω，当两线圈阻值相同时，用二者之和表示。

(2) 继电器插座的触点编号　继电器插座插孔旁标注的触点编号是直流无极继电器的触点编号，如图1-6所示。其他类型继电器的触点系统的位置及编号与之不同，使用时需参考有关资料对照使用。

(3) 继电器的鉴别孔和继电器插座鉴别销　安全型继电器有多种类型，为防止不同类型的继电器错误插接，在继电器插座下部铆以鉴别销。不同类型的继电器根据规定在型别盖上钻出鉴别孔，对应相应插座的鉴别销。

表 1-3　继电器代号意义(部分)

代号	含　义	
	安　全　型	其 他 类 型
A		安全
C	插入	插入、传动、差动
H	缓放	缓放
J	继电器、加强触点	继电器、加强触点、交流
P	偏极	
R		二元
W	无极	
X	信号	信号、小型
Y	有极	
Z	整流	整流、转换

72 —	— 82
71 —	— 81
73 —	— 83
52 —	— 62
51 —	— 61
53 —	— 63
32 —	— 42
31 —	— 41
33 —	— 43
12 —	— 22
11 —	— 21
13 —	— 23
3 —	— 4
1 —	— 2

图 1-6　插座触点编号举例

任务二　认识继电器的电气特性

1. 目标

1) 掌握继电器的应用。

2) 区分不同继电器的电气特性。

2. 设备

常用继电器、电源、导线、开关、灯泡、电烙铁、焊锡等。

3. 实施步骤

1) 以 4 ~ 5 人为一组。

2) 每组根据所提供设备制作继电电路，实现利用开关控制继电器。

3) 每组根据所提供设备制作继电电路，实现利用继电器触点控制灯泡状态。

任务三　学习继电电路应用

1. 目标

1) 掌握继电电路的故障-安全特性。

2) 理解电路中有关继电器及触点的作用。

3) 理解继电电路的特点。

2. 设备

直流无极继电器、整流式继电器、电源、变压器、导线、开关、灯泡、熔断器、电烙铁、焊锡等。

3. 实施步骤

以4～5人为一组，按照图1-7所提供的电路，制作调车信号机控制电路。调车信号机有关知识参见项目四。

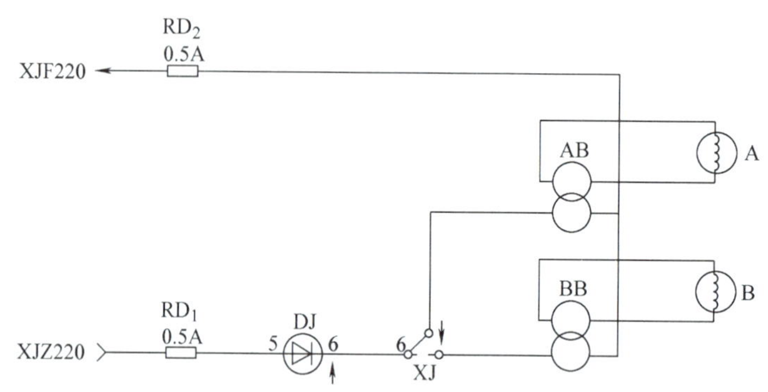

图1-7 调车信号机控制电路

拓展与提高

一、继电器的表述

1. 继电器的名称

继电器一般按照其作用来命名。例如反映信号机灯丝状态的继电器称为灯丝继电器，记作DJ，控制信号的继电器称为信号继电器，记作XJ。

同一继电器的线圈和触点可用在不同电路中，必须用该继电器的名称符号来标记，以免混淆。同一继电器的各触点组还需注明其组号，防止重复使用。

2. 继电器的定位

继电器有两种状态，即吸起状态和落下状态，电路图中继电器所标注的状态称为定位状态。在信号系统中应遵循以下原则规定定位状态。

1）继电器的定位状态应与设备的定位状态相一致。例如，一般信号机以关闭为定位状态，轨道电路以空闲为定位状态。

2）根据故障-安全原则，继电器的落下状态必须与设备的安全侧相一致。例如，信号继电器的落下应与信号关闭相一致，轨道继电器的落下应与轨道的占用相一致。

电路图中，当继电器以吸起为定位状态时，其线圈和触点处均应标记“↑”，当继电器以落下为定位状态时，其线圈和触点处均应标记“↓”。

3. 继电器图形符号

在继电电路中，涉及继电器线圈和触点组，它们的图形符号分别见表1-1和表1-2。表中仅列出常用继电器的图形符号，其他继电器的图形符号可参阅有关手册。

在继电器线圈的符号上，必须标注端子号，对于仅有一个定位状态的继电器，还必须标注箭头以表明其定位状态。

触点组用两位表示，第一位表示触点组号，第二位表示前、中、后触点，用“1”表示中触点，“2”表示前触点，“3”表示后触点，一般电路图中仅在中触点处标出其触点组号。从表 1-1、表 1-2 中可看出，当触点组号为 1 时，其动触点片为 11，前触点为 12，后触点为 13。继电器吸起时中、前触点接通，中、后触点断开；继电器落下时中、前触点断开，中、后触点接通。

对于有极继电器，由于无法用箭头表示其状态，所以必须完整标注其触点号，例如 111 表示中触点，112 表示定位触点，113 表示反位触点。其中，百位数 1 表示该继电器为有极继电器，以区别于其他继电器。

二、继电器基本电路

1. 串联电路和并联电路

根据继电器触点在电路中的连接方式，继电电路可分为串联、并联和串并联三种形式。

串联电路是指继电器触点串联连接的电路，其功能是实现逻辑“与”运算，如图 1-8 所示。并联电路中有关继电器触点并联连接在电路中，实现逻辑“或”运算，如图 1-9 所示。根据逻辑功能的要求，大多实际电路中既有串联的触点，又有并联的触点，这类电路称为串并联电路，如图 1-10 所示。

2. 自闭电路

在继电电路中，为了实现自动控制、简化操作手续，使用由继电器自身前触点构成的电路，称为自闭电路。例如图 1-11 所示的自闭电路，按下自复式按钮 A 后，继电器 AJ 经过励磁电路吸起。松开按钮后，利用自闭电路使 AJ 仍能保持吸起，以记录按钮 A 被按下的动作，从而为其他电路的动作提供条件。当 AJ 的任务完成后，由其他继电器的触点使其复原。

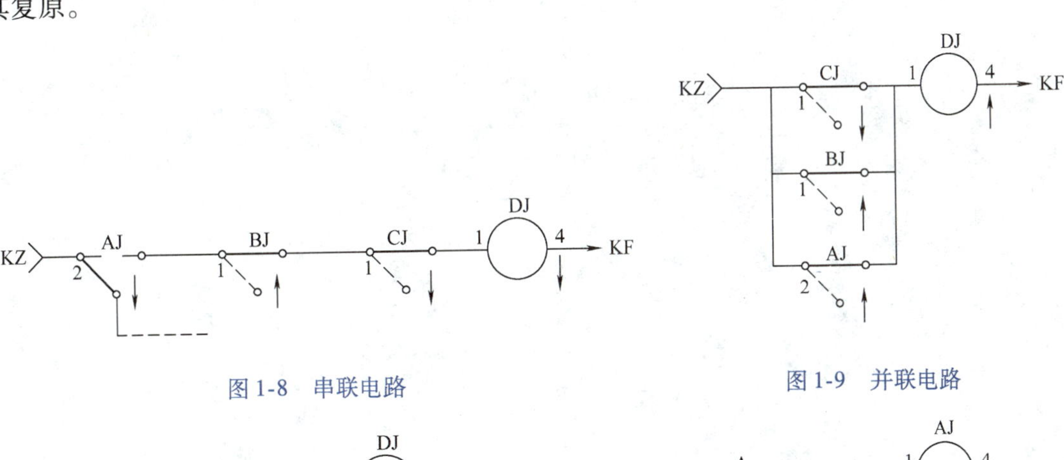

图 1-8　串联电路

图 1-9　并联电路

图 1-10　串并联电路

图 1-11　自闭电路

复习思考题

1. 继电器的基本原理是什么？继电器在信号系统中有哪些应用？
2. 整流式继电器有哪些特点？简述其工作原理。
3. 有极继电器有哪些特点？简述其工作原理。
4. 偏极继电器有哪些特点？简述其工作原理。
5. 交流二元继电器有哪些特点？主要应用于何处？

项目二　信号基础设备——轨道电路

知识要点

1. 掌握轨道电路的工作原理。
2. 掌握轨道电路在轨道交通信号系统中的作用。
3. 了解各种常用轨道电路的特点及怎样确保轨道电路可靠工作。

相关理论知识

一、轨道电路工作原理

轨道电路是以钢轨作为导体，两端加上机械绝缘（或电气绝缘），接上送电和受电设备构成的电路。

1. 组成

轨道电路的组成如图 2-1 所示。

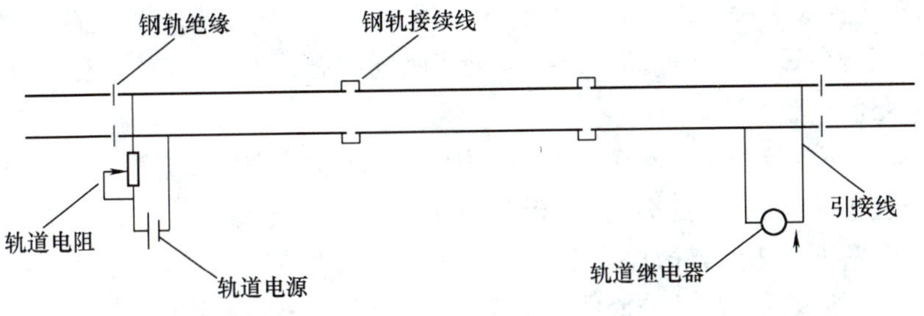

图 2-1　轨道电路组成示意图

（1）导体　轨道交通系统的两条钢轨是传输轨道电流的导体。在两节钢轨的接头处，为了减少钢轨与钢轨夹板间的接触电阻，用接续线连接。

钢轨接续线有塞钉式和焊接式。塞钉式接续线如图 2-2 所示。

引接线用于送电设备、受电设备与钢轨的连接。

（2）钢轨绝缘　钢轨绝缘安装在相邻两个轨道电路衔接处，以保证相邻轨道电路在电气上的可靠隔离。钢轨绝缘多采用机械强度高、绝缘性能好的材料，在钢轨与夹板间垫有槽形绝缘板，夹板螺栓与夹板之间装有绝缘套管和绝缘垫圈。在两个钢轨衔接的断面间还夹有与钢轨断面相同的轨端绝缘。

城市轨道交通的正线多采用无缝线路，需要使用由电子电路构成电气绝缘（又称为调谐

图 2-2 塞钉式接续线

区）来分隔相邻轨道电路。

（3）送电设备 轨道电路的送电设备可以是电源，用于向轨道电路供电，也可以是能够发送一定信息的电子设备，通过轨道电路向列车传递行车信息。

（4）受电设备 轨道电路的受电设备可以是轨道继电器，用于反映轨道电路范围内有无列车、车辆占用和钢轨是否完整；或者当轨道电路中包含有控制信息时，轨道电路的受电设备也可以是能够接收并鉴别电流特性的电子设备，能够根据接收到的不同特性的电流，令有关继电器动作。

（5）限流电阻 限流电阻是一个可调电阻器，连接在轨道电路电源端，用来调整轨道电路的电压。当轨道电路被列车、车辆的轮对分路时，能够防止输出电流过大而损坏电源。

2. 工作原理

图 2-1 是直流轨道电路原理图，从图中可以看出：

1）当轨道电路设备完好，又没有列车、车辆占用时，轨道电流从电源正极经钢轨、轨道继电器线圈回到负极而构成回路，继电器处于吸起状态，表示轨道区段内无车占用。此状态称为轨道电路的调整状态。

2）当轨道区段内有列车、车辆占用时，因为车辆的轮对电阻比轨道继电器线圈电阻小得多，所以轨道电路被轮对分路，这时流经继电器线圈的电流很小，不足以使衔铁保持吸起，继电器失磁落下，表示该区段有车占用。此状态称为轨道电路的分路状态。

3）当轨道区段内发生断轨或断线等故障时，流经继电器线圈的电流中断，使继电器失磁落下。此状态称为轨道电路的断轨状态。

二、轨道电路的作用

轨道电路用于监督线路的占用情况，并可以向列车传输控制信息，将列车运行和信号显示等联系起来。对于城市轨道交通，轨道电路是信号系统的重要基础设备，直接影响行车安全和运输效率。

轨道电路的作用主要表现在以下两方面。

（1）监督列车占用 利用轨道电路监督列车在正线或列车和车辆在车辆段等线路的占用状态。轨道电路反映有关线路空闲时，为开放信号、建立进路、构成闭塞提供了依据；轨道电路被占用时，用于实现控制有关信号机的自动关闭，实现信号系统的自动控制。

(2) 传输行车信息　在正线上，根据列车的不同位置，有关闭塞分区的轨道电路传输不同的控制信息，实现对追踪列车的控制。带有编码信息的轨道电路是城市轨道交通信号系统车—地之间信息传输的通道之一。

例如数字编码式音频轨道电路中传输的行车信息，为 ATP 系统直接提供控制列车运行所需的前行列车位置、运行前方信号状态、线路条件等信息，以确定列车运行的目标速度，控制列车在当前运行速度下是否减速或停车。

三、轨道电路的分类

1. 按传输电流特性分类

按照所传输的电流特性不同，轨道电路可分为工频连续式轨道电路和音频轨道电路，其中，音频轨道电路又可分为模拟式轨道电路和数字编码式轨道电路。

工频连续式轨道电路中传输连续交流电流，只能用于监督轨道的占用与否，不能传输对列车的控制信息。目前在城市轨道交通中应用较广泛的是 50Hz 相敏轨道电路。

模拟式音频轨道电路采用调幅或调频方式，可以传输较多信息，不仅能监督轨道的占用状态，还能反映列车运行前方三个或四个闭塞分区的占用情况。

数字编码式音频轨道电路采用数字调频方式，可以传输更多的信息，编码中包含了速度码、线路坡度码、闭塞分区长度码、纠错码等。

2. 按绝缘性质分类

按照绝缘的性质不同，轨道电路可分为有绝缘轨道电路和无绝缘轨道电路。

有绝缘轨道电路利用钢轨绝缘实现本轨道电路与相邻轨道电路的电气隔离。钢轨绝缘在列车运行的冲击力作用下容易被破损造成轨道电路故障，同时由于钢轨轨缝的存在，既增加了列车过接缝时乘客的不舒适感，又不利于牵引电流的回流输送。因此，城市轨道交通中有绝缘轨道电路多用于车辆段内的轨道电路。

无绝缘轨道电路在分界处不设置钢轨绝缘，轨道电路电流采用不同信号频率，据谐振的原理，使谐振回路对不同频率呈现不同阻抗，实现对相邻轨道电路的电气隔离。这种电气隔离方式又称为谐振式。无绝缘轨道电路满足了城市轨道交通电化牵引和采用无缝线路的要求，在正线线路上得到广泛应用。

3. 按使用处所分类

按照使用地点不同，轨道电路可分为区间轨道电路和车辆段内轨道电路。

区间轨道电路用于正线，不仅要监督各闭塞分区是否空闲，还要传输有关行车信息，并能满足闭塞分区长度的要求，其结构比较复杂。

4. 按是否包含道岔分类

车辆段内轨道电路分为无岔区段轨道电路和道岔区段轨道电路。

无岔区段轨道电路内钢轨没有分支，结构简单，用于停车线、检车线、尽头线调车信号机接近区段，以及两个差置调车信号机之间的线路。

道岔区段轨道电路结构比较复杂，包含了岔前线路、岔后直向位置线路和岔后侧向位置线路。根据道岔结构，不仅有关钢轨、杆件要增加绝缘，还要增加道岔跳线和接续线，当分支超过一定长度时，还必须设置多个受电端。

四、交流工频轨道电路

用于城市轨道交通的交流工频轨道电路有50Hz相敏轨道电路(有继电式和微电子式,其中不注明时即指继电式)、PF轨道电路，只有监督列车占用的功能，不能传输其他信息。下面以50Hz相敏轨道电路为例介绍交流工频轨道电路，其结构图如图2-3所示。

图2-3 50Hz相敏轨道电路结构图

1. 轨道电路组成

(1) 送电端 送电端一般安装在室外变压器箱内，包括BG_5-D型轨道变压器、R—2.2/220型变阻器、熔断器，轨道电源从室内通过电缆送至送电端。

(2) 受电端 受电端包括安装在室外变压器箱内的BZ-D型中继变压器、R—2.2/220型变阻器、熔断器，安装在室内组合架上的电容器、防雷元件、交流二元继电器。

受电端中，电容器C用于隔离直流，不使牵引电流进入轨道继电器的轨道线圈，并能够减少轨道电路的传输衰耗和相移；电容器CA起补偿作用，以提高轨道继电器局部线圈的功率因数，降低输入电流；防雷元件Z是对接的硒片，称为浪涌抑制器，用于防雷。

(3) 绝缘 钢轨绝缘设置于轨道电路分界处，用于隔离相邻的轨道电路。

(4) 接续线和引接线 接续线用于连接相邻钢轨，引接线用于将变压器箱或电缆盒接向钢轨。

(5) 回流线 回流线连接相邻的不同侧钢轨，为牵引回流提供越过钢轨绝缘节的通路。

2. 工作原理

电源屏分别提供50Hz轨道电源和局部电源。送电端轨道电源GJZ_{220}、GJF_{220}经轨道变压器降压后送至钢轨。在受电端钢轨电压经中继变压器升压后送至轨道继电器的轨道线圈3-4端子。

轨道继电器的局部线圈1-2接局部电源GJZ_{220}、GJF_{220}。

当轨道继电器RGJ的轨道线圈和局部线圈电源满足规定的相位和频率要求时，轨道电

路处于调整状态，RGJ 吸起，表示轨道区段空闲。列车占用使轨道区段处于分路状态时，RGJ 落下。当轨道电源和局部电源频率、相位不符合时，RGJ 落下。

交流二元继电器的特性使 50Hz 相敏轨道电路具有相位鉴别能力，即相敏特性，因此其抗干扰性能高。

五、数字轨道电路

数字轨道电路所传输的轨道信号内包含数字信息，例如列车运行方向、目标距离、目标速度等，能够为车载 ATP 设备提供控制信息。下面以音频数字轨道电路为例介绍数字轨道电路。

音频轨道电路是联锁逻辑处理单元和车载设备之间的通信接口，实现了正线区段轨道电路占用检测以及地对车的 ATP 数字信号传输的双重功能。

1. 设备组成

（1）轨旁设备　轨旁设备由轨道耦合单元、“S”形棒线(简称 S 棒)和耦合环线三部分组成，在轨道之间或者沿轨旁安装，采用互耦方式，如图 2-4 所示。

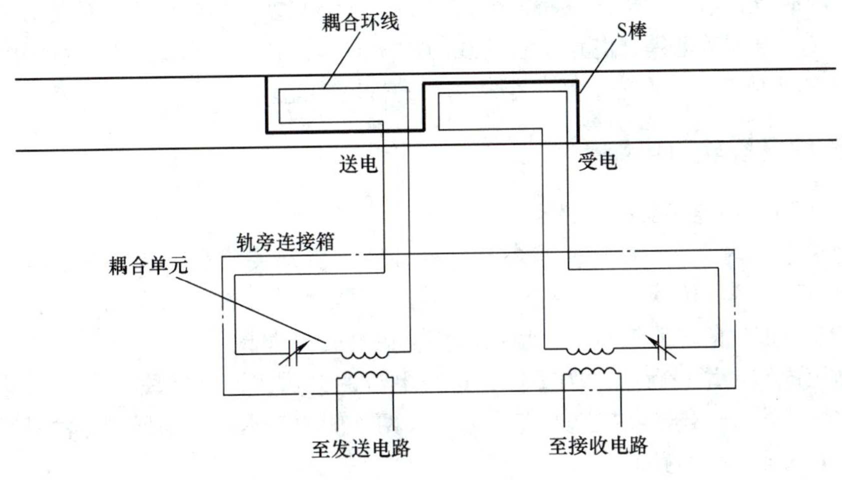

图 2-4　轨旁设备

图中轨道耦合单元，将轨道信号连接到控制机箱的接收和发送电路，并调谐轨道电路的载频频率。每个耦合电路由变压器和可调电容组成槽路。

棒线置于两钢轨之间，端点焊接于钢轨上，形成“S”形棒线。一匝导线构成的环线与“S 棒”耦合，并与室内控制柜的辅助板相连。

发送的轨道信号电流通过棒线感应到钢轨，由列车车载设备接收。

（2）室内设备　室内设备主要是安装在室内控制柜内的控制机箱，如图 2-5 所示，每个机箱内包括多个 PCB 电路板，每个轨道电路包括控制板、辅助板、电源板。

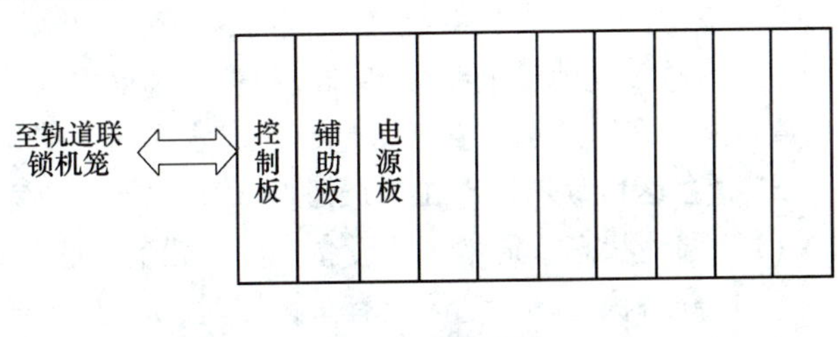

图 2-5　控制机箱

控制板产生具有 ATP 功能的数字编码信息；辅助板将控制板产生的信息放大发送至室外，并接收来自轨道的信息；电源板产生控制板和辅助板工作所需的电源。

2. 工作原理

（1）对列车的检测　音频系统不间断地向轨道发送数字编码信息，并监视其接收器感应到的信号，作为对列车占用的检测。利用音频信息的标题位（前 8 位）作为列车检测的信号，固定为 01111110。发送端通过耦合单元发送至钢轨，接收端由轨道接收器检测该信号，并设置门限值。

当轨道电路空闲时，被检测到的信号幅度在门限值以上；当列车进入轨道电路，所接收到的信号被分路，其幅度降至门限值以下，表示轨道电路被占用；由于其他原因造成轨道电路短路、断路时，如路基潮湿，也会使接收到的信号低于预定的阀值，或者生成错误的轨道 ID 号。

按照故障-安全原则，被检测到的信号幅度在门限值以上时 AF-904 控制板向联锁单元传递“空闲”信息，否则向联锁单元传递“占用”信息，从而完成列车检测功能。

（2）发送 ATP 信息　音频系统与联锁系统之间通过 RS485 接口进行通信，接收来自联锁系统的信息，如目标速度、目标距离等，再加上本轨道区段信息，如轨道电路 ID 号、线路速度等，构成复合信息。辅助板将复合信息形成的报文帧，结合机笼后面的方向继电器以 FSK 调制方式将报文送至耦合电路，经环线与“S 棒”耦合，由车载 ATP 设备接收、解码、校验，执行 ATP 功能，从而完成数字车载信号的传输功能。

六、道岔区段轨道电路

1. 道岔区段轨道电路结构的特点

（1）轨道电路内部增设绝缘　除各种杆件、转辙机安装装置等要加装绝缘外，还要加装切割绝缘，称为道岔绝缘，用于防止轨道电路在调整状态下被辙叉分路。根据需要，道岔绝缘可以装设在道岔的直股钢轨上，也可以装设在侧股钢轨上。

（2）轨道电路内增设跳线　为了保证信号电流的畅通，道岔区段轨道电路除了装设轨端接续线、引接线外，还需在尖轨与基本轨以及两外侧的基本轨之间增设道岔跳线，用于保证调整状态下构成闭合回路。

（3）采用一送多受轨道电路　由于具有分支电路，不仅包括道岔的直向部分线路，还包括侧向部分线路，道岔区段可采用一送多受轨道电路，包括一送双受或一送三受。一送双受轨道电路如图 2-6 所示。

采用一送多受轨道电路时，应注意以下问题：

1）与停车线相衔接的道岔轨道电路的分支末端，应设置受电端。

2）道岔区段分支长度超过 65m 时，该分支末端应设置受电端。

3）一送多受轨道电路最多不应超过三个受电端，必要时应分为两个轨道电路。

4）一送多受轨道电路任一地点有车占用时，必须保证有一个受电端被分路。

2. 道岔区段轨道电路工作原理

（1）调整状态　道岔区段设备完好、没有车占用时，DGJ 处于吸起状态。

（2）分路状态　道岔区段有车占用时，DGJ 处于落下状态。

（3）断轨状态　道岔区段断线或直股断轨时，DGJ 处于落下状态；弯股断轨时，由于 DGJ_1 落下，使 DGJ 处于落下状态。

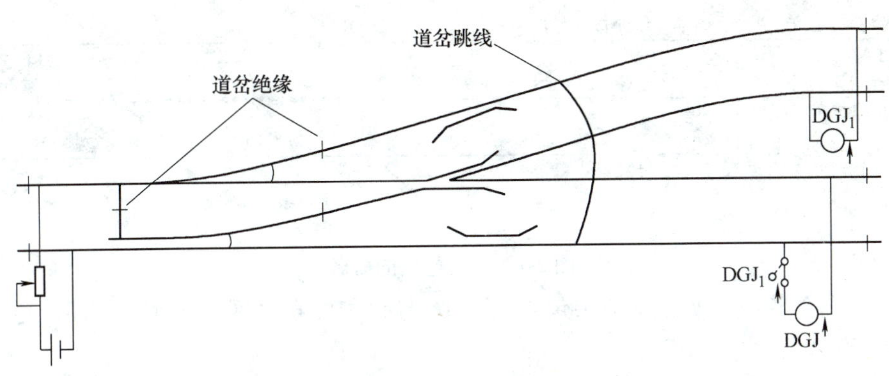

图 2-6　一受双送轨道电路示意图

从上述看出，尽管道岔区段轨道电路具有分支，仍然是利用一个继电器（即 DGJ）表示轨道电路的工作状态。

3. 道岔区段轨道电路的作用

设置道岔区段轨道电路的主要作用是监督道岔区段是否有车占用，将 DGJ 触点应用于车站联锁电路和道岔控制电路中，从而确保有车占用或有列车及调车车列通过时，道岔区段内所有的道岔均处于锁闭状态，避免列车、调车车列运行过程中由于道岔中途转换造成脱轨或进入异线的事故发生。

另一方面，道岔区段轨道电路与车站联锁设备的表示灯电路相结合，在监督占用的同时，使控制台显示的“红光带”或“白光带”能够表示相应轨道区段内道岔的开通方向，为操作人员提供了更直观的道岔状态信息。

七、轨道电路的划分和命名

1. 正线轨道电路划分

正线大多采用无绝缘轨道电路，每隔一定距离划分一个闭塞分区。

2. 车辆段轨道电路的划分

在车辆段内，轨道电路之间采用钢轨绝缘把两个轨道电路划分为互不干扰的独立电路单元，称为轨道电路区段，如附录 B 所示。其划分原则是：

1）凡有信号机的地方，均装设钢轨绝缘，将信号机的内外方划分为不同区段。

2）凡能平行运行的进路，其间应设钢轨绝缘。例如，渡线道岔上的钢轨绝缘。

3）在一个轨道电路区段内包含的道岔原则上不应超过三组。

4）为了提高咽喉区使用效率，应将轨道区段适当划短，使道岔区段能及时解锁允许办理其他进路。

与一般铁路车站不同的是，城市轨道交通车辆段车库的停车线一般划分为两段轨道电路，允许停放两列列车。

3. 车辆段轨道电路的命名

（1）道岔区段轨道电路命名方法　道岔区段轨道电路根据所包含的道岔名称来命名。图 2-7 是附录 B 的一部分。

1）包含一组道岔：如图 2-7 中包含 6 号道岔的轨道区段为 6DG。

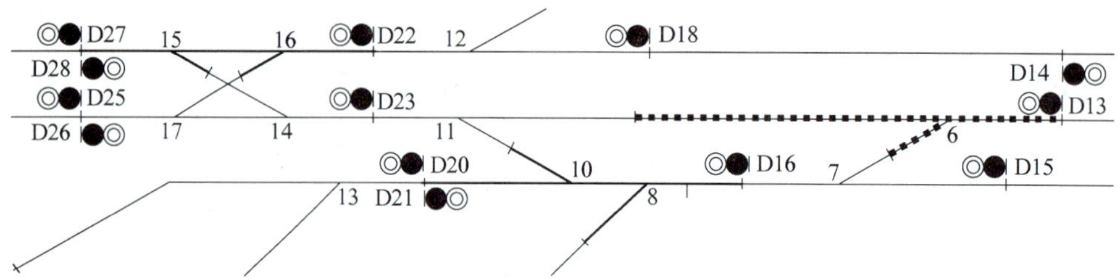

图 2-7 轨道电路的命名

2）包含二组道岔：如图 2-7 中包含 15、16 号道岔的轨道区段为 15-16DG，包含 8、10 号道岔的轨道区段为 8-10DG。

3）包含三组道岔：当轨道区段中包含三组道岔时，取其中最大和最小道岔号命名。例如道岔区段包括 3、8、10 道岔，其名称为 3-10DG。

（2）无岔区段轨道电路的命名方法

1）停车线股道轨道电路：按照股道编号命名，一般停车线划分为两个轨道区段，可停放两列车。例如附录 B 中 1 道的两个轨道区段分别称为 1A、1B。

2）进、出段口处的无岔区段：根据其功能等命名，例如附录 B 中进、出车辆段处的轨道电路为转换轨，分别命名为 ZHG1、ZHG2。

3）牵出线等处调车信号机外方的接近区段：在调车信号机名称后加 G 表示。例如附录 B 中牵出线 D15 信号机前方的轨道电路为 D15G。

4）位于咽喉区的无岔区段：以两端道岔编号写成分数形式加 G 表示。例如附录 B 中 D10 与 D12 间的无岔区段为 3/4G，D14 与 D18 间的无岔区段为 4/12G。

任务一 认识轨道电路的组成

1. 目标

1）掌握轨道电路各组成部分的作用。

2）掌握轨道电路的工作原理。

3）能够正确安装、更换钢轨绝缘。

2. 设备

轨道电源、轨道变压器、继电器、轨道电阻、钢轨及接续线、绝缘、轨道箱等。

3. 实作内容

1）连接轨道电路送、受电端。

2）按照要求组装轨道绝缘，正确安装槽型绝缘、鱼尾板、绝缘套管、绝缘垫、铁垫片与螺栓等。

3）调整轨道电阻，确保轨道电路在调整状态下轨道继电器可靠吸起，在分路状态下可靠落下。

任务二 轨道电路接收、发送设备的工作

1. 目标

1）掌握音频轨道电路、数字轨道电路的基本原理。

2）了解轨道电路、信号显示、列车运行的关系。

3）掌握正线各闭塞分区的相互控制关系。

2. 设备

按照图 2-8 音频轨道电路提供线路、信号机、接收设备、发送设备等。

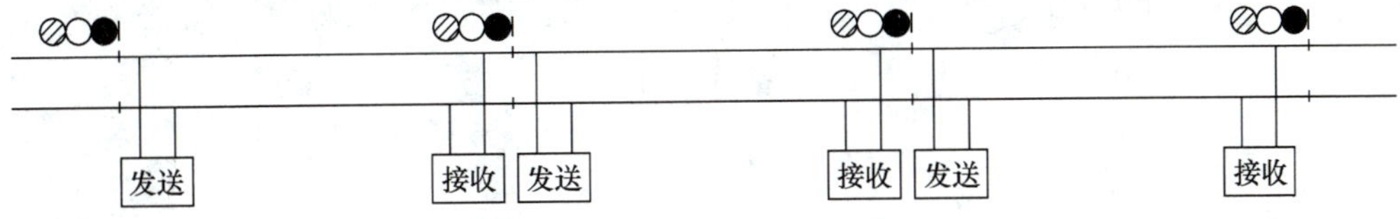

图 2-8　音频轨道电路的应用

3. 实作内容

1）设计控制信息与信号显示的对应关系。

2）设计连接方式，实现自动闭塞的基本要求。

3）改变有关轨道电路状态，检查有关闭塞分区是否按照设计要求改变所传输的控制信息。

任务三　轨道电路的划分

1. 目标

1）掌握车辆段内轨道电路的划分原则。

2）进一步理解轨道电路划分中需要考虑的实际问题。

2. 资料

提供城市轨道交通车辆段信号平面图。

3. 实作内容

1）分组完成车辆段内轨道电路的划分及命名。

2）分别讲解各自的划分方法及依据。

3）讨论各种划分方法中的错误及优劣。

分组讨论

每 4 ~ 5 人一组，讨论以下问题：

1）利用轨道电路实现检查线路是否有车占用、传输控制信息等功能时，可能存在哪些不足？

2）轨道电路出现故障时，会对列车运行带来什么问题？

拓展与提高

一、轨道电路的极性交叉

有钢轨绝缘的轨道电路，当钢轨绝缘双破损时，可能引起轨道继电器的错误动作，如图 2-9a 所示，由于没有按照极性交叉的要求设置，则在 1G 有车占用而绝缘双破损的情况下，因两个轨道电源同时供电，且电流方向相同，则1GJ可能保持吸起而危及行车安全。

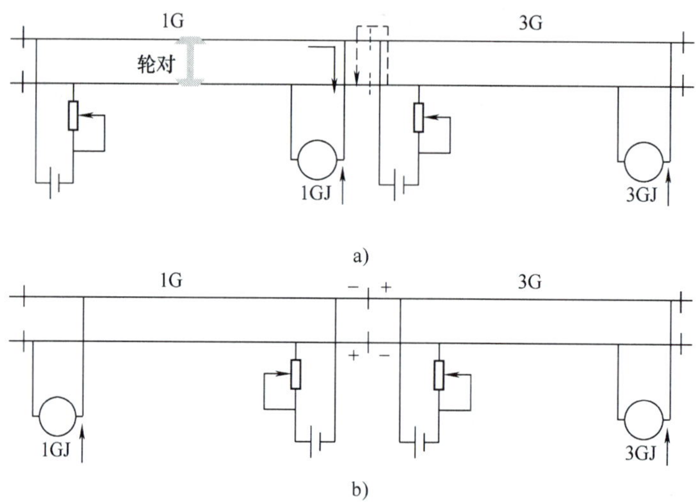

图 2-9　轨道电路的极性交叉

为了实现对钢轨绝缘破损的防护，使钢轨绝缘两侧的轨面电压具有不同的极性或相反的相位，这就是轨道电路的极性交叉。

图 2-9b 按照极性交叉配置，绝缘破损时，轨道继电器中的电流是两轨道电源所供电流之差，只要调整得当，1GJ 和 3GJ 都会落下，保证行车安全，并能及时反映设备故障，满足了故障-安全的要求。

对于交流电，只要两相邻轨道电路电流的相位相反，它们的瞬间极性也相反，可以得到极性交叉的效果。对于频率电码轨道电路，由于相邻区段的编码不同，不能实现极性交叉，必须采用频率防护的方法。

二、超限绝缘

按照有关要求，车辆段道岔区段设置于警冲标内方的钢轨绝缘，其安装位置距离警冲标不得小于 3.5m，如图 2-10 所示。当利用车辆段控制台或显示器的光带确认车轮越过绝缘时，这种设置要求可以确保车辆也全部进入了警冲标内方。

当不得已钢轨绝缘只能装设于警冲标内方小于 3.5m 处，即构成了“侵限绝缘”，又称为“超限绝缘”，在图中该绝缘符号外画圆圈。侵限绝缘的存在影响有关信号、道岔、轨道电路的联锁关系，有关工作人员，如调车人员、车站操作人员、信号维修人员等，应熟悉现场侵限绝缘位置，当涉及侵限绝缘的作业时，应严格执行有关规定，避免由于停车位置不当造成行车事故或影响列车运行。

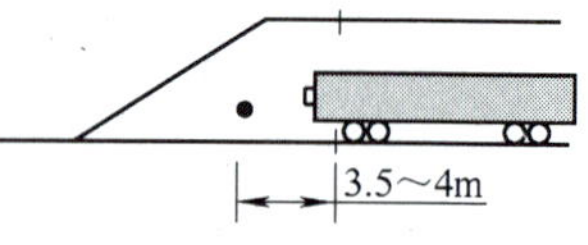

图 2-10　钢轨绝缘与警冲标

三、轨道电路常见故障分析

1. 分路不良

“分路不良”故障指的是轨道区段有车占用时，有关轨道继电器不落下，控制台或显示器相对应的区段不显示红色光带。造成这种故障的原因，除了轨道电路本身达到“分路

状态最不利条件”以外，还包括轻车、轨面不清洁(如生锈)等原因。

分路不良对车站作业的影响主要在安全方面，由于不能利用轨道继电器检查出轨道区段有车占用，有可能造成安全隐患。

1）当线路出现分路不良的现象时，列车行驶至该区段后，轨道电路不显示红光带，在车站计算机或调度终端上不能监控列车的运行状态，系统不能检测到该段轨道电路被列车占用。

2）当后续列车接近有列车占用且出现轨道电路分路不良的区段时，列车检测到前方轨道有列车占用，不会减速停车，极易造成列车追尾事故的发生。

3）若分路不良的区段为岔区，当后续列车接近时，系统将自动扳动道岔，排列进路，造成道岔上的列车脱轨或颠覆。

因此，发现分路不良问题后，必须及时报告有关部门，严格执行有关要求，认真确认列车位置，锁闭有关道岔，确保办理列车运行和调车作业安全。

分路不良同样也会影响作业效率。由于不能可靠地分路有关轨道区段，造成列车进出车辆段过程中，进路不能正常解锁，控制台上遗留有“白光带”，需人工操作才能解锁有关区段；在区间，造成车次号丢失(列车的占用以红光带为依据，不以车次号为依据)，通过车站计算机或调度终端上不能监控列车的运行状态。

2. 红光带

“红光带”故障指的是轨道区段没有车占用时，控制台或显示器相对应的区段显示红色光带。造成这种故障的主要原因有轨道电路送电电压低、道床潮湿肮脏使得漏泄电流大、轨道电路有断线或断轨情况等。

显示“红光带”的区段相当于有列车占用，因此，发生“红光带”故障主要影响车站及区间的行车效率，部分行车安全需依靠人工保障，有关工作人员必须严格执行非正常情况下的作业办法。

1）将故障地点和故障现象通知信号维修人员，并及时联系，确认故障原因及恢复时间。

2）列车驾驶员在行车调度员的授权下，及时转换驾驶模式，确保列车运行安全。

3）车站有关工作人员按照行车调度员指示，及时转换道岔，开放信号。

故障修复后，应及时通知受影响的车站和有关在线列车驾驶员及时恢复正常运行模式。

复习思考题

1. 轨道电路在轨道交通中的作用是什么？
2. 工频交流轨道电路、音频轨道电路各有什么特点？分别是用于哪些地方？
3. 什么情况会造成轨道电路的分路不良？分路不良对列车运行有哪些危害？
4. 什么情况会造成轨道电路出现红光带？红光带对列车运行有哪些影响？
5. 道岔区段轨道电路的特点是什么？

项目三　信号基础设备——计轴器

知识要点

1. 掌握计轴器的工作原理、工作过程及对列车运行方向的判定过程。
2. 了解计轴系统的部件与组成，掌握计轴器的安装。
3. 熟悉计轴系统的使用、维护与调试。

相关理论知识

计轴器是用以检测列车通过轨道上某一点（计轴点）的车轴数，检查两个计轴点之间或轨道区段内的空闲情况；或通过判定列车通过计轴点的位置，自动校正列车行驶里程等的设备。

一、计轴器的工作原理

轨道电路作为检测列车是否进入轨道区段的常用设备，其工作状态严重依赖于道床状态，日常养护维修的工作量较大；而计轴技术则以计算机为核心，首先在城市轨道交通上应用。因计轴器具有较高的机电稳定参数、日常维护工作极少，目前已在城市轨道交通、客运专线及高铁线路上都获得了广泛的应用。

1. 计轴系统的基本原理

如图 3-1 所示，在每个计轴点的轨旁架设有计轴器传感器，也就是通常所说的磁头（为了判别列车的运行方向，每个点的传感器配有两套磁头）。

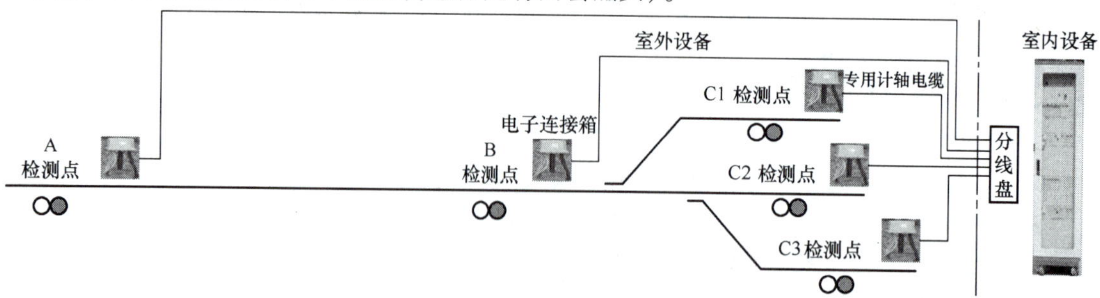

图 3-1　计轴基本原理图

当列车驶入该轨道区段，列车车轮抵达计轴器（传感器）A 的作用区域时，传感器 A 将车轴脉冲，经电子连接箱传送给室内计算机主机系统，由主机系统计算车轴数量，并根据两套磁头的作用时机，判明列车的运行方向；同样，当列车车轮抵达计轴器（传感器）B 的作

用区域时，传感器 B 将车轴脉冲，经电子连接箱传送给室内计算机主机系统，由主机系统确定对轴数是累加计数还是递减计数。依据该轨道区段驶入点和驶出点所记录轴数的比较结果，确定该区段的占用或空闲状态，输出控制信息使该区段的轨道继电器吸起。

同样在道岔区段，设置计轴器的原则类似轨道电路的“一送多受”，不再赘述。这样即可根据轨道区段的列车占用状态，构成车站联锁和区间闭塞关系。

2. 计轴器的工作过程

（1）计轴磁头　计轴器实际上是电磁式有源传感器，利用线圈互感原理，当列车车轮通过计测点时，发生磁通变化，而得到轮轴信号。如图 3-2 所示，车轮传感器的每套磁头包括发送(Tx)和接收(Rx)两个磁头，发送磁头安装在钢轨外侧，接收磁头安装在钢轨内侧。

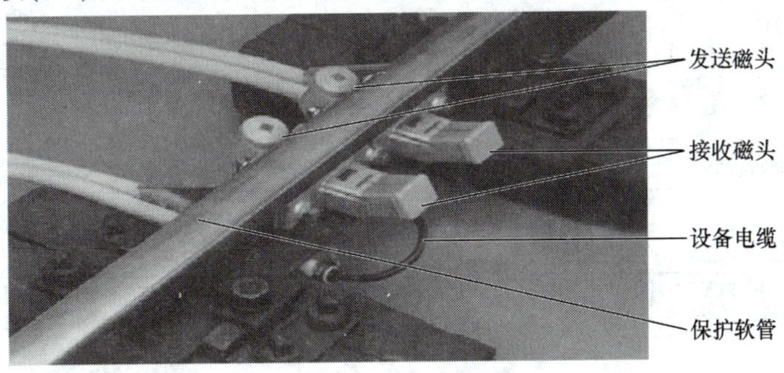

图 3-2　计轴磁头实物

（2）磁场变化　车轮发送线圈 Tx 和接收线圈 Rx 产生的磁通环绕过钢轨后，分别形成上、下两个磁通 Φ_1、Φ_2，它们以不同的路径、相反的方向穿过接收线圈 E。图 3-3 表示计轴磁头的磁场变化过程：在无车轮经过车轮传感器时，此时磁通 Φ_1 远大于 Φ_2，在接收线圈内感应出一定的交流电压信号，其相位与发送电压相位相同；当车轮经过计轴器传感器，由于车轮的屏蔽作用，整个磁通桥路发生变化，此时 Φ_1 减小、Φ_2 增大，在接收线圈内感应的交流电压相位与发送电压相位相反。该相位变化经车轮电子检测器电路处理后，即形成了轴脉冲。

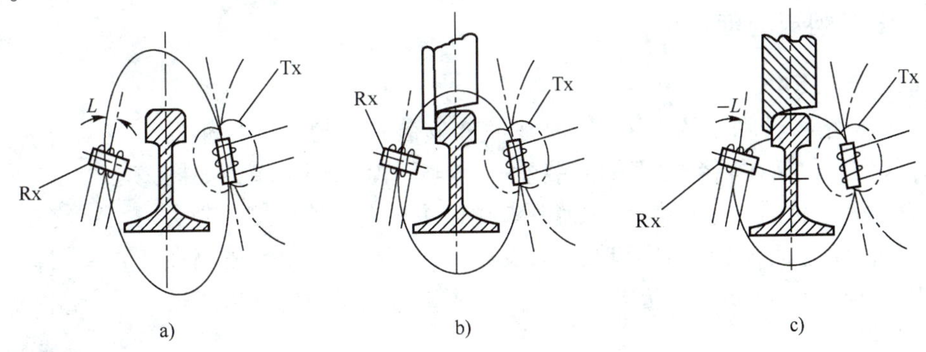

图 3-3　车轮对磁场的影响

a）没有车轮时　b）车轮渐渐靠近　c）车轮处于磁头正上方

（3）轴脉冲编码　为了判明列车行进方向，每个计轴传感器必须由两套磁头构成。连接磁头的电子盒(EAK)内装有测轴点所用的电路板，计算处理进出轨道区段的轮轴数，将模拟车轮信息转换成数字车轮脉冲，并将计数脉冲送到室内计轴评估器(ACE)。当列车先后经过两组磁头时，每组磁头分别会产生一组轴脉冲，并且产生的轴脉冲在时间上也有先后顺序，通过此时间差可以反映列车的运行方向。

图 3-4 所示为列车从不同运行方向经过该计轴传感器时，每组磁头所产生的轴脉冲编码。当列车进入一组磁头辐射范围时，假定该组磁头应产生一个脉冲“1”，当没有列车经过磁头辐射范围时，则产生脉冲“0”。当列车由运行方向 a 经过计轴传感器时(图 3-4a)，车轮首先经过传感器的 T1 和 R1，由 R1 产生了一组(01100)的脉冲串；然后列车再经过传感器 T2 和 R2，由 R2 产生了一组(00110)的脉冲串；显然处理器通过移位比较，可以获得列车运行方向与编码“1”的运动相一致。同样如果列车反方向运行时，由 b 先经过传感器的 T2 和 R2(图 3-4b)，由 R2 产生一组(01100)的脉冲串，然后经过传感器 T1 和 R1，又由 R1 产生一组(00110)的脉冲串。由此可见，当列车按照不同运行方向经过计轴传感器时，可产生不同的脉冲对序列，计轴运算单元根据接收到的不同脉冲对序列判断出来列车的运行方向。

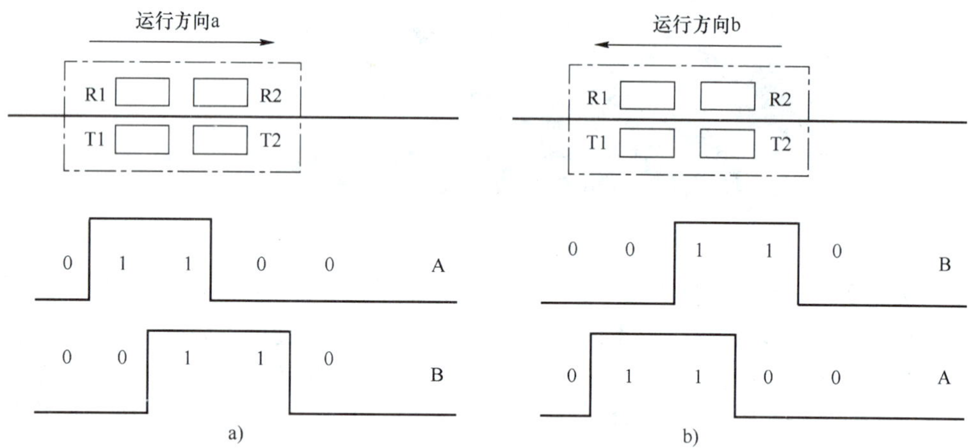

图 3-4 轴脉冲与运行方向

A—R1 产生的轴脉冲 B—R2 产生的轴脉冲

二、设备组成与使用

1. 电子单元 EAK

(1) EAK 箱 计轴系统除了图 3-2 中直接安装在轨道上的传感器外，室外部分还包括在轨旁的密闭安装盒——电子单元 EAK 箱，如图 3-5 所示，就是俗称的“小黄帽”；其作用是给磁头供电，然后接收磁头发回的信号，经过简单逻辑判断和处理后发回室内。将电子单元密闭在安装盒中，具有防尘、防潮、防电磁干扰的作用，为电子设备提供了较好的工作环境。

图 3-5 电子单元 EAK 箱

EAK 的功能是将室内提供的电源转化为各单板所需电压，向车轮传感器的发送磁头提供信号电压，并将车轮传感器接收到的磁头感应信号电压送回盒内，转换成便于远距离传输的数字信号(FSK)，送往车站信号机械室计轴主机进行计轴。

(2) EAK 组成 EAK 箱内(图 3-6)有接地板，接地板上有 EAK 电子单元，电子单元里

有底板、模拟板以及核算器板各一块；计轴点通过电缆线与室内计轴主机连接。一般计轴点的EAK箱下共有6条电缆，其中4条电缆连接计轴磁头，1条电缆连接室内CTF分线盘，还有1条地线电缆。每个检测点需提供2对电缆(不含备用)，1对为信号线，1对为电源线。计轴点的供电电压为AC 60～120V，其电源线可给多个计轴点共用，以故障影响区段最少为原则(一般共用不超过4个检测点为宜)。

EAK安装时在安装点预先做一个基础(由工程施工)，基础顶面与钢轨顶面水平，将EAK固定在基础上。EAK安装在与主传感器同侧，箱盖向所属线路外侧打开。

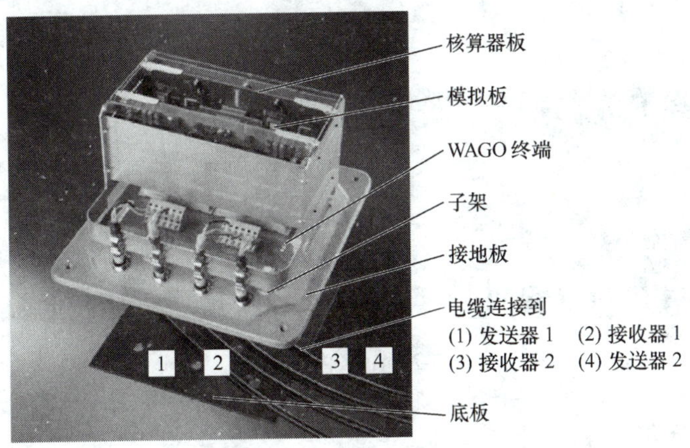

图3-6　EAK箱内部组成及连接

2. 计轴评估器ACE

计轴评估器(ACE)安装在室内的计轴机笼内，ACE接收并处理来自EAK的数据，判定区段占用状况，向联锁设备发送区段占用或空闲的信息，以及与诊断计算机连接并发送诊断信息。ACE的设备组成包括电源板、安全计算机CPU板、多个串行I/O板、并行I/O板、光电耦合单元PDCU等，如图3-7所示。

1）串口板接收来自轨旁设备的数据，转换成安全模块的I/O总线；每块串口I/O板可以连接一两个室外检测点。

2）并口板输出轨道区段占用状态信息；每块并口板有两路安全输入，四路非安全输出。

3）计算机是一个2取2安全计算机系统，每个主机可处理计算32个轨道区段的计轴数据。双CPU接收来自计轴点的带有计轴信息的报文，对同一区段的两个计轴点的轮轴信息进行比较处理。如果双CPU数据处理结果一致，则可作为系统的输出传送到联锁系统；否则执行一个安全结果——区段占用。

3. ACE巡检

（1）计轴复位操作

1）计轴预复位成功的判断。黄灯一个都不亮，说明此并口板所对应的轨道区段的受扰已被预复位清零，需要列车清扫。

2）计轴复位。按住灰色小按钮，顺时针旋转钥匙保持2～3s即可（复位后观察灯位显示,依据上述计轴复位成功的判断,进行确认是否复位成功），如果上述操作无效可卸下这块并口板再插上等灯位亮起后，重复上述步骤。

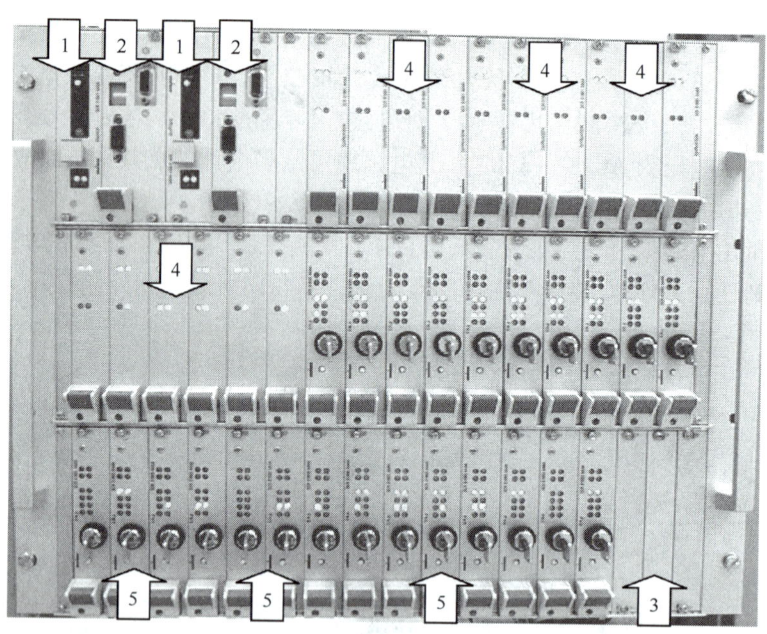

图 3-7 ACE 内部组成

1—电源 2—计算机 3—盖板 4—串行 I/O 5—并行 I/O

（2）计算机奔腾板工作状态

1）图 3-8 所示为 ACE 计算机奔腾板旋转指示灯必须同步，指示计轴器系统处于正常工作状态。

2）启动时，数字显示器先点亮一小段时间，然后有大约 2.5min 的灭灯时间，之后出现“—”，系统开始正常工作。正常工作时“—”不断旋转。

3）系统故障时，计轴应用程序停止，诊断仍可用，变为 X 显示；计轴应用程序和诊断均停止，“—”停在当前位置。

4）计算机模块面板上有一个以太网接口和一个串行接口，进行 ACE 和所连接检测点的诊断。串行接口的通信是通过手提式 PC，使用特殊诊断软件来完成的。以太网接口被预留给远程诊断。

图 3-8 ACE 计算机奔腾板旋转指示灯必须同步

三、设备安装

（1）钢轨打孔　在高度为 h 的钢轨的轨腰处，特定高度 a 上，钻出水平的 3 个孔径为 b 的孔，都需穿透轨腰横截面，60kg/m 钢轨详细参数及误差范围：$a_1 = a_2 = a_3 = 73.5\text{mm} \pm 2\text{mm}$，$b = 13\text{mm} \pm 0.2\text{mm}$，$c = 148\text{mm} \pm 0.2\text{mm}$。

钻孔质量直接影响到磁头高度的调节效果，磁头如果不能调节到适当高度则需重新打孔，所以应保证钻孔质量，钻孔前先用铁刷子来清除轨面上的锈渍等障碍物；钻孔前先冲孔进行定位。

（2）磁头安装　发送磁头 Tx 安装在钢轨外侧，接收磁头 Rx 安装在同一根钢轨的内侧。3 个孔的共 3 根 M12 螺栓，要使用 45N · m 的扭矩进行紧固。双磁头的共 4 个 M8 螺栓，要使用 25N · m 的扭矩进行紧固，磁头安装孔位图 3-9 所示。安装中要注意塑料绝缘垫的位置不要跟金属垫片混淆。磁头上共 4 根电缆的摆放走位要进行合理调整，不能过紧，不能有过度扭曲。磁头安装完成后，有螺母一侧的螺栓头至少有 2mm 的突出，如果不到 2mm 则要检查磁头安装是否正确，发送磁头绝对不能碰到钢轨。发送磁头在水平面方向上不能超过钢轨上表面高度(即不能侵界)。磁头电缆为出厂设置，出厂后绝对不允许进行任何剪裁。防护套管根据磁头电缆长度进行适当剪裁，端口处要安装防水堵。安装防护套管托架时必须也要绝缘，即相对于塑料绝缘垫片的靠近钢轨侧。磁头至 EAK 的 4 根电缆走线应平行无盘绕。

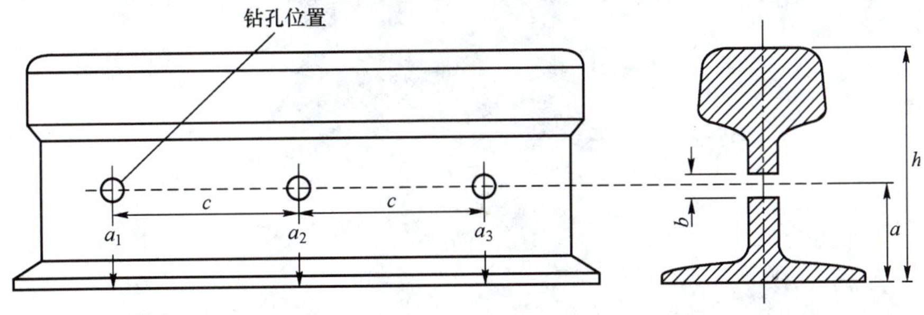

图 3-9　磁头安装孔位

（3）磁头至 EAK 的接线　根据线路图标识，由计轴参考方向来确认磁头的 Sk1 和 Sk2，靠近车辆段的一侧为 Sk1，另一侧为 Sk2，EAK 接线端子处有清晰的标识，表示 Sk1 和 Sk2 的接线端，EAK 子架和接线示意如图 3-10 所示。接线时要注意磁头电缆从底座引入时，防水密封垫圈的安装，要符合密封要求；EAK 防护罩使用 25N · m 的扭矩进行紧固。

（4）接地要求　EAK 电子盒外壳必须做专用地线接地，也可和贯通地线、计轴专用防雷地线共用；EAK 的地线必须采用截面积大于 25mm^2 的铜线或截面积大于 50mm^2 的铁线。ACE 主机机箱应接专用地线，其配套的电缆连接线屏蔽层不得与室外引入电缆屏蔽层地线相连，也不得与信号机械室内分散接地的地线相连。

当磁头重新安装后或状态不良时，需要连接上便携计轴测试箱进行严格的调整。

四、设备调试

1）采用如图 3-11 所示的便携式计轴测试调节箱(含模拟轮)对“黄帽子”进行现场电压测试。

2）用于连接 ACE 黄帽子进行测试的工具如图 3-12 所示。

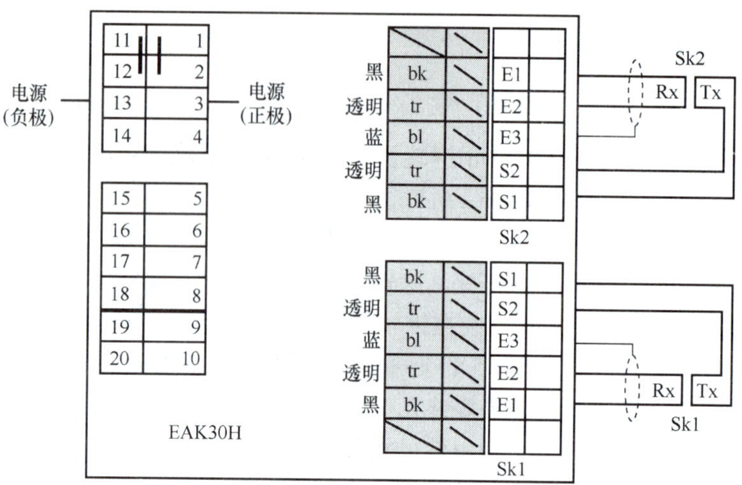

图 3-10 EAK 子架和接线示意

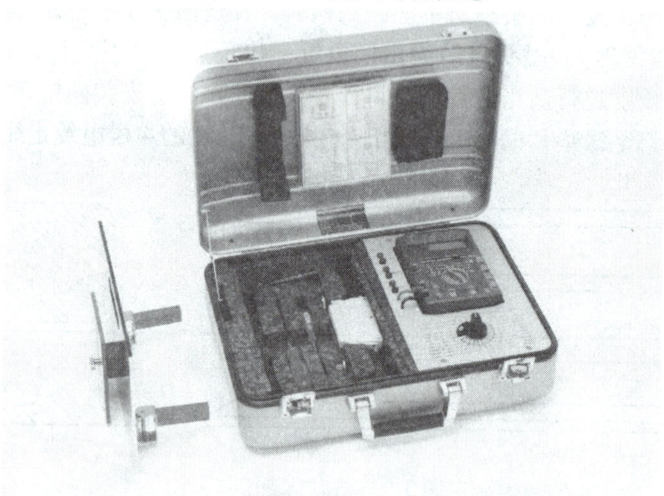

图 3-11 便携式计轴测试调节箱(含模拟轮)

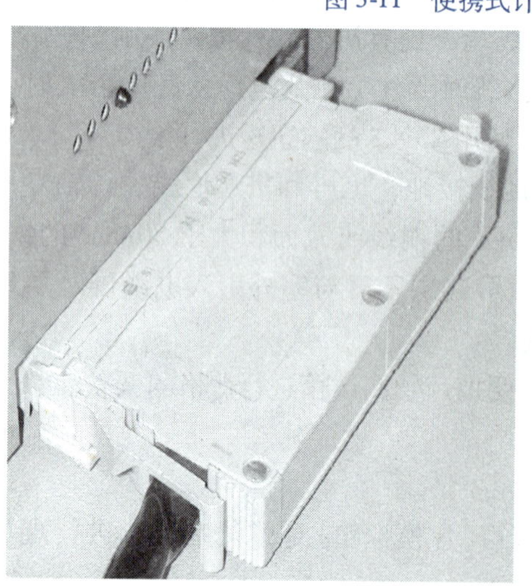
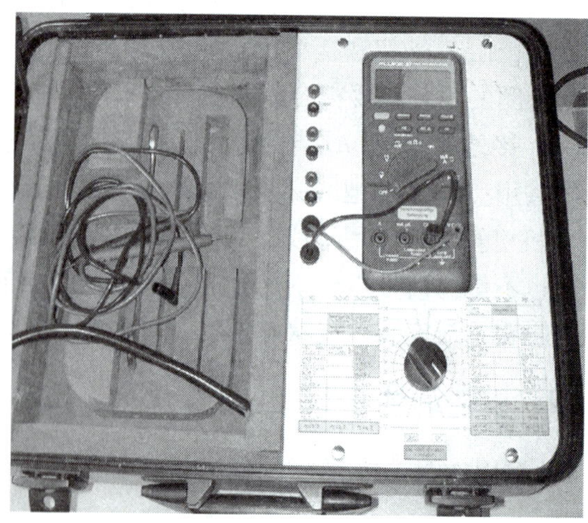

图 3-12 测试工具

图 3-13　模拟板的调节

3）模拟板的调节。每个磁头对应一对 R1、R2，通过调节 R1、R2 起到调节电压的作用，如图 3-13 所示。

4）EAK MESSABx/PEGUEx 的调节，如图 3-14 所示。

① MESSAB1 置于开关位置 10DC；分别放置和不放置仿真车轮，测量两种情况下的电压；在模拟板上对 R2 进行调节，使之绝对值相等，公差小于或等于 10mV。

② MESSAB2（开关位置 12、模拟板 R4），重复上述步骤。

③ PEGUE1 开关位置 11DC；测量电压；使用 PEGUE1 = MESSAB1（不含仿真）的 R1 进行调节，公差 ±2%。

④ PEGUE2（开关位置 13、模拟板 R3、MESSAB2），重复上述步骤。

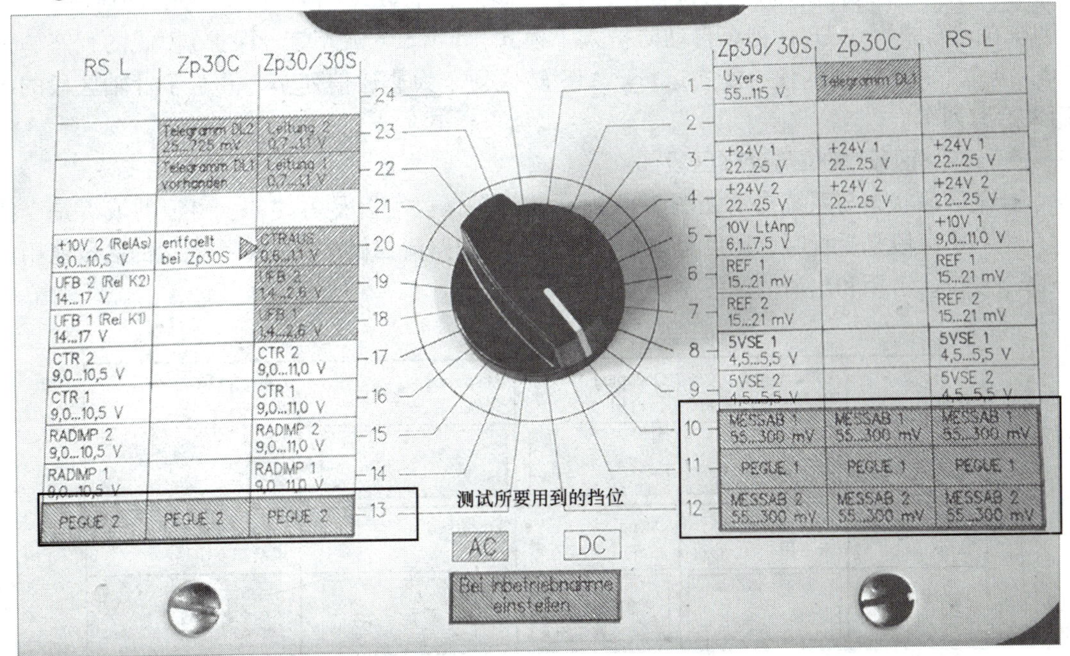

图 3-14　EAK MESSABx/PEGUEx 的调节

五、计轴器在城市轨道系统中的使用

1. 联锁进路与计轴器

联锁进路会使用计轴设备来检测无通信列车以及处理正确的联锁进路。为达到进路联锁功能，系统将综合计轴设备和列车的定位信息绑定以监测计轴设备的状态。

2. 进入/退出 ATC 区域与计轴区段

列车通过转换区(TZ)进入或退出 ATC 区域。TZ 是连接 ATC 区域和非 ATC 区域(即停车场、车辆段)的轨道区域。转换区是一个叠加的计轴区段，包括 1 个 ATC 进入信号机、1 个 TZ 信号机、1 个 ATC 退出信号机和 1 个退出信号。

3. 转换锁闭与计轴区段

通过联锁，PMI 将执行转换锁闭。在后备模式下，PMI 接受“取消转换锁闭”命令。如果转换锁闭激活且相应的计轴区段故障，则需要使用“轨道/区段/取消转换锁闭”命令来人工取消转换锁闭。取消转换锁闭需要 2 个操作步骤，首先需要初始化，随后需要进行确认。

4. 列车折返与计轴区段

为了允许列车折返，可能需要移动受扰计轴区段的道岔。在 CBTC 模式下，如果由于计轴区段故障而锁闭道岔的话，调度员可以临时不激活过岔锁闭。在发出取消过岔锁闭命令前，CCO(控制中心调度员)必须确保无列车接近或在岔区。在下述情况中，系统接受取消过岔锁闭的命令。

5. 通信列车降级使用与计轴区段

当 VOBC(车载控制器)失去位置时，VOBC 将终止于 MAU(移动授权单元)的通信。ATO(列车自动驾驶)、ATPM(列车自动防护人工模式)和 WSP(轨旁信号保护)模式的列车施加 EB，列车不再以上述的任一模式运行。ATS 转换列车为非通信列车，并基于计轴区段的占用来追踪列车。

6. 线路/区段/复位与计轴区段

计轴区段状态与系统提示如图 3-15 所示，计轴区段可以是占用的、出清的或者是受扰的。当一个区段是受扰时，调度可以复位区段，为线路清扫做准备。只有受扰的区段能用这个命令复位。占用和出清的区段不能复位。

Status 状态	Unoccupied 未占用	Occupied 已占用	Disturbed 受扰	Unswept NCO 未清扫 NCO
Appearance 外表				
Status 状态	Unoccupied 未占用	Occupied 已占用	Disturbed 受扰	Unswept NCO 未清扫 NCO
Appearance 外表				

图 3-15　计轴区段状态与系统提示

任务一　计轴设备的安装连接

1. 目标

1）了解系统组成及各部分的作用

2）能根据外观区分不同的单元，掌握其原理

2. 设备

钻孔工具包、常用安装工具、导线、焊接工具等。

3. 实施步骤

1）以4~5人为一组。

2）室外计轴磁头的定位及安装。

3）室外电子单元EAK各组件的连接。

4）EAK接入室内ACE。

任务二　计轴系统的调试与维护

1. 目标

1）计轴系统的性能调试。

2）了解计轴系统的检修内容。

3）实现计轴系统的日常养护。

2. 设备

计轴设备、便携式计轴测试调节箱（含模拟轮）、常用工具等。

3. 实施步骤

1）以2~3人为一组。

2）室外电子单元EAK各组件的连接调试。

3）EAK接入室内ACE的性能调试。

4）检测该计轴点是否可以正常使用。

4. 维护概要

1）检查黄帽子及磁头电缆的物理安装，是否有线皮破损或潮气渗漏。

2）检查磁头和电缆的接地是否有物理损坏。

3）发送磁头不能和钢轨有接触。

4）取下黄帽子观察灯位信息是否有异常。

5）可以接上测试箱，用3、4挡察看电路板的24V工作电压是否超限。

注意工具的使用，金属工具不要从磁头上划过，否则有可能造成不必要的受扰。

任务三　计轴器故障与处理

1. 目标

通过计轴系统的故障现象，分析判断原因及其处理方法。

2. 设备

计轴系统、便携式计轴测试调节箱(含模拟轮)、常用仪表、常用工具等。

3. 实施步骤

1）以4～5人为一组。

2）观察计轴系统的故障现象。

3）通过测量参数、分析判断大致原因。

4）故障排除。

4. 相关资料

（1）室外部分

1）供电/通信电缆不能导通。

主要原因：电缆被切断或者黄帽子内的接线端金属露头处老化折断。

表现现象：ACE架内对应的串口板2个绿灯都熄灭。CTF上有DC 100V输出至室外，而对应的PDCU14&15端子上不能测得AC 3V的返回。

2）计轴点两边区段受扰。

处理办法：检查电缆通断，检查EAK的接入端物理接触是否牢固。

3）室外EAK内电路板不能正常工作。

主要原因：某块电路板老化或者故障(也可能松动)。

表现现象：ACE架内对应的串口板上2个绿灯没有正常显示。CTF上有DC 100V输出至室外，并且对应的PDCU 14&15端子上不能测得AC 3V的返回。计轴点两边区段受扰。

处理办法：插拔电路板，或者进行更换。

4）磁头电压漂移。

主要原因：长时间的工作，需要维护。

表现现象：诊断软件发现频繁而没有消失的DRW、DEF故障报文。且当时没有列车停在该磁头附近。

处理办法：按照EAK模拟板调整电压和参考电压调试方法，调整磁头偏移值。

5）计轴磁头物理损坏。

主要原因：计轴磁头被车轮、工具等外力破坏。

表现现象：ACE架内对应的串口板上2个绿灯没有正常显示。CTF上有DC 100V输出至室外，并且对应的PDCU 14&15端子上不能测得AC 3V的返回。计轴点的两边区段同时受扰。

处理办法：更换计轴磁头，按照EAK模拟板调试步骤重新调试。

（2）室内部分

1）PDCU熔丝熔断。

主要原因：PDCU内熔丝熔断。

表现现象：PDCU内熔丝熔断报警红灯LED点亮，计轴点两边区段受扰。

处理办法：更换熔丝。

2）CPU板死机。

主要原因：CPU板供电故障或运算量过大。

表现现象：CPU板电子屏上横杠停止旋转，所有区段受扰。

处理办法：连接维护计算机，下载日志后重启CPU板。

3）I/O 板卡损坏。

主要原因：串行或并行 I/O 板卡固件损坏。

表现现象：相应板卡 LED 显示异常，不一定会有受扰出现。

处理办法：I/O 板卡支持热插拔，可以不断电更换，更换后会出现受扰。

4）电源模块或 CPU 板损坏。

主要原因：电源或 CPU 固件损坏。

表现现象：这个区域全部受扰，不是 CPU 死机引起。

处理办法：必须断电更换损坏部件。

注意：所有受扰都需要复位清扫处理。

 拓展与提高

计轴器在 ATC 系统的应用

ATP 子系统最重要的课题是如何正确、可靠地向列车传递速度命令，这也是在选择 ATC 系统时，首先要考虑的问题。近年来，随着通信技术的发展，基于通信的列车运行控制系统（CBTC 系统），是移动闭塞的 ATC 系统，系统管理中心与列控中心进行不间断地双向通信，在完全掌握所有列车的精确位置、速度等信息的前提下，完成对所有列车的自动监控。CBTC 系统没有了通常的闭塞分区（如自动闭塞的轨道电路对线路的物理分割，所构成的闭塞分区），只有动态的逻辑分区概念（为了系统管理的需要而设置的，不是真实的分区）。CBTC 系统动态地调整两车运行的保护距离，从而可在确保运行安全的前提下，最大限度地缩短列车运行间隔。

当 CBTC 系统工作正常时，计轴设备不参与 ATP 和联锁功能，但总是处于受监督的工作状态。计轴区段的占用/空闲和设备的故障信息会发送到 ATS 子系统。ZC 忽略计轴区段的状态，这样，当系统处于自动模式时，计轴的故障不会影响 CBTC 系统的性能和通过能力。

在 ATC 系统故障的情况下，计轴器作为轨道电路的替代品，由其构成联锁、闭塞系统，以确保列车运行安全。对于 CBTC 系统而言，车载信号作为主体信号，但是对于非通信列车或 CBTC 发生故障时，没有车载信号，列车只能由驾驶员操纵，根据地面信号的显示运行，而设置于道岔区域的地面信号联锁控制，还是依赖于计轴器所构成的计轴区段（ACB）——线路轨道被分成“区段”，列车驶过计轴磁头就视为进入或离开一个区段，ZC（区域控制）负责控制联锁，并根据区段占用及所有障碍物的已知位置提供列车的安全间隔，ZC（PMI）与计轴器（ACE）连接，以获取 ACB 占用情况，获得类似自动闭塞的固定闭塞分区，确保形成列车安全的闭塞间隔分区（ACB）。所以，基于计轴器的信号系统可以作为后备的信号系统，提供安全的运营。

通常，CBTC 系统的建设运营一般分阶段进行。建设初期，计轴设备与联锁、信号机等配合，用于自动监控区间线路和车站线路，给出线路、道岔、股道区段的“空闲/占用”指示。计轴系统应具备预复位功能。在后备模式开通运营时，计轴系统还应具备直接复位功能，并于 CBTC 系统开通运营时，取消计轴系统的直接复位功能。

点式 ATP：上海轨道交通 5 号线（莘闵线），就是采用点式 ATP 子系统，系统不像 CBTC 保证实时双向通信，是非连续通信；在线路的关键地点，设置地面应答器（无源为主）或应

答器加环线，向列车传送速度命令等信息，完成对列车的速度控制，当列车超速时，也可以实施超速防护，确保行车安全。点式 ATP 系统，由于其成本较低(约为连续式的 70%)、安全可靠，对于客流量较小、行车间隔时间较长的线路，这是一种实用的方式(目前,很多线路的发车间隔都在 3min 以上,远未达到 CBTC 的 90s)。

点式 ATP 模式运营原则是在每个站点(AC)、站间(AC2)以及站前(AC3)各安装一个计轴器；也可在站后或区间信号机后增加一个计轴器(AC1)，通过增加计轴器所构成的计轴区段来缩短 ACB 区域，保证行车间隔性能，提高行车效率，如图 3-16 所示。

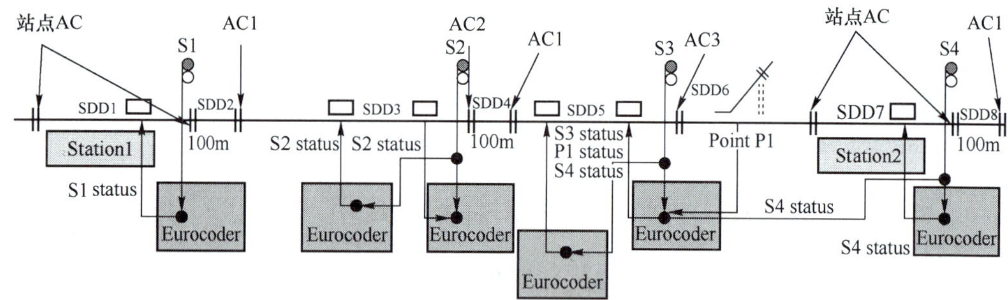

图 3-16 用于点式 ATP 模式的计轴器

复习思考题

1. 计轴器系统由哪些部分组成？其工作原理是什么？
2. 如何安装、连接计轴系统？
3. 计轴系统如何维护、检修和调试？
4. 计轴器在 CBTC 系统有哪些应用？

项目四　信号基础设备——信号机

知识要点

1. 掌握各种信号机的作用和显示。
2. 掌握正线信号机、车辆段信号机的设置要求。
3. 掌握防护信号机、调车信号机、阻挡信号机、出站信号机、通过信号机的显示意义。

相关理论知识

信号是保证行车安全、指示列车及调车作业的命令，行车有关人员必须熟知信号的显示方式，按照信号显示要求进行行车及调车作业。

一、城市轨道交通信号概述

1. 信号分类

（1）视觉信号和听觉信号　视觉信号是以信号灯的颜色、显示数目及灯光状态等表达的信号，如地面信号机、手信号旗、信号牌等。听觉信号是以声音的强度、长短等方式来表示信号意义，如机车鸣笛等。例如某地铁公司的《行车组织规则》中关于列车鸣笛规定：

1）鸣笛的作用是发出警告或要求协助，长声为3s，短声为1s，音响间隔为1s。重复鸣示时，须间隔5s以上。

2）为避免对站内乘客及铁路沿途的居民造成滋扰，列车在正线上运行时只可在必要时鸣笛。

3）表4-1中的情况下必须按指定方式鸣笛：

表4-1　列车鸣笛鸣示方式表

情　况	鸣示方式	情　况	鸣示方式
表示看到手信号	1短声	列车倒车或退行时	2长声
发出警报（请求支援）	连续短声	呼唤信号（请求车站开放信号）	2短1长声
列车将不停站（通过开放站台）	1长声	回示启动信号	1短声
驶过危险信号之前	1短1长声		

（2）固定信号和移动信号　固定信号是固定设置在规定位置的信号装置，如地面信号机等。移动信号是根据需要临时设置的信号装置，如实施临时限速时设置的限速告示牌和限速终止标牌等。

（3）地面信号和车载信号　地面信号是设置在线路附近供驾驶员辨识的信号。车载信号是将地面信号通过传输设备或其他方式传输引入列车的信号。车载信号设备安装在列车的两端。

城市轨道交通地面采用的色灯信号机在结构上与铁路信号机基本相同，但在设置要求和显示意义方面与铁路有一定区别，对于信号机的显示距离也有自己的规定，除了车辆段和有道岔的正线车站外，其他地方一般不设置地面信号机。

城市轨道交通的自动化程度比较高，一般采用“地面信号显示与车载信号系统相结合、以车载信号系统为主”的运用方式，列车的运行速度不取决于地面信号机的显示，地面信号只起辅助作用。

2. 颜色及其表示意义

（1）基本颜色

红色：停车信号，禁止越过该信号机（信号熄灭或显示不明时，也应视为停车信号）。

绿色：允许信号，信号处于正常开放状态，可按规定速度通过该信号机。

黄色：允许信号，信号处于有限开放状态，要求列车注意或减速运行。

（2）辅助颜色

月白色：用于指示调车作业时，表示允许越过该信号机调车；用于指示正线列车作业时，同时显示一个红灯信号，构成引导信号，表示准许列车越过显示红灯的信号机，并随时准备停车。

蓝色：用于调车信号机，表示禁止越过该信号机调车。

需要说明的是：我国城市轨道交通的信号系统没有对地面信号的显示方式和显示意义进行统一规定，因此信号显示存在一定差异，例如有的城市轨道交通公司采用一个红色灯光和一个黄色的灯光构成引导信号。

二、地面信号机

1. 设置原则

（1）设置于列车运行方向右侧　城市轨道交通采用右侧行车制，不论在正线还是车辆段，地面信号机应设置于列车运行方向的右侧，地面信号机地下部分一般安装在隧道壁上。特殊情况下，可以设置在列车运行方向左侧或其他位置。

（2）信号机限界　设备限界是用以限制设备安装的轮廓线，信号机不得侵入设备限界。

车辆轮廓线是限制列车横断面最大容许尺寸的轮廓，将其扩大一定尺寸后，构成车辆限界。直线地段的设备限界是在直线地段车辆限界外扩大一定安全间隙后形成的。曲线地段设备限界应在直线地段设备限界的基础上，按平面曲线不同半径过超高或欠超高引起的横向或竖向偏移量，以及车辆、轨道参数等因素计算确定。在城市轨道交通公司的《行车组织规则》中对各限界的数据有具体说明。

2. 正线信号机及表示器

城市轨道交通有的车站设有道岔，有的车站仅有两条正线，因此应根据各站设备具体情况设置信号机。在正线常用的信号机包括以下几种。

（1）防护信号机　在正线道岔岔前和岔后适当地点设置防护信号机，如附录C中的A站、E站、F站等所示。

防护信号机采用三显示机构，自上而下为黄（或月白）、绿、红，具体显示意义为：

红色——禁止越过该信号机。

绿色——道岔开通直向位置，允许列车按照规定速度越过该信号机进入区间。

黄色——道岔开通侧向位置，允许列车按照规定速度(一般限速不超过 30km/h)越过该信号机，运行至折返点。

黄色 + 红色——引导信号，允许列车以不超过 25km/h 的速度越过该信号机进入区间。

正线上防护信号机用“X”、“F”等命名，以数字序号作为下标，下行咽喉编为单号，上行咽喉编为双号，从站外向站内顺序编号。

(2) 阻挡信号机　在线路尽头处设置阻挡信号机，表示列车停车位置。阻挡信号机采用单显示机构，只有一个红灯。当阻挡信号机显示红灯时，列车应在距信号机至少 10m 的安全距离前停下。

当车站设置有阻挡信号机时，与防护信号机共同顺序编号，如附录 C 中的 A 站的 X9、X11，H 站的 X18、X20。

(3) 通过信号机　采用 ATC 系统的城市轨道交通，自动闭塞通过信号机已经失去主体信号的作用，一般在区间不设置通过信号机。为便于驾驶员在 ATP 设备发生故障时控制列车运行，可以根据需要设置通过信号机。

通过信号机采用三显示机构，自上而下灯位为黄、绿、红。

(4) 进、出站信号机　车站可根据需要设置进、出站信号机，或仅设置出站信号机。

进站信号机设置在车站入口外方适当距离，用于防护车站内作业安全。进站信号机显示一个红色灯光表示不准列车越过信号机进入站内，显示一个绿色灯光表示允许列车按规定速度越过信号机进入站内。

出站信号机设置在车站出口，即列车由车站向区间发车处前方，指示列车能否由车站进入区间。出站信号机显示一个红灯表示不准列车出站，显示一个绿灯表示允许列车出发进入区间。

(5) 发车表示器(倒计时发车牌)　车站可在正向出站方向站台一侧，列车停车位置前方适当地点设置发车表示器，向驾驶员表示能否关闭车门及发车的时间。发车表示器平时不亮灯，列车停靠后无显示表示不能关闭车门、发车；距发车还有 5s 时白色闪光，提醒驾驶员关闭车门；显示白色稳定灯光表示可以发车。

3. 车辆段信号机

车辆段入口转换轨外方设置进段信号机，如附录 B 中的 SJ1、SJ2。进段信号机显示及灯光配列可与防护信号机相同，也可采用双机构。

图 4-1 是某地铁公司车辆段与正线连接部分，图中 XJ1、XJ2 为进段信号机，XJ1 显示红灯表示禁止列车进入车辆段；显示一个黄色灯光表示允许进入车辆段，道岔 1 开通直向位

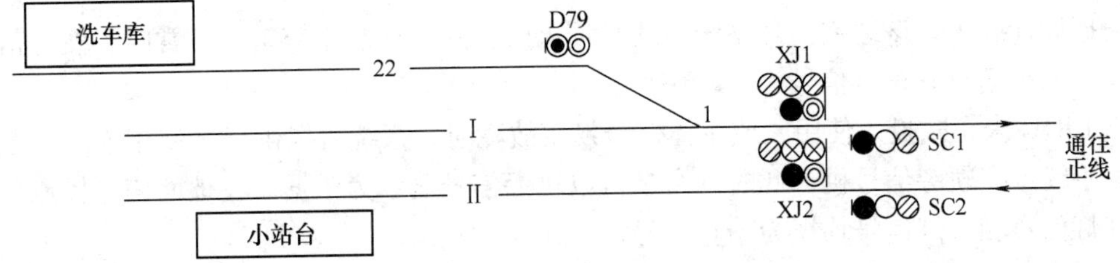

图 4-1　车辆段与正线连接部分

置；显示两个黄色灯光表示允许进入车辆段，道岔 1 开通侧向位置；显示一个红色灯光和一个白色灯光表示引导信号。

车辆段出口处设置出段信号机，如图 4-1 中 SC1、SC2，其显示及灯光配列可与防护信号机相同。

车辆段内其他地点可根据需要设置调车信号机，如附录 B 所示，显示蓝色灯光表示禁止越过该信号机调车，显示白色灯光表示允许越过该信号机调车。

在进段信号机内方的转换轨靠近车辆段的一端，设置红、白两显示列车阻挡信号机，如附录 B 中的 D7、D11；车辆段内可根据需要另设红、白两显示调车信号机，红灯与白灯显示意义如下：

红灯——禁止列车越过该信号机。

白灯——允许调车，列车以不超出 25km/h 的速度越过该信号机。

地面设置的信号机平时应处于亮灯状态，其经常保持的显示状态称为信号机的定位显示，除自动闭塞通过信号机外，其他信号机一律以显示禁止灯光（红灯或蓝灯）为定位显示。

信号开放后，当列车第一轮对越过信号机所对应的绝缘后，该信号机应及时自动关闭。根据调车作业实际情况，结合铁路信号设备的设计要求，调车信号机开放后需列车全部越过信号机后才自动关闭。

三、图形符号

城市轨道交通信号平面图中常用颜色及信号机的图形符号见表 4-2。

表 4-2　信号常用图形符号

名　称	图形符号	名　称	图形符号
红色灯光	●	空灯位	⊗
黄色灯光	(斜线填充圆)	稳定绿灯	(带叉线空心圆)
绿色灯光	○	稳定红灯	(带叉线实心圆)
蓝色灯光	⊙	高柱信号	⊢○　○⊣
月白灯光	◎	矮型信号	|○　○|

四、某地铁信号机实例

某地铁信号平面图（部分）如附录 D 所示。

1. 正线信号机

根据设计要求，该地铁信号系统正线采用灭灯方式，即当系统工作正常时，轨旁信号机不点亮，列车运行以车载信号为行车信号。

当 CBTC 未正式投入使用，或主体信号发生故障时，系统将提供降级使用模式，通过办理相关手续点亮轨旁信号机，此时列车运行以轨旁信号显示为依据。在地面信号机点灯情况下，红灯信号和灭灯信号均视为禁止信号。

正线主要有以下六种信号机。

（1）道岔防护信号机　F。

红色——该信号表示所有的列车必须在信号机前停车，列车不允许通过该信号机。

绿色——该信号确保进路已经排列并锁闭，前方区间空闲，进路上的所有道岔都锁在定位。

绿色和进路指示器——该信号确保进路已经排列，道岔已经锁闭，且相关条件得到满足。指示器提供附加信息，表明有道岔处于侧向位置。

绿闪显示（当兼做出站信号机时）——该显示表示已建立站间闭塞，相应的进路已建立并锁闭。

绿闪显示和进路指示器（当兼做出站信号机时）——该显示表示已建立站间闭塞，相应的进路已建立并锁闭，同时有道岔处于侧向位置。

红色和月白色显示——红色信号与月白色信号的结合指示为一个引导信号。

（2）出站信号机　上行出站信号机 SC、下行出站信号机 XC。

红色——该信号表示所有的列车必须在信号机前停车，列车不允许通过该信号机。

绿闪——该显示表示已建立站间闭塞，相应的进路已建立并锁闭。信号机与下一站进站信号机之间的区间为空闲。

绿闪和进路指示器——该显示表示已建立站间闭塞，相应的进路已建立并锁闭，同时有道岔处于侧向位置。

绿色——该信号确保进路已经排列并锁闭，前方区间空闲。该信号显示在非站间闭塞情况下使用。

绿色和进路指示器——该信号确保进路已经排列，道岔已经锁闭，且相关条件得到满足。指示器提供了附加信息，表明有道岔处于侧向位置。

（3）进站信号机　上行进站信号机 SJ、下行进站信号机 XJ。

红色——该信号表示所有的列车必须在信号机前停车，列车不允许通过该信号机。

绿色——该信号确保进路已经排列并锁闭，前方区间空闲。

红色和月白色——红色信号与月白色信号的结合指示为一个引导信号。

（4）预告信号机　Y（防护兼预告信号机：YF4）。

红色——该信号表示所有的列车必须在信号机前停车，列车不允许通过该信号机。

黄色——该显示表示前方两个区段空闲，或者前方道岔在反位并且相应的区段空闲。

绿色——该显示表示前方信号机显示绿灯及相应的区段空闲。

（5）顺向阻挡信号机

红色——该信号表示所有的列车必须在信号机前停车，列车不允许通过该信号机。

绿色——该信号确保进路已经排列并锁闭，前方区间空闲。

（6）尽头型信号机

红色——该信号表示所有的列车必须在信号机前停车，列车不允许通过该信号机。

2. 车辆段信号机

（1）进段信号机

绿灯——表明进段的进路开通，道岔锁在规定的位置，进路内区段空闲等联锁条件满足。准许列车按规定的速度越过该架信号机进段。

红灯——不准列车越过该架信号机。

红灯＋月白灯——表明开放进段引导信号，准许列车以规定的速度越过该架信号机至前方的列车阻挡兼调车信号机前停车，此时列车运行安全由驾驶员人工保证。

（2）出段信号机

绿灯——表明出段进路开通，预示前方具有足够的安全行车间隔。准许列车按车载信号指示的速度越过该架信号机出段进入正线。

绿色闪光——表明站间闭塞方式的发车进路建立并锁闭，准许驾驶列车按规定的速度运行至下一站进站信号机前。

红灯——不准列车越过该架信号机。

（3）调车信号机

红灯——不准列车越过该架信号机。

白灯——准许调车按规定的速度越过该架信号机。

项目实施

任务一　认识正线信号设备

1. 目标

1）掌握城市轨道交通正线有关信号机设置原则。

2）掌握城市轨道交通正线有关信号机显示方式及显示意义。

3）掌握发车表示器的设置位置及显示意义。

2. 资料

1）城市轨道交通正线信号平面图。

2）正线车站设备图片。

3）录像资料：列车进站、列车发车、列车折返、列车越站等。

3. 实施步骤

（1）信号机布置　提供未设置信号机的正线线路图，由学生分组设计正线有关信号机的布置。设计完毕，与实际正线信号平面图相对照，讨论解决设计中存在的问题。

在完成信号机布置的基础上，分析城市轨道交通正线车站线路布置及列车作业的特点。

（2）认识设备　提供正线车站防护信号机、阻挡信号机等设备实物图片，包括信号的不同显示，学生能够讲解图中设备的有关知识。

（3）信号显示与列车运行　根据城市轨道交通列车运行及折返作业的相关录像，能够指出有关作业过程中相关信号显示意义及信号显示与有关道岔位置的关系。

任务二　认识车辆段信号设备

1. 目标

1）掌握城市轨道交通车辆段内有关信号机设置及作用。

2）掌握城市轨道交通车辆段内有关信号机显示方式及显示意义。

2. 资料

1）城市轨道交通车辆段信号平面图。

2）车辆段设备图片：停车线、洗车库、咽喉区等。

3）录像资料：列车进段、列车出段等。

3. 实施步骤

（1）信号机布置及作用　根据所提供的车辆段信号平面图，明确各线路的作用及信号机设置原则，区分车辆段内调车信号机和列车阻挡信号机的不同作用。

（2）认识设备　提供车辆段内不同性质、不同类型信号机的设备实物图片，根据信号机外观、设置位置等识别各信号机，并能够讲解图中设备的有关知识。

（3）信号显示与列车运行　根据列车及其他车辆进出车辆段以及在车辆段内作业的录像，能够说明有关作业过程中相关信号显示意义。

任务三　学习信号机故障时的行车办法

1. 目标

1）熟练掌握有关规章要求。

2）正确执行有关规章。

2. 资料

提供《行车组织规则》中关于信号机故障行车办法的有关规定。例如某地铁公司关于信号机及发车表示器故障时的规定。

（1）倒计时发车牌故障的处理

1）驾驶员或车站督导员在发现倒计时发车牌故障时，应及时通知行车调度员。

2）驾驶员凭行车调度员授权发车。

（2）信号机故障的处理

1）驾驶员或车站督导员在发现信号机故障时，应及时通知行车调度员。

2）行车调度员授权列车驾驶员或车站督导员停止使用该故障设备，视为无效信号。

3）中央控制时，行车调度员确认故障信号机防护的道岔位置正确且在锁闭状态；车站控制时，由行车值班员确认故障信号机防护的道岔位置正确且在锁闭状态，并向行车调度员汇报。

4）驾驶员凭行车调度员的调度命令发车。

3. 实施步骤

1）正确识别信号机或发车表示器故障。

2）熟悉不同岗位在设备故障时的处理方法。

任务四　了解信号机基本结构及控制电路

1. 目标

1）了解不同信号机的特点。

2）了解不同信号机的内部结构。

2. 设备

透镜式色灯信号机、组合式色灯信号机、LED 信号机以及信号机控制电路。

3. 实施步骤

1）观察不同信号机在内部结构方面的不同。

2）观察不同信号机在信号显示方面的不同。

拓展与提高

一、常用色灯信号机

城市轨道交通的信号机一般采用色灯信号机，按照显示方式和结构的不同，色灯信号机主要有以下三种。

1. 透镜式色灯信号机

透镜式色灯信号机采用透镜组将光源发出的光束聚成平行光束，故称为透镜式。这种信号机结构简单，安装方便，控制电路所用电缆芯线少，所以得到广泛应用。

透镜式色灯信号机有高柱和矮型两种类型。高柱信号机的信号机构安装在信号机柱上，矮型信号机的信号机构安装在混凝土基础上，如图 4-2 所示。

透镜式信号机机构分为单显示、二显示和三显示三种，其中二显示和三显示机构分别划分为两个和三个灯室，灯室之间用隔板分开，防止相互串光。单显示机构用于阻挡信号机，以及复示信号、引导信号及进路表示器。

二显示和三显示机构可以单独使用，也可以组合使用(也可与单显示机构组合)，再按灯光配列对信号灯位颜色的规定安装有色内透镜。例如，图 4-1 中的 XJ1 由一个二显示机构和一个三显示机构组成，并对于不使用的灯位予以封闭。

透镜式信号机机构的每个灯位由透镜组(外透镜、内透镜)、灯泡、灯座及遮檐组成，如图 4-3 所示。

图 4-2 矮型色灯信号机

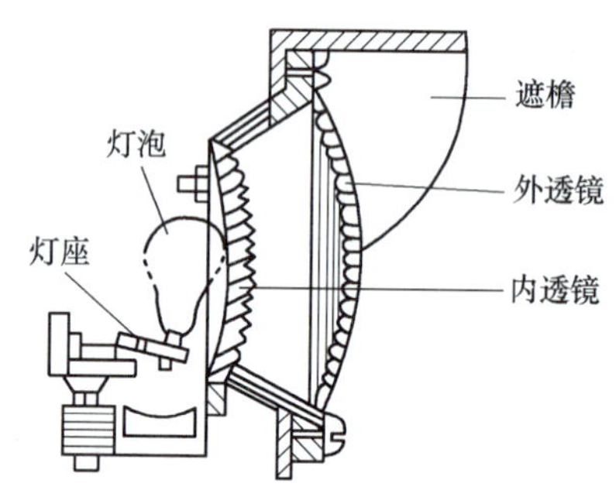

图 4-3 透镜式信号机机构

透镜组装在镜架框上，由两块带棱凸透镜组成，其中内侧透镜为有色带棱外凸透镜，外侧透镜为无色带棱内凸透镜。使用带棱透镜的原因是它比不带棱透镜轻且较薄，光线通过时损失少；使用两块透镜可以缩短焦距，提高光源利用率，增加射出平行光的强度。信号机显示颜色取决于有色透镜，可根据需要选用。

灯泡是色灯信号机的光源。目前信号机采用 12V 25W 直丝灯泡。根据需要可以使用双灯丝灯泡，当平时点亮的主灯丝断丝时，能通过外接的自动转换设备自动点亮副灯丝，保证信号不间断显示。

灯座用于安放灯泡。现采用定焦盘式灯座，调整好透镜组焦点后固定灯座，更换灯泡时

无需再调整。

2. 组合式色灯信号机

组合式色灯信号机每个机构只有一个灯室，由光系统、机构壳体、遮檐等组成，如图4-4 所示。使用时根据信号显示要求可以分别组装成单显示、二显示及三显示机构，故称为组合式。

组合式色灯信号机机构的光系统由反光镜、灯泡、色片、非球面镜、偏散镜及前表面玻璃组成。灯泡发出的光通过色片、非球面镜聚成带有指定颜色的平行光，再经过偏散镜将一部分光偏散到所需方向，使在曲线上能够连续准确地看到信号显示。色片有红、黄、绿、蓝、月白五种颜色，根据需要每个机构中配备一种色片。偏散镜将光系统产生的平行光较均匀地聚焦到所需要的可视范围内。根据曲线特点选用相应种类的偏散镜，以保证连续显示。偏散镜还可增强部分近距离可见度，使在距离信号机 5m 处也能看到信号显示。前表面玻璃向上倾斜 15°，可将外来光反射到遮檐上，避免由于反光造成假显示。

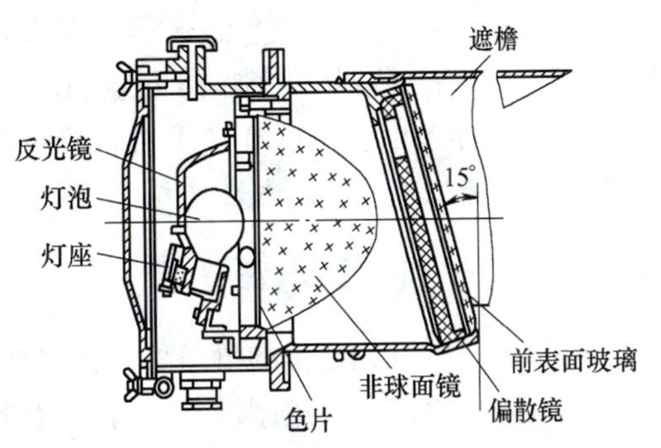

图 4-4 组合式色灯信号机机构

组合式信号机采用铝合金或玻璃钢材料，机构重量轻，便于安装、维护和调整。光系统设计合理，光能利用率高，显示效果好，有利于驾驶员瞭望信号。

3. LED 组合式色灯信号机

LED 信号机一般由铝合金机构、发光盘、点灯装置、报警单元组成。

LED 信号机铝合金机构与透镜式色灯信号机大小相同，分为高柱机构和矮型机构两种，每种机构又分别包括二灯位机构、三灯位机构两种类型，根据使用需要，还有专门的复示机构、引导机构等。目前使用的 LED 信号机有多种类型，主要有 XSL 型、XSLE 型、XLL 型、XSZ(G、A)型、XLG(A、Y)型等。

LED 信号机发光盘是采用发光二极管制成的信号灯光源，如图 4-5 所示。发光盘分为高柱发光盘、矮型发光盘、表示器发光盘三种，分别适用于高柱机构、矮型机构、复示机构、引导机构、表示器机构等。

点灯装置用于为发光盘提供电源。有些类型 LED 信号机的发光盘，例如 XSZ 型的发光盘，可以与现有信号灯变压器直接配合使用，而大多数发光盘需要通过点灯装置将现有信号电源转化为 12V 直流电以驱动发光盘。

报警单元的功能是当发光盘 LED 二极管损坏数量超过总数的 30% 时，以及主、备电源有一路发生故障时，产生报警条件发出报警。有些类型 LED 信号机的发光盘本身还集成了报警功能，有些类型 LED 信号机专门设置有独立的报警单元。

与上述两种信号机相比，LED 信号机有以下特点：

(1) 可靠性高　发光盘是用上百只发光二极管和数十条支路组成，使用中即使个别发光二极管或支路发生故障也不会影响信号正常显示，这在一定程度减少了信号灯丝双断等故障，提高

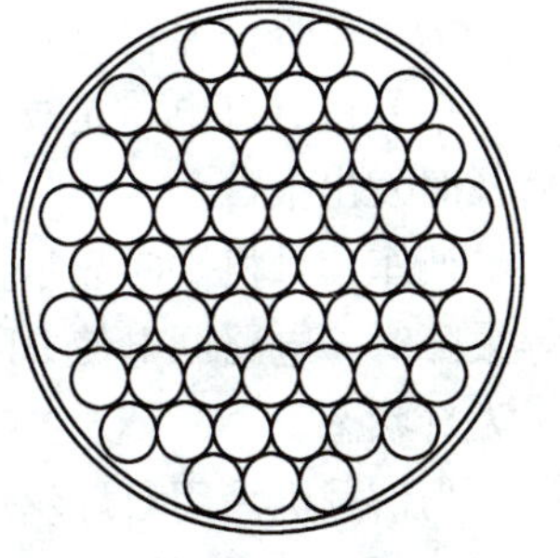
图 4-5 LED 信号机发光盘

了信号显示的可靠性。

（2）寿命长 发光二极管使用寿命可达 10^5h，是信号灯泡的 100 倍，有利于实现免维修。

（3）节省能源 传统信号灯泡功率为 25W，发光盘的功率不足信号灯泡的 1/2，考虑到城市轨道交通信号长时间亮灯的特点，采用 LED 信号机对于节省能源具有显著效果。

（4）聚焦稳定 发光盘的聚焦状态在设计和生产中已经确定，并能够始终保持良好的聚焦状态，不需要现场调整，给安装和使用带来方便。

（5）无冲击电流 LED 二极管自身特点使得信号机在点灯过程中没有信号灯泡冷丝状态的冲击电流，有利于延长供电装置使用寿命。

二、信号机点灯电路分析

控制信号机灯光显示的电路称为信号机点灯电路。城市轨道交通信号机点灯电路一般采用继电电路，通过室内控制设备对有关继电器的驱动和采集，实现对地面信号机的控制和监督。调车信号机点灯电路如图 4-6 所示，下面以调车信号机点灯电路为例，说明电路的分析方法。

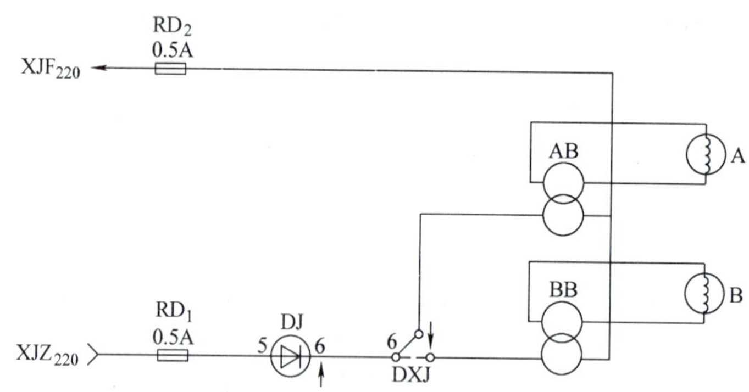

图 4-6 调车信号机点灯电路

信号机灯泡采用 12V 25W 灯泡，指示列车运行的信号机可采用双灯丝灯泡。

由于点灯电源是交流 220V，为此对每一个灯泡需设置 BX—34 型信号点灯变压器，如图 4-6 中的 AB（蓝灯变压器）、BB（白灯变压器），放置于信号机旁的变压器箱内（矮型信号机可设置于信号机构内）。变压器一次电压为 220V，二次电压为 13 ~ 14V。点灯电路与电源间均需设置熔断器防护，如图 4-6 中 RD_1、RD_2。

为了监督信号机是否灭灯，电路中串接灯丝继电器 DJ。

信号机点灯电路是故障-安全电路，既要考虑混线防护，又要考虑断线防护，并在故障后及时发出报警。

调车信号机平时显示蓝灯，信号继电器 DXJ 吸起后显示白灯。当发生断线或灯丝断丝等故障时，电路断电使 DJ 落下。通过采集 XJ、DJ 状态，可以确定信号机的显示以及是否处于灭灯状态。

当信号机采用双灯丝灯泡时，每个灯泡的主灯丝电路中需串接灯丝转换继电器 DZJ。当主灯丝断丝时，利用 DZJ 触点自动将副灯丝接入电路，使副灯丝点亮，使信号机继续给出信

号显示，并利用 DZJ 触点发出主灯丝断丝报警。

三、信号机养护检修

1. 日常养护

信号机的日常养护每月一次，主要作业内容包括：

1）信号机构、基础、箱盒外观检查，基础牢固，外观无损伤。

2）检查设备有无受外界干扰，加锁是否良好。

3）检查紧固件及信号锁有无锈蚀，对各部件加油。

4）清扫机构内部、透镜玻璃，检查显示情况是否良好，清扫设备周围环境，保持清洁。

2. 集中检修

色灯信号机的集中检修每季度一次。当进行集中检修作业时，该月的日常养护作业取消。主要作业内容包括：

1）检查机构、基础、箱盒牢固且完好无损伤。

2）清扫机构、保持透镜玻璃干净无污染，检查清扫箱盒、机构内部，显示良好、显示距离不小于 200m。

3）清扫周围环境，检查加锁良好，无锈蚀。

4）正线试验主、副灯丝转换及报警，转换正常、报警良好。

5）正线测试引导信号，能正常开放。

3. 检修作业标准

（1）外观检查

1）信号显示距离应符合要求。

2）基础无裂纹，不腐蚀，倾斜不超过 10mm。

3）基础露出地面应不超过 100mm。

4）机柱引入蛇管无破损，防护作用良好。

5）限界符合规定。

6）机座螺钉紧固，螺栓至少与螺钉平齐。

（2）机构内部

1）机构安装牢固、平直，遮檐紧固、合适。

2）透镜组完好严密，不透尘土。

3）机构门、盘根密封，作用良好。

4）线头无磨卡、无破皮，断股不超过三分之一。

5）端子不松动，双帽、垫圈齐全。

6）灯泡无裂纹、断丝、弯曲、开焊等情况，灯口不旷动，接触良好。

7）灯泡端电压应保持在额定电压。

8）灯丝转换及报警功能良好。

（3）检查电缆盒外部

1）基础完整无裂纹，倾斜不超过 10mm。

2）盒盖严密，有防尘措施，防尘良好。

3）端子安装牢固，螺钉、垫圈紧固齐全。

4）配线不破皮，不卡线，连接良好。

复习思考题

1. 分别说明正线防护信号机、阻挡信号机有哪些显示，各表示什么意义。
2. 分别说明车辆段调车信号机、进段信号机、列车阻挡信号机有哪些显示，各表示什么意义。
3. 根据正线车站线路图，说明应设置哪些信号机。
4. 根据车辆段信号平面图，说明图中各信号机的类型及作用。
5. 说明发车表示器的作用是什么。

项目五　信号基础设备——转辙机

知识要点

1. 掌握转辙机的作用和基本结构。
2. 掌握转辙机的操作方式。
3. 了解新型转换设备的特点。

相关理论知识

转辙机是重要的信号基础设备，用于实现对道岔的转换和锁闭，是直接关系行车安全的设备，对于保证行车安全，提高运输效率，起着非常重要的作用。

一、道岔

道岔是机车车辆从一股道转入或越过另一股道的线路设备，是轨道的一个重要组成部分，也是轨道的薄弱环节之一。

1. 道岔结构

道岔由转辙部分、连接部分和辙叉部分组成，如图 5-1 所示。

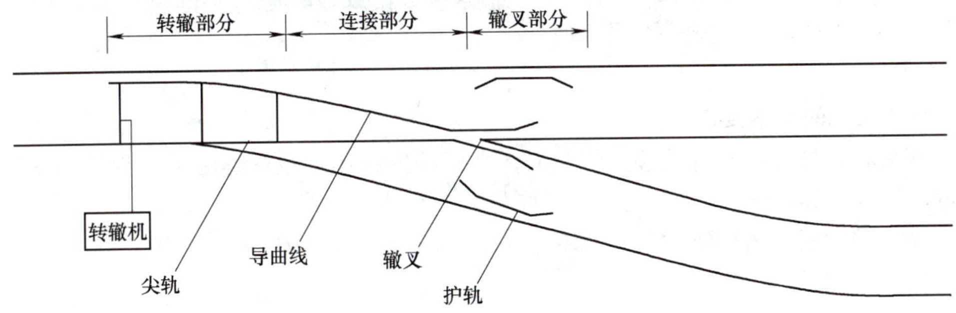

图 5-1　道岔结构图

（1）转辙部分　由尖轨、基本轨、连接零件（包括连接杆、滑床板、垫板、轨撑、顶铁、尖轨跟端结构等）及转辙机械组成。

（2）连接部分　由导轨、基本轨组成，它将转辙部分和辙叉部分连成一组完整的道岔。

（3）辙叉部分　由辙叉心、翼轨、护轨等组成。

道岔按用途及平面形状分为单开道岔、对称道岔、三开道岔、交叉道岔四种。其中单开道岔将一条线路分为两条，主线为直线方向，侧线由主线向左侧或右侧岔出，线路连接中较多采用。

2. 道岔号数

道岔辙叉角的余切值叫道岔号数或辙叉号码。

地铁线路常用的标准道岔有7号、9号、12号。正线及折返线上统一采用9号道岔。为了行车安全平稳，列车过岔速度应有一定的限制，见表5-1，其中车厂内基本为7号道岔，其侧向通过最高速度为25km/h。

表5-1 道岔侧向允许通过速度

辙叉号	7	9	12
速度/(km/h)	25	30	50

二、转辙机概述

1. 转辙机的作用

在集中联锁设备中，转辙机的作用是接收到命令后带动道岔转换，如图5-2所示，其主要功能为：转换道岔、锁闭道岔尖轨、表示道岔所在位置，具体表现为：

1）根据操作要求，将道岔转换至定位或反位。

2）道岔转换至规定位置而且密贴后，自动实行机械锁闭，防止外力改变道岔位置。

3）当道岔尖轨与基本轨密贴后，正确反映道岔位置，并给出相应表示。

4）发生挤岔以及道岔长时间处于“四开”位置(尖轨与基本轨不密贴)时，及时发出报警。

图5-2 转辙机与道岔的结合

2. 对转辙机的基本要求

1）作为转换器，应具有足够大的拉力，以带动尖轨作直线往返运动；当尖轨受阻不能转换到底时，应随时通过操作使尖轨回复原位。

2）作为锁闭器，当尖轨和基本轨不密贴时，不应进行锁闭；一旦锁闭，不由于车辆通过道岔时的振动而错误解锁。

3）作为监督器，应能正确反映道岔的状态。

4）道岔被挤后，在未修复前不应再使道岔转换。

3. 转辙机的分类

(1）按动作能源和传动方式分 可分为电动转辙机、电动液压转辙机。

电动转辙机由电动机提供动力，采用机械传动方式。ZD6系列、S700K型转辙机都属于电动转辙机。

电动液压转辙机由电动机提供动力，采用液压传动方式，简称电液转辙机。

(2) 按供电电源分　可分为直流转辙机和交流转辙机。

直流转辙机采用直流电动机，目前使用较多的 ZD6 系列电动转辙机就是直流转辙机。

交流转辙机采用三相交流电源，电动机为三相异步电动机。一些地铁公司采用的 S700K 型转辙机即为交流转辙机。交流电动机没有换向器和电刷，故障率低，单芯电缆控制距离远。

(3) 按锁闭方式分　可分为内锁闭转辙机和外锁闭转辙机。

内锁闭转辙机锁闭机构设置在转辙机内部，尖轨通过锁闭杆与锁闭装置连接。ZD6 等系列电动转辙机大多采用内锁闭方式。

外锁闭转辙机依靠转辙机之外的锁闭装置直接锁闭密贴尖轨和基本轨，不仅锁闭可靠程度较高，而且列车过岔时对转辙机冲击小，有利于减少转辙机故障。

4. 转辙机的设置

通常一组道岔由一台转辙机牵引，如果正线采用 9 号 AT 道岔，尖轨部分需要两台转辙机牵引。

5. 转辙机的操纵和锁闭

(1) 操纵方式　转辙机有电动转换和人工转换两种方式。

设备正常时，运行操作人员利用控制台(或显示器)上的有关按钮进行集中操纵。

停电、转辙机故障以及有关轨道电路故障时，只能使用手摇方式转换道岔。

手摇转辙机时，先用钥匙打开遮断器盖，露出手摇把插孔，插入手摇把，摇动规定圈数使道岔转换至所需位置。转换完毕抽出手摇把，但安全触点被断开，转辙机电路也被断开，必须由电务维修人员打开机盖，合上安全触点，转辙机电路才恢复正常。多动道岔或多台转辙机牵引的道岔，必须摇动各台转辙机使道岔至所需位置。它们在集中操纵时是联动的，但手摇转换时必须一一摇动。手摇把关系行车安全，要实行统一编号，集中管理，建立登记签认制度。

(2) 锁闭方式　对道岔实施锁闭指的是通过机械及电气方式将列车正在经过，或已发出指令允许列车经过(例如办理好进路)的道岔进行固定，防止道岔错误转换。

锁闭道岔的方式有机械锁闭和电气锁闭两种形式。

机械锁闭是当道岔转换到位后利用转辙机的内锁闭或外锁闭装置自动实现的，用于确保列车运行时尖轨与基本轨保持密贴。当设备故障时，需人工利用钩锁器等设备对道岔尖轨实施锁闭以保证行车安全。

电气锁闭是利用继电器触点等断开转辙机电路，确保列车占用或已发出指令允许列车经过时，不会由于误操作导致道岔转换。

三、ZD6—A 型电动转辙机

ZD6 系列转辙机采用内锁闭方式，是我国城市轨道交通中使用最为广泛的电动转辙机，ZD6—A 型转辙机是基本型，如图 5-3 所示，其他型号，如 D、E、J 等，属于派生型号。ZD6—A 型转辙机内部结构如图 5-4 所示。

电动机采用直流串励电动机为电动转辙机提供动力。

减速器用于降低转速以获得足够的转矩，并完成传动功能。

摩擦联接器由弹簧和摩擦制动板组成，构成输出轴与主轴之间的摩擦联接，当道岔转换过程中尖轨遇阻时，能够保护电动机。

转换锁闭装置由锁闭齿轮和齿条块组成，将转动变为平动，通过动作杆带动尖轨运动，转换到位后进行锁闭。

自动开闭器通过表示杆与尖轨连接，表示杆随尖轨移动。只有当尖轨密贴并锁闭后，才能接通道岔表示电路，并断开道岔的转换电路。

图 5-3 ZD6—A 型转辙机

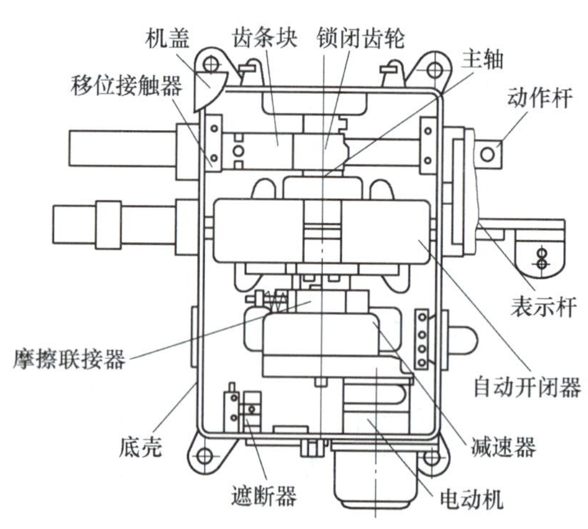

图 5-4 ZD6—A 型转辙机内部结构

挤岔保护及报警装置包括挤切销(图中未见)和移位接触器等。挤切销用于连接动作杆和齿条块，挤岔时挤切销被切断，使动作杆和齿条块分离，避免机件损坏。移位接触器用于监督挤切销受损状态，道岔被挤或挤切销折断时，断开道岔表示，并接通挤岔报警电路。

遮断器(又称为安全触点)，位于电动机一侧，用于断开电动机的电路。只有打开遮断器，才能插入手摇把人工转换道岔，或者打开机盖进行检修。

四、S700K 型电动转辙机

S700K 型电动转辙机是我国铁路为提速需要从德国引进设备和技术，经消化吸收和改进后，在干线铁路推广的一种转辙机。这种转辙机结构先进、工艺精良，解决了 ZD6 转辙机存在的电动机断线、故障电流变化、触点接触不良、移位接触器跳棋、挤切销折断等惯性故障。

城市轨道交通尽管运行速度不高，但采用 S700K 转辙机的优点十分明显：由于采用三相交流电动机，线路上的电能损失大大减小；由于采用滚珠丝杠传动装置，摩擦力小，机械效率高；由于三相电动机没有直流电动机的换向器，维修工作量大大减少。

S700K 型电动转辙机由外壳、动力传动机构、检测和锁闭机构、安全装置、配线接口五大部分组成，其结构如图 5-5 所示。图 5-6 为应用于某地铁公司的 S700K 型电动转辙机。

外壳由铸铁底壳、机盖、动作杆套筒、导向套筒、导向法兰等组成。

动力传动装置主要由三相交流电动机、齿轮组、摩擦联接器、滚珠丝杠、保持联接器、动作杆等组成。其中滚珠丝杠相当于 32mm 的螺栓和螺母，滚珠丝杠正向或反向旋转

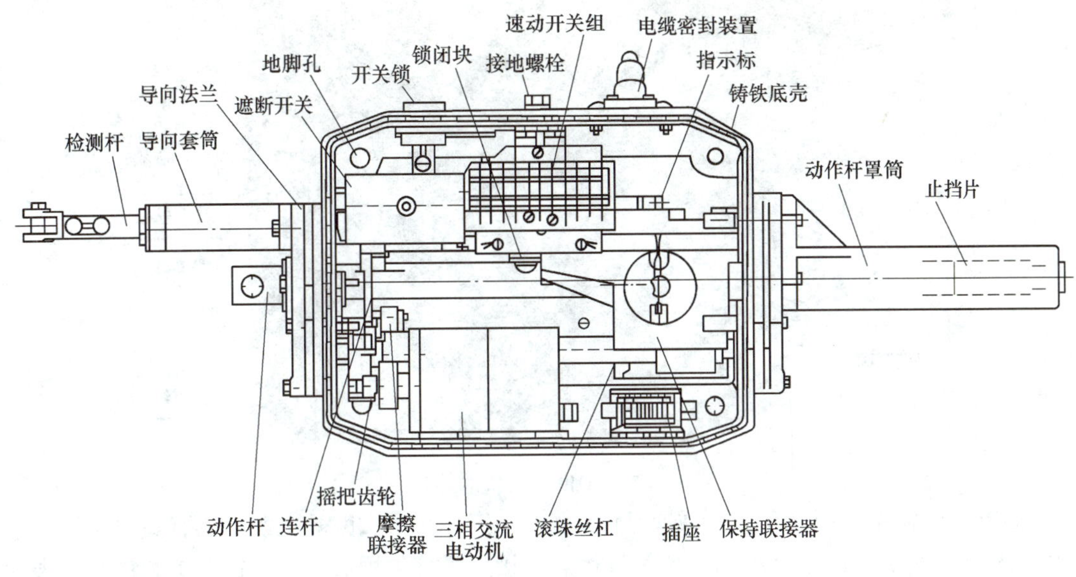

图 5-5　S700K 型电动转辙机结构

一周，螺母前进或后退一个螺距。它将电动机的旋转运动转化为丝杠的直线运动的同时，还起到减速作用。保持联接器是转辙机的挤脱装置，利用弹簧压力通过槽口式结构将滚珠丝杠与动作杆连接在一起。当道岔的挤岔力超过弹簧压力时，动作杆滑脱，起到保护整机的作用。

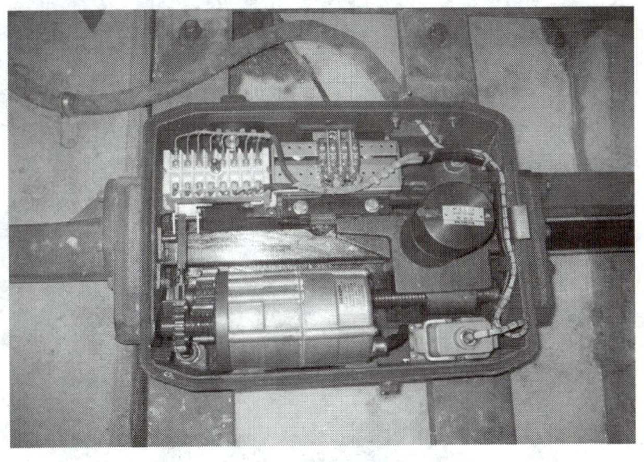

图 5-6　S700K 型电动转辙机

检测和锁闭装置主要由检测杆、叉形接头(图中未见)、速动开关组、锁闭块和锁舌(图中未见)、指示标等组成。检测杆随道岔尖轨移动，用于检测道岔在终端位置时的状态。道岔在终端位置时，当检测杆指示缺口与指示标对中时，锁闭块与锁舌能够正常弹出。锁闭块的正常弹出使速动开关的有关启动触点闭合，并使有关表示触点断开。锁舌的正常弹出用于阻挡转辙机的保持联接器移动，实现转辙机的内部锁闭。速动开关实际上是采用了沙尔特堡触点组的自动开闭器，能够随着尖轨的动作而自动开闭，从而自动接通、断开电动机动作电路和道岔表示电路。

安全装置主要由开关锁、遮断开关、连杆、摇把孔挡板(图中未见)等组成。

配线接口主要由电缆密封装置、接插件插座组成。

五、ZDJ9 型电动转辙机

ZDJ9 型电动转辙机由中国铁路通信信号总公司天津铁路信号工厂、西安铁路信号工厂制造，外观如图 5-7 所示，可用来转换各种铁路道岔的尖轨、心轨和道岔的外锁闭装置。

图 5-7 ZDJ9 转辙机的外观

ZDJ9 型转辙机采用滚珠丝杠减速，电动机采用三相交流 380V 电源，具有高效率、比直流电动机故障少、电缆单芯控制距离长等优点。接点系统采用铍青铜静接点组和铜钨合金动接点环。伸出杆件用镀铬防锈，伸出处用聚乙烯堵孔圈和油毛毡防尘圈支承和防尘。转动和滑动面均用 SF2 复合材料衬套和衬垫，因此转辙机的维护工作量小。除交流转辙机外，还派生有 ZD9 型直流系列电动转辙机。

1. 安装方式

ZDJ9 型电动转辙机具有两种安装方式：角钢安装方式，如图 5-8 所示；轨枕安装方式，如图 5-9 所示。

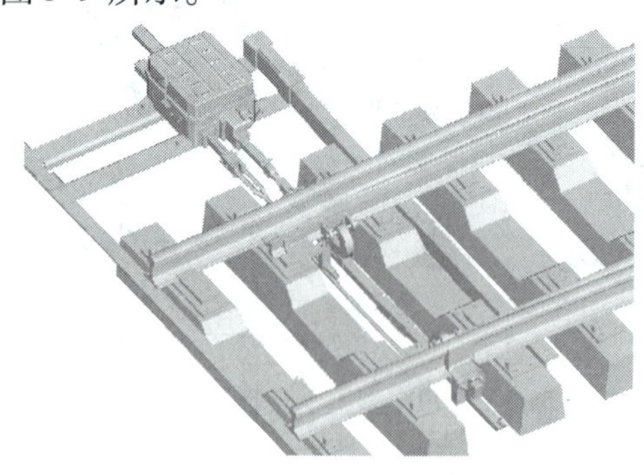

图 5-8 角钢安装方式

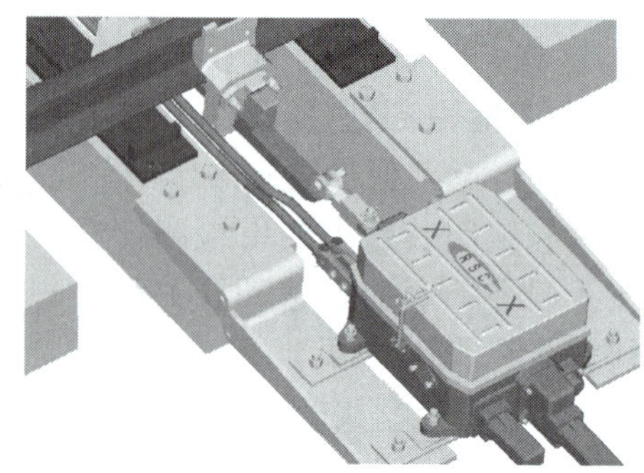

图 5-9 轨枕安装方式

2. 动作原理

1）来自道岔控制电路的电流，经由接点座接至电动机，使电动机旋转。

2）电动机上的小齿轮通过齿轮箱中的传动齿轮进行两级减速把动力传递到摩擦联接器的齿轮上，驱动摩擦联接器旋转。摩擦联接器如图 5-10 所示。

3）通过摩擦联接器中的内外摩擦片的摩擦作用，齿轮的旋转运动传递到滚珠丝杠上。滚珠丝杠把传动齿轮的旋转运动转换成与丝杠联接的推板套的水平运动。

滚珠丝杠如图 5-11 所示。滚珠丝杠是由螺杆、螺母和滚珠组成螺旋传动，可将旋转运动转变为直线运动，或者将直线运动转变为旋转运动。因此滚珠丝杠既是传动元件，也是直线运动与旋转运动相互转化元件。

图 5-10　摩擦联接器

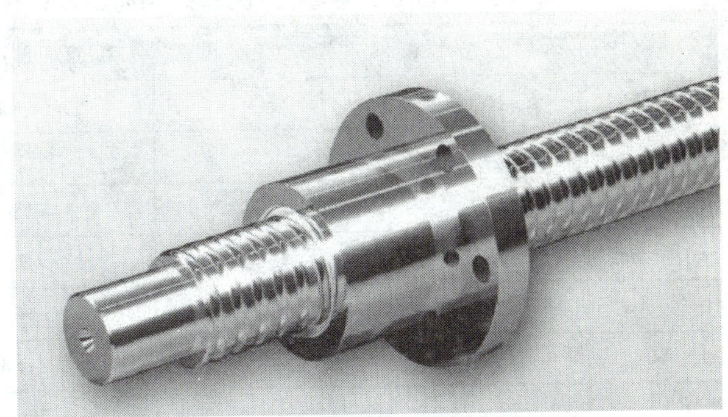

图 5-11　滚珠丝杠

4）推板套水平运动，推动安装在动作杆上的锁块，在锁闭铁的辅助下使动作杆水平运动，完成道岔的解锁、转换、锁闭等动作。

停电或维护中需要手动转换时，可以转动手动开关轴，切断安全开关的接点后插入手摇把，就可以手动转换转辙机。

3. 技术参数

（1）交流系列电动转辙机　交流系列电动转辙机技术参数见表 5-2。

表 5-2　交流系列电动转辙机技术参数

型　号	ZDJ9	ZDJ9-A ZDJ9-C	ZDJ9-B ZDJ9-D	ZDJ9-E	ZDJ9-F
电源电压/V(AC)	380	380	380	380	380
额定转换力/kN	4	2. 5	4. 5	4. 5	6
动作杆动程/mm	170	220	150	120	170
锁闭杆动程/mm	152	160	75	75	152
工作电流/A	≈1.5	≈1.5	≈1.5	≈1.5	≈1.5
动作时间/S	≤5.8	≤5.8	≤5.8	≤5.8	≤7.5
单线电阻/Ω	≤54	≤54	≤54	≤54	≤54
挤脱力/kN	28 ±2	—	28 ±2	28 ±2	28 ±2
摩擦力/kN	6(±10%)	3. 8(±10%)	6. 8(±10%)	6. 8(±10%)	9(±10%)
重量/kg	180	182	177	177	180
适用范围	尖轨动程在152mm以下的道岔。双杆内锁	双机牵引第一牵引点，不可挤，双杆内锁	双机牵引第二牵引点，可挤，单杆内锁（Ⅰ、Ⅱ、Ⅲ型提速道岔）	双机牵引第二牵引点，可挤，单杆内锁	尖轨动程在152mm以下的道岔。双杆内锁

（2）直流系列电动转辙机　直流系列电动转辙机技术参数见表 5-3。

4. 挤岔表示

ZDJ9 电动转辙机有可挤型和不可挤型。

1）不可挤型 ZDJ9 电动转辙机无挤脱器，一般用于多机多点牵引的第一牵引点和可动心轨辙叉的第一牵引点，这种情况下若发生挤岔，由多机多点牵引的其他牵引点给出挤岔表示。

表 5-3 直流系列电动转辙机技术参数

型号	ZD9	ZD9-A ZD9-C	ZD9-B ZD9-D	ZD9-E	ZD9-F
额定电压/V(DC)	160	160	160	160	160
额定转换力/kN	4	2.5	4.5	4.5	6
动作杆动程/mm	170	220	150	120	170
锁闭杆动程/mm	152	160	75	75	152
工作电流/A	≈2	≈2	≈2	≈2	≈2
动作时间/S	≤8	≤8	≤8	≤8	≤9
挤脱力/kN	28±2	—	28±2	28±2	28±2
摩擦力/kN	6(±10%)	3.8(±10%)	6.8(±10%)	6.8(±10%)	9(±10%)
重量/kg	180	182	177	177	180
适用范围	尖轨动程在152mm以下的道岔。双杆内锁	双机牵引第一牵引点，不可挤，双杆内锁	双机牵引第二牵引点，可挤，单杆内锁(Ⅰ、Ⅱ、Ⅲ型提速道岔)	双机牵引第二牵引点，可挤，单杆内锁	尖轨动程在152mm以下的道岔。双杆内锁

2）可挤型 ZDJ9 电动转辙机设有挤脱器，挤脱力为 28kN±2kN。挤岔时，锁闭铁在动作杆上的锁块作用下移动，抬起挤脱柱，同时锁闭铁上的凹槽推动水平顶杆，水平顶杆推动竖顶杆，竖顶杆推动动接点支架，从而切断表示，非经人工恢复锁闭铁，不可能再接通表示。

项目实施

任务一 认识转辙机基本结构和作用

1. 目标

1）掌握转辙机的作用。

2）了解转辙机内部结构，了解各部件的作用。

2. 设备

1）ZD6 型和 S700K 型转辙机。

2）由转辙机牵引的道岔。

3）转辙机组件：电动机、减速器、摩擦联接器、移位接触器、齿条块、挤切销、锁闭齿轮等。

3. 实施步骤

1）打开转辙机机盖，观察转辙机内部组成。

2）观察转辙机各部件，了解转辙机各部件作用。

3）操纵转辙机动作，观察转辙机牵引尖轨转换的过程。

任务二 学习转辙机的集中控制方式

1. 目标

1）掌握利用控制台(或显示器)操纵转辙机的方法。

2）掌握控制台(或显示器)对于道岔状态的表示。

2. 设备

1）室内设备：6502电气集中控制台，或者计算机联锁操纵显示设备。

2）室外设备：由转辙机牵引的道岔。

3）转辙机控制电路。

3. 实施步骤

1）利用控制台(或显示器)单独操纵道岔。

2）通过办理进路转换道岔。

3）观察控制台(或显示器)上道岔的定、反位表示。

4）设置故障，例如道岔不能转换到位、道岔失去表示等，观察控制台(或显示器)的现象，并掌握正确的处理方法。

任务三　练习手摇道岔

1. 目标

1）能够熟练完成手摇道岔的操作。

2）掌握关于手摇道岔的有关规定。

2. 资料

1）由转辙机牵引的道岔。

2）手摇把。

3）《行车组织规则》中关于手摇道岔的有关规定。

3. 实作内容

1）利用手摇把摇动道岔，掌握手摇道岔的方法。

例如：某地铁公司关于手摇道岔的规定。

① 一看：看道岔开通位置是否正确，是否需要改变位置。

② 二开：打开孔盖板及钩锁器的锁，拆下钩锁器。

③ 三摇：摇道岔转向所需位置，在听到“咔嚓”的落槽声后停止。

④ 四确认：手指尖轨：“尖轨密贴开通×位”，并和另一人共同确认。

⑤ 五加锁：另一人在确认道岔位置开通正确后，用钩锁器锁定道岔尖轨。

⑥ 六汇报：向车站控制室汇报道岔开通位置正确。

2）学习道岔故障时的处理方法及手摇把管理的有关规定。

例如：某地铁公司关于车辆段手摇把管理的规定。

① 手摇把编号、保管。

A. 手摇把应统一编号。编号以区域为单位，由01~09两位数字组成。由车辆部安全技术室登记造册一式两份，车辆部安全技术室存档一份，手摇把存放室一份。

B. 手摇把的保管。设加锁手摇把保管箱，由车辆部统一配置，设置在规定地点。信号楼手摇把保管箱的钥匙由车辆段/停车场值班员保管。

C. 手摇把配备数量。由车辆部根据道岔组数确定应配数量。

② 手摇把取出与收回。

A. 维修人员检修道岔或处理转辙机故障需使用手摇把时，由信号人员在《行车设备检查登记簿》上登记，写明用途、手摇把编号，经车辆段/停车场值班员签认后，方可开锁取出手摇把；使用完毕后，应由车辆段/停车场值班员清点数量、核对编号后签收加锁。

B. 因设备停电或故障需手摇道岔排列进路时，同上。

C. 紧急处理故障时，可先应急使用，后补签手续。

③ 手摇道岔排列进路的规定。

A. 信号维修人员负责手摇转换道岔，并确认道岔密贴。

B. 车辆段/停车场助理值班员负责确认道岔位置开通正确，负责钩锁器的加固、加锁。

任务四 调整道岔(以 ZD6 牵引的道岔为例)

1. 目标

1）能够熟练完成调整道岔密贴、表示的操作。

2）掌握关于检修道岔的有关规定。

2. 资料

1）由转辙机牵引的道岔。

2）手摇把、手锤、活口扳手、2mm/4mm 实验片、螺钉旋具等。

3）《行车组织规则》中关于检修道岔的有关规定。

3. 实作内容

1）先调整尖轨伸出位密贴。尖轨第一连杆处与基本轨接触面的距离大于 4mm 就调整密贴调整杆的调整螺母；再调动作杆拉入位密贴，要求同上。

密贴不能过松也不能过紧；密贴调整杆动作时，其空动距离应在 5mm 以上。

2）先调整伸出位表示缺口。左右调整尖端杆上的螺母可以调出伸出位的缺口到 1～2mm。

3）再调整拉入位的表示缺口。旋出箱体上表示杆的保护套筒，松开表示杆前段的一个螺栓(加强型表示杆的螺栓在后端)，再用螺钉旋具或扳手调整表示杆后端的一个螺栓可调整缺口到 1～2mm，调好后紧固前段的螺栓。

4）调整自动开闭器动接点在静接点的打入深度不小于 4mm。动接点在静接点内有窜动时应保证接点深度不少于 2mm。

5）摩擦联接器的调整。道岔在正常转动时，摩擦联接器不空转；道岔转换终了时，电动机应稍有空转；道岔尖轨因故不能转换到位时，摩擦联接器应空转。

6）调整完毕后，联系室内操动道岔往返各 2 遍，查看密贴及缺口、动静接点深度等有无异样。如有变动再调整；如无变化则上好套筒关上箱盖，向车站(调度)交付使用。

一、ZD6 系列转辙机控制电路

对于 ZD6 系列转辙机，目前应用广泛的是四线制道岔控制电路。图 5-12 是单动道岔四线制控制电路。

1. 技术要求

为了保证行车安全，道岔控制电路必须满足以下要求。

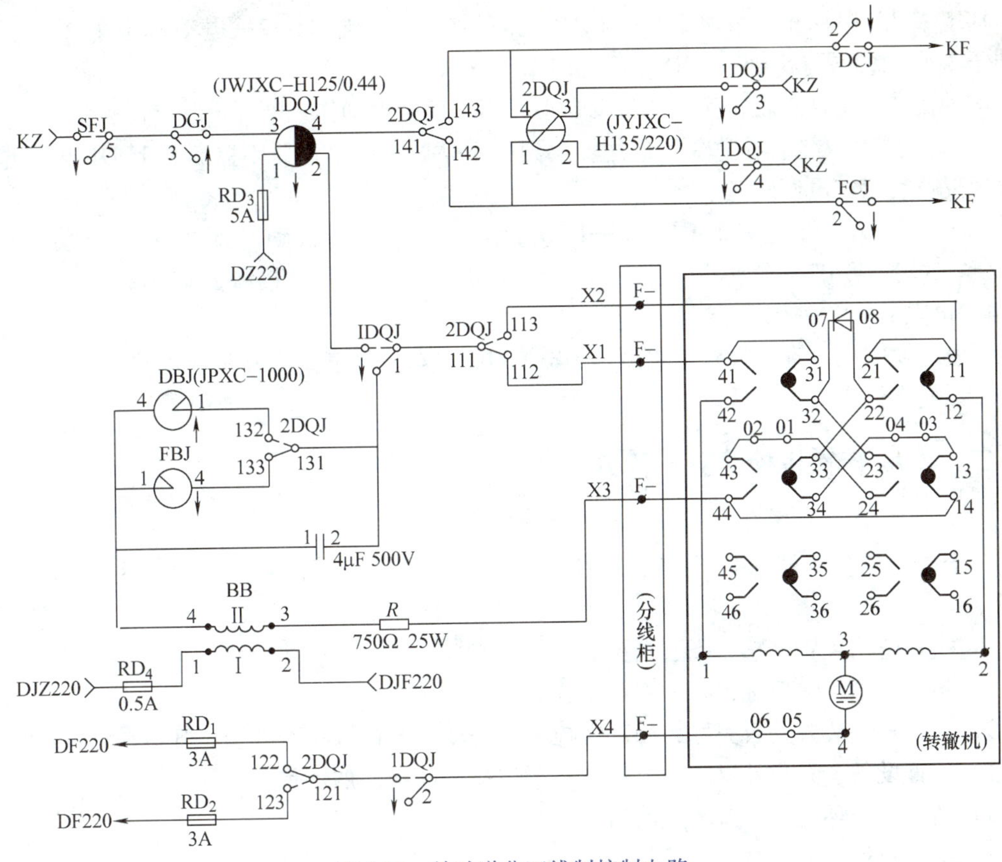

图 5-12　单动道岔四线制控制电路

1）道岔区段有车占用，或道岔区段轨道电路故障，该区段内道岔不能转换。

2）进路在锁闭状态，进路上道岔不能转换。

3）道岔一经起动，就应转换到底，不受机车车辆进入道岔轨道电路的影响。

4）道岔起动电路接通后，由于电路故障使道岔未转动，应能自动断开起动电路。

5）道岔转换中途受阻不能转换到底时，经操作应能转回原位。

6）道岔转换完毕，应能自动断开起动电路。

2. 电路分析

四线制道岔控制电路采用分级控制方式：首先由第一道岔起动继电器 1DQJ 检查联锁条件，然后由第二道岔起动继电器 2DQJ 控制电动机转动方向，最后由直流电动机转换道岔。

图 5-7 中道岔在定位状态，当道岔转向反位时：

（1）1DQJ 励磁　道岔从定位转向反位时，通过操纵按钮或由进路命令控制 FCJ 励磁，接通 1DQJ 励磁电路：

$$KZ—SFJ_{52\text{-}51}—DGJ_{31\text{-}32}—1DQJ_{3\text{-}4}—2DQJ_{141\text{-}142}—FCJ_{21\text{-}22}—KF$$

（2）2DQJ 转极　1DQJ 励磁后，利用其第四组触点接通 2DQJ 转极电路：

$$KZ—1DQJ_{41\text{-}42}—2DQJ_{2\text{-}1}—FCJ_{21\text{-}22}—KF$$

（3）电动机转动（1DQJ 自闭电路）　由于 1DQJ 的励磁和 2DQJ 的转极，接通 1DQJ 的 1-2 线圈自闭电路，由于电动机绕组串接在该自闭电路中，因此 1DQJ 的自闭电路就是电动机电路：

DZ_{220}—BB—$1DQJ_{1\text{-}2}$—$1DQJ_{12\text{-}11}$—$2DQJ_{111\text{-}113}$—自动开闭器 11-12—电动机定子 2-3—电动机转子 3-4—遮断器 05-06—$1DQJ_{21\text{-}22}$—$2DQJ_{121\text{-}123}$—DF_{220}

电动机带动道岔尖轨转换，并带动自动开闭器动触点动作，断开道岔定位表示。

（4）反位表示继电器励磁 道岔转换到位密贴后，由自动开闭器断开 1DQJ 自闭电路，并接通反位表示继电器励磁电路：

DJZ_{220}—RD_4—$FBJ_{1\text{-}4}$—$2DQJ_{133\text{-}131}$—$1DQJ_{13\text{-}11}$—$2DQJ_{111\text{-}113}$—自动开闭器 11—自动开闭器 21-22—二极管 08-07—自动开闭器 32—自动开闭器 23-24—移位接触器 01-02—自动开闭器 43-44—电阻 R—BB—DJF_{220}

道岔转换完毕，室内设备采集道岔 DBJ、FBJ 状态，将道岔实际位置反映到控制台或显示器，以便操作人员对信号设备进行监督和控制。

二、ZD6 转辙机检修养护简介

1. 日常养护

对于常用道岔的转辙机的养护每月两次，其他非常用道岔每月一次。主要作业内容包括：

1）检查道岔尖轨密贴、飞边情况。

2）检查表示杆缺口标记有无变化。

3）检查安装装置是否完好，外部螺栓是否松动，开口销是否齐全，开口是否标准。

4）检查设备有无受外界干扰，箱盒有无破损、漏水，加锁是否良好。

5）清扫设备环境，保持环境清洁。

2. 集中检修

对于正线常用道岔的集中检修每月一次，正线其他道岔及段厂道岔每季一次。当进行集中检修时，该次日常养护取消。主要作业内容包括：

1）检查道岔尖轨密贴、飞边情况。

2）检查表示杆缺口标记有无变化。

3）检查安装装置是否完好，外部螺栓是否松动，开口销是否齐全，开口是否标准。

4）检查设备有无受外界干扰，箱盒有无破损、漏水，加锁是否良好。

5）清扫设备环境，保持环境清洁。

6）开盖检查机内各部件，检查开口销是否齐全，检查机盖是否作用，检查表示缺口、电刷盖、换向器表面。

7）检查电动机工作火花、插件、配线。

8）检查速动爪与速动片间隙。

9）检查滚轮在速动片上滚动状态，检查滚轮落下后状态。

3. 维护检修作业标准

（1）外观检查

1）各部完整无破损，加锁良好，道岔密贴，道岔爬行不超过 20mm，各部不磨卡。

2）用手锤依电动转辙机底座、角钢、丁字铁、象鼻铁、调整杆、表示连接杆、尖端杆的顺序检查，紧固螺母。螺栓不得低于螺母顶面，螺扣调整部分余量不得少于 10mm。

3）密贴调整杆和表示连接杆、尖端杆的连接销有开口销，劈开角度为 60°~90°。

（2）内部检查

1）静触点压力适当，接触深度不少于4mm。动触点和静触点座间隙不得小于3mm。两侧相差不大于1.5mm，中心线偏差不大于0.5mm，动触点环不得低于动触点片，静触点片不得被动触点座圆柱凸出台撑开。

2）速动爪上的滚轮在转动中应在速动片上滚动，接触面积不少于$2mm^2$，在解锁和锁闭时，速动爪和速动片不得相碰，在解锁时，速动片无提前转动的可能。

3）道岔扳至定位或反位时，检查柱落入表示杆缺口内两侧间隙为(1.5±0.5)mm。

4）摩擦带与内齿轮伸出部分应清洁无油污，调整弹簧各圈间隙不少于1.5mm。

5）止挡栓不旷动，移位接触器顶杆与齿条块内触头间隙为1.5mm。

（3）试验

1）扳动中听有无过大噪声，并检查电动机有无过大火花。

2）试验道岔密贴状态。在动作杆密贴处插入道岔密贴检查尺，2mm锁闭，4mm不锁闭。

3）测试ZD—6D型转辙机动作电流小于2.0A，ZD—6E型、J型转辙机动作电流小于2.2A，ZD—6D型单机摩擦电流范围2.3~2.9A，ZD—6E型和J型双机配套使用时摩擦电流范围2.0~2.5A。

复习思考题

1. 转辙机的作用是什么？
2. 对于转辙机的基本要求是什么？
3. 简要说明有哪几种操纵道岔的方式？
4. 比较ZD6型转辙机和S700K型转辙机有哪些不同。
5. 说明控制台(或显示器)上怎样表示道岔的定位和反位？

项目六　车辆段联锁设备

知识要点

1. 掌握联锁的基本概念。
2. 了解联锁设备在我国的应用。
3. 掌握6502电气集中的基本操作方式。
4. 掌握计算机联锁的基本结构和操作方式。

相关理论知识

一、联锁及联锁设备

车辆段联锁设备是城市轨道交通的重要信号设备，用于完成车辆段内建立进路、转换道岔、开放信号以及解锁进路等作业，实现道岔、信号、进路之间的联锁关系，以保证行车安全，提高作业效率。车辆段的联锁设备早期采用继电集中联锁，目前多采用计算机联锁。

1. 联锁

进路是列车和调车机车车辆在车辆段内所经过的径路，是从一架信号机开始，至同方向次一架信号机为止的线路。按照道岔的不同开通方向可以构成不同的进路，每条进路由相应的信号机防护，列车或调车机车车辆必须依据信号的开放进入或通过进路。

办理进路，就是将有关道岔转换到进路要求的位置后锁闭，并开放防护进路的信号。但是有些进路如果同时建立会造成列车或调车车列冲突的危险，这样的进路互为敌对进路，防护这两条进路的信号互为敌对信号。

为了保证车辆段内的列车、调车作业安全，只有在进路空闲、道岔位置正确、敌对信号处于关闭状态时，防护进路的信号才能开放；当信号开放后，进路上有关道岔不能再转换，其敌对进路不能建立、敌对信号不能开放，这种信号、道岔、进路之间相互制约的关系，称为联锁关系，简称联锁。

2. 联锁的基本内容

联锁的基本内容包括：

（1）不允许建立会导致列车、机车车辆冲突的进路　防护进路的信号开放前，须检查其敌对信号处于关闭状态；信号开放后，应将其敌对信号锁闭在关闭状态，不允许办理与之相敌对的进路。

（2）进路上的道岔必须被锁闭在与所办理进路相符合的位置　车辆段联锁设备通过按

压控制台按钮或者利用鼠标点击计算机屏幕上的有关按钮办理进路，当有关道岔转换至开通进路的位置并锁闭后，才能开放信号。图 6-1 所示为某车辆段出入口信号平面图(部分)，若图中 10 号道岔处于直向位置时，信号机 D14 不能开放。

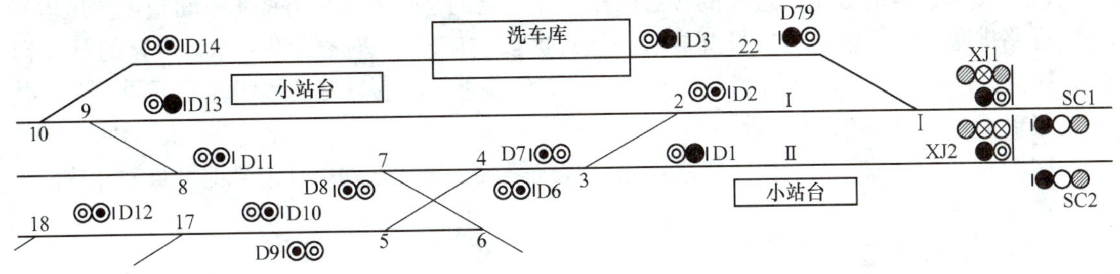

图 6-1　某车辆段出入口信号平面图(部分)

（3）信号机的显示必须与进路的开通状态相符合　车辆段中，调车信号机的显示不表示道岔开通方向，但有些信号机，例如进段信号机的显示，须指示所防护进路中道岔开通方向。如图 6-1 所示，进段信号机 XJ1 显示一个黄灯表示允许列车进入车辆段，显示两个黄灯表示 1 号道岔开通侧向，指示列车进入洗车线。

在车辆段联锁设备中，防护进路的信号机显示允许灯光时表示进路已经准备好，允许列车进入。防护进路的信号开放应满足以下技术条件：

1）进路上各区段空闲时才能开放信号。

2）进路上有关道岔在规定位置才能开放信号。

3）敌对信号未关闭时，防护进路的信号机不能开放。

3. 联锁设备

控制车站的道岔、进路和信号，并实现它们之间联锁关系的设备称为联锁设备。

联锁设备既可以分散控制，也可以集中控制。目前使用的联锁设备有继电联锁和计算机联锁两大类。

继电联锁，又称为电气集中联锁，是用电气的方法集中控制和监督段内的道岔、进路和信号，并实现车辆段联锁关系的联锁设备。这种设备的主要特点是室外采用色灯信号机，道岔由转辙机转换，进路上所有区段均设有轨道电路，由继电电路实现对室外设备的控制并实现联锁，操作人员通过控制台集中操纵和监督全段信号设备。

计算机联锁利用计算机实现车站的联锁关系，用继电电路作为计算机主机与室外信号机、转辙机、轨道电路的接口设备，操作人员通过计算机显示器等设备实现对现场设备的控制和监督。计算机联锁充分发挥了计算机的特点，操作表示功能完善，并方便设计、施工、维修和使用，便于实现信号设备的远程监督、远程控制和自动控制，是车站联锁设备的发展方向。

4. 联锁设备的主要技术要求

（1）基本操作原则　车辆段联锁设备采用双按钮操纵方式，办理进路、取消和人工解锁进路、单独操作道岔都要按压两个按钮才能动作设备，这样可以防止由于误操作按钮造成信号设备错误动作。

（2）进路锁闭　进路锁闭指的是进路排通、防护进路的信号开放后，进路上有关道岔不能转换，有关敌对信号不能开放。控制台上办理好进路后，从防护进路的信号开始至进路的终端显示白光带，称该进路处于锁闭状态。集中联锁的道岔区段是锁闭的主要对象，进路锁闭的实质是由构成该进路的各轨道区段的锁闭构成的。

（3）接近区段的规定 进路的接近区段，一般指的是信号机外方的第一轨道电路区段。

进路排通、防护进路的信号开放后，接近区段空闲时的进路锁闭又称为进路的预先锁闭，接近区段有车占用时的进路锁闭又称为进路的接近锁闭。进路的锁闭程度不同，人工办理进路解锁时采用的方式也不同。

（4）信号的开放 控制台上操纵按钮办理进路后，满足下列条件信号即可自动开放。

1）进路空闲。

2）有关道岔转换至规定位置。

3）敌对进路未建立。

4）进路处于锁闭状态。

信号机应设灯丝监督装置，不间断地检查正在点亮的灯泡灯丝的完整性。信号点灯电路应具有主、副灯丝自动转换功能，主灯丝断丝后能自动转换至副灯丝继续点亮灯光，室内控制台上有相应的灯光和声音报警装置。

（5）信号的关闭 已经开放的信号，在下列情况应能自动关闭。

1）列车信号：当列车进入该信号机内方第一个轨道区段时。

2）调车信号：当调车机车车辆全部越过开放的调车信号，即出清调车进路接近区段。若接近区段留有车辆，则车列出清调车信号内方第一个轨道区段时信号关闭。

3）当信号显示与防护进路的条件不符合时（如进路上轨道电路故障、道岔位置改变，或信号灯丝断丝等）。

4）办理取消或人工解锁进路时。

（6）进路的自动解锁 进路的自动解锁是指进路锁闭信号开放后，随着列车越过信号机进入进路或调车机车车辆的牵出、折返，进路上有关轨道区段自动解锁，控制台上相应轨道区段的白光带自动熄灭。

进路的自动解锁根据电路动作的特点不同，包括两种情况：

1）正常解锁，也称为逐段解锁，即列车或调车机车车辆顺序占用和出清进路的各轨道区段后，进路上的轨道区段自动顺序解锁。

2）调车中途返回解锁：在调车过程中，调车机车车辆未压上或部分压上的轨道区段，能够随着调车机车车辆的折返而自动解锁。

（7）人工办理解锁进路及解锁轨道区段 人工办理解锁进路指的是进路建立后，不经列车或调车机车车辆运行，经人为操作将进路解锁。

1）当进路处于预先锁闭时，办理“取消解锁”，可将进路解锁。

2）当进路处于接近锁闭时，须办理“人工解锁”，才能将进路解锁。

当进路处于接近锁闭办理人工解锁进路时，进路需经过3min或30s的延时才能解锁。设置延时解锁，是为了防止解锁原有进路改办其他进路时，处于接近区段的列车或调车机车车辆可能由于停车不及时冒进信号而压上正在转换的道岔。延时能够确保列车或调车机车车辆有足够的停车时间。

“取消解锁”与“人工解锁”两种方式的不同在于使用的按钮不同，操作时执行的手

续不同，具体操作将在后面详细介绍。

3）当发生车站停电后恢复供电，以及进路没有完全解锁等情况时，控制台上全部或部分轨道区段显示白光带，此时有关区段均处于锁闭状态，须办理“区段人工解锁”手续，才能将有关轨道区段解锁。

（8）道岔的锁闭　除进路锁闭外，联锁道岔还有以下锁闭方式：

1）区段锁闭：道岔区段有车占用时，区段内有关道岔不能转换，称为区段锁闭，此时控制台上有关道岔区段显示红光带。

2）单独锁闭：即利用控制台上道岔按钮断开道岔控制电路，使该道岔不能转换。对道岔进行单独锁闭后，控制台上该道岔表示灯显示红灯。

3）故障锁闭：即在故障情况下道岔区段被锁闭，此时控制台上有关道岔区段显示白光带。例如，列车经过进路后，由于分路不良使部分轨道区段不能解锁，控制台遗留有白光带。

联锁道岔受到上述任一种锁闭时，应保证机车车辆通过道岔时，道岔不能起动。

上述锁闭方式均属于对道岔进行电气锁闭，即通过断开转辙机的控制电路，使转辙机不能转换。除上述锁闭方式外，当设备故障时，为保证行车安全，使用钩锁器对道岔进行现场加锁以及钉固道岔等都是车务部门常用的锁闭道岔方式。

（9）道岔的转换　在不受上述任何一种锁闭的条件下，联锁道岔允许单独操纵，根据在控制台上的操作，能够进路式选动。但单独操纵优先于进路式选动，在进路式选动过程中，如果尖轨转换遇阻不能转换到底时，为保护电动机，允许单独操纵转回原来位置。

为保证列车和调车作业安全，联锁道岔一经起动，则不受列车或调车车列进入道岔区段的影响，应继续转换到位。

转换到位后控制台有相应定位或反位表示，联动道岔只有两端尖轨均转换到位才能构成位置表示。

（10）引导接车　办理列车进段时，当有关信号机、轨道电路或道岔等故障时，进段信号不能正常开放，应使用引导接车的方式将列车接入车辆段内。

二、6502 电气集中联锁

继电联锁电路有过多种制式，几经修改完善，6502 电气集中被认为是较好的定型电路，得到广泛应用。

1. 设备组成

电气集中联锁设备分为室内和室外两部分，信号楼内设有控制台、区段人工解锁盘、电源屏、继电器组合及组合架和分线盘。室外有色灯信号机、转辙机、轨道电路和电缆及电缆盒。

（1）室内设备

1）控制台。控制台设置于运转室内，盘面由带有按钮及表示灯的单元块拼装而成，用光带单元(每个光带单元可显示红色和白色两种灯光)组成模拟站场线路图形。值班员利用控制台盘面上的按钮操纵全站联锁区域内的道岔，排列进路，开放和关闭信号，并且通过控制台盘面上的表示灯，监督道岔位置、线路占用情况及信号显示状态。

2）区段人工解锁按钮盘。区段人工解锁按钮盘安装在运转室，在盘面设有许多带铅封的事故按钮，每个按钮对应于一个道岔区段或有车经过的无岔区段。当轨道电路区段因故障不能按进路方式解锁时，可以利用有关按钮办理区段人工解锁。当采用取消解锁或人工解锁的办法也不能关闭信号时，可以利用区段人工解锁按钮盘关闭信号。

用于区段人工解锁的按钮可以集中设置在控制台上，也可将区段人工解锁盘单独设置并与控制台隔开一定距离，操作时一人按压控制台上的总人工解锁按钮，另一人按压区段人工解锁按钮盘的按钮，避免单人误操作危及行车安全。

3）继电器组合及组合架。6502 电气集中联锁电路由若干种继电器定型组合构成，每个定型组合电路均包含有若干固定的继电器，称为继电器组合，完成相应联锁功能。一般每个组合可以安装十个继电器，这些组合按设计要求安装在组合架上，如图 6-2 所示。

4）电源屏。电气集中联锁车站应有可靠的供电电源，以保证不间断供电。在车站机械室内设置有电源屏，提供电气集中联锁需要的各种交、直流电源及闪光电源等。

5）分线盘。分线盘一般设置于继电器室内，实现室内、外设备相互间的电气连接。

（2）室外设备

1）色灯信号机。城市轨道交通车辆段的各种信号机采用透镜式色灯信号机，咽喉区及运用库内的调车信号机均采用矮型信号机，进、出段信号机根据需要可采用高柱信号机。

图 6-2　继电器组合及组合架

2）转辙机。联锁区内的每个道岔都设置一台或多台转辙机，用以转换道岔、锁闭道岔、反映道岔所处的位置。

3）轨道电路。车辆段的咽喉区、运用库、检修库等线路，均应装设轨道电路，反映列车、调车车列的占用情况，实现联锁关系。

4）电缆及电缆盒。室内与室外信号设备之间、室内控制台与继电器组合架之间的联系都使用电线电缆连接，电缆可分为信号电缆、道岔电缆和轨道电缆。

室外电缆的分歧点、连接点以及终点设有电缆箱盒，用以实现电缆与电缆之间接续、电缆与设备之间的连接。

2. 控制台盘面介绍

（1）进路按钮及表示灯　控制台每个信号复示器旁设置有进路按钮，其中调车按钮为白色，用于办理调车进路，进、出段处设有绿色的进路按钮，用于办理列车进段、出段的进路。

（2）光带　在控制台盘面上利用光带模拟站场线路，通过光带的不同状态监督进路的锁闭和解锁、轨道区段的占用、空闲和故障以及道岔的开通方向等。控制台的光带有三种状态：平时应处于灭灯状态；显示红光带时，表示对应的轨道区段被占用或故障；当办理好进路时，控制台上该进路有关轨道区段均显示白光带。

(3) 信号复示器 为监督室外信号机状态，在控制台模拟站场相应位置设置信号复示器。

信号复示器平时均处于熄灭状态，表示有关信号机处于关闭状态；控制台信号复示器点亮灯光表示相应信号机开放，例如信号复示器显示白灯，表示相应调车信号机开放；当信号复示器闪光时，表示相应信号机灯光熄灭。

(4) 与道岔有关的按钮和表示灯 控制台设道岔总定位按钮和总反位按钮各一个，均为二位自复式，总定位按钮上方有一个绿灯，总反位按钮上方有一个黄灯，按下按钮时点亮相应灯光。

每组道岔设一个道岔按钮(双动道岔合用一个道岔按钮)，与道岔总定位按钮或总反位按钮配合使用，单独转换该组道岔。

每个道岔按钮上方设两个表示灯，亮绿灯表示道岔在定位，黄灯表示道岔在反位，道岔在转换中或挤岔时，其黄灯和绿灯均不亮。

(5) 其他按钮 除上述外，控制台上还设置有引导按钮、引导总锁闭按钮、总取消按钮、总人工解锁按钮等按钮及各种报警表示灯，用于办理引导进路、取消进路和人工解锁进路等作业。

3. 控制台操作说明

(1) 办理进路 6502 电气集中采用双按钮选路方式，即只需在控制台上顺序按压进路的始端和终端按钮，就能够按照操作意图自动转换道岔、锁闭进路、开放信号，而且不论进路中有多少道岔，均能自动转换，简化了操作手续，提高了效率。

(2) 进路的“取消解锁” 为了办理进路的“取消解锁”，控制台下方设置有总取消按钮。

信号开放后，进路的接近区段没有被占用时进路处于预先锁闭状态，如需解锁进路关闭信号，可使用“取消解锁”的方法，同时按压进路始端按钮和总取消按钮，信号自动关闭，进路解锁，进路上白光带熄灭。

(3) 进路的“人工解锁” 控制台下方设置带有铅封的总人工解锁按钮，用于办理“人工解锁”。

信号开放后进路处于接近锁闭状态时，如需解锁进路关闭信号，只能使用“人工解锁”的方法，同时按压进路始端按钮和总人工解锁按钮，信号自动关闭，进路经延时后解锁，进路上白光带熄灭。

(4) 单独操纵道岔 当有关道岔区段未处于锁闭状态时，可以单独转换道岔，同时按压道岔按钮和“道岔总定位”按钮，道岔转换至定位，道岔表示灯显示绿灯；同时按压道岔按钮和“道岔总反位”按钮，道岔转换至反位，道岔表示灯显示黄灯。

(5) 切断报警 当发生挤岔、跳信号、主灯丝断丝等故障时，6502 电气集中控制台有声光报警，对于每种故障均设置有二位非自复式按钮用于切断声音报警。

例如发生道岔挤岔或者道岔失去表示超过 13s 时，控制台上电铃鸣响，挤岔表示灯亮，相应道岔的定、反位表示灯均熄灭。车站值班员按下“挤岔”按钮使电铃暂停鸣响，并通知维修人员及时修复。修复后，电铃再次鸣响，通知车站值班员故障修复。拉出“挤岔”按钮，电铃停止鸣响。

三、计算机联锁

随着计算机技术的迅速发展，尤其是对于可靠性技术和安全性技术的深入研究，出现了计算机联锁，正渐趋成熟并推广使用。它与电气集中联锁设备相比，在安全性、可靠性、经济性以及设计、施工、维修、使用等方面，具有明显的优势，更适应信号设备数字化、网络化、综合化、智能化的要求，被认为是车站联锁设备的发展方向。

1. 计算机联锁的发展

20 世纪 70 年代后期，随着计算机的迅速发展和推广应用，以及可靠性技术的进步，各国相继研究计算机联锁，从软件入手，采用通用计算机，通过软件或硬件冗余实现故障-安全。1978 年，由瑞典研制的世界上第一套计算机联锁控制系统在瑞典哥德堡站的成功应用，掀开了车站联锁控制系统研究与应用的新篇章，到了 20 世纪 90 年代，不少国家已开始大面积推广计算机联锁控制系统。

在我国，20 世纪 80 年代起铁道科学研究院、铁道部通信信号总公司研究设计院、北方交通大学等科学研究机构相继展开了计算机联锁控制系统的研制工作。1984 年铁道部通信信号总公司研究设计院研制生产出了国内第一个车站计算机联锁控制系统，并成功地应用于地方铁路，填补了我国计算机联锁控制系统的空白。

目前通过铁道部技术鉴定的有：

1）铁科院通号所的 TYJL—Ⅱ型双机热备结构计算机联锁系统和关键部件采用美国三取二安全计算机的 TYJL—TR9 型计算机联锁系统。

2）通号总公司研究设计院的 DS6—11 型双机热备结构计算机联锁系统和关键部件采用日本京三公司二取二安全计算机的 DS6—K5B 型计算机联锁系统。

3）北京交大微联公司的 JD—1A 型双机热备结构计算机联锁系统和关键部件采用日本信号株式会社专用计算机系统的 EI32—JD 型计算机联锁系统。

4）卡斯柯信号有限公司的 CIS—Ⅰ型双机热备结构计算机联锁系统和 VPI 型双机热备结构计算机联锁系统。

2. 计算机联锁的特点

计算机联锁与传统的继电联锁的主要区别在于：

1）利用计算机对车站值班员的操作命令和现场监控设备的表示信息进行逻辑运算后完成对信号机、道岔进路的控制，并实现联锁关系。

2）计算机发出的控制信息和现场传回的表示信息均可实现串行传输，节省电缆。

3）用屏幕显示代替控制台表示盘，体积小，便于使用，还可根据需要多机并用。

4）采用模块化软件和硬件结构，便于设备改造，并容易实现故障控制、分析等功能。

与继电联锁相比，计算机联锁具有以下显著优点：

1）随着大规模集成电路的发展，计算机联锁系统性能价格比的优势将更大。

2）采取硬件和软件冗余技术后（如双机热备系统、三取二表决系统等），系统的安全性、可靠性将得到提高。

3）联锁功能更加完善，便于增加进路储存、自动选路等新功能，克服 6502 电气集中联锁难以解决的问题。

4）减少系统设计、施工、维护、改造的工作量，易于实现系统自身化管理，利用自诊

断、自检测功能及远距离联网，实现远距离诊断。

5）人机界面灵活，显示内容丰富，信息量大，便于与其他系统联网，提供及交换各种信息，并协调工作，实现行车管理现代化。

作为行车安全控制的核心，计算机联锁系统应用大量电子元器件，系统中实现联锁运算的联锁计算机一旦出现硬件故障，影响面将会很大，甚至使系统不能工作，因此必须在抗电磁干扰及防止雷害等方面采取防护措施，在系统设计方面进一步提高其可靠性和安全性。

3. 计算机联锁设备组成

下面以应用广泛的TYJL—Ⅱ型计算机联锁系统为例介绍计算机联锁设备组成。TYJL—Ⅱ型计算机联锁系统结构如图6-3所示。

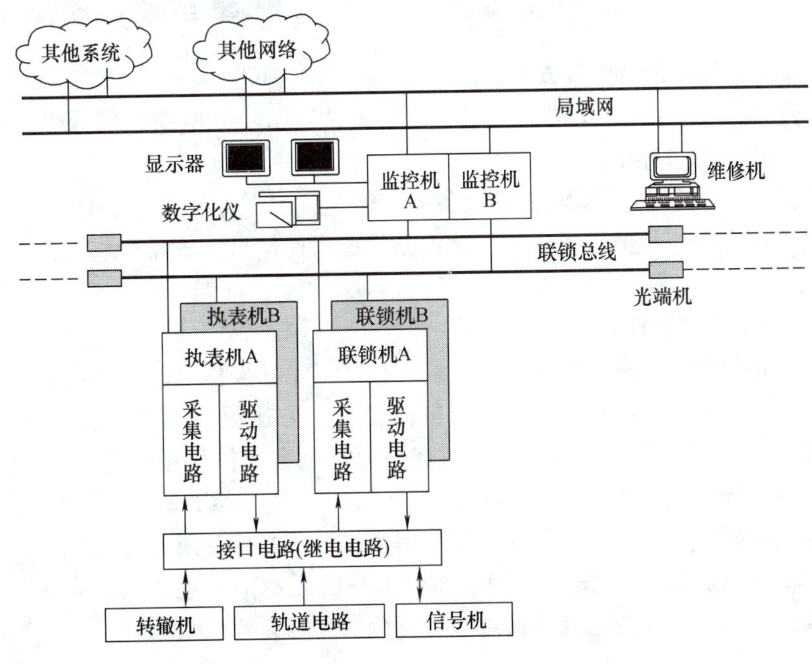

图6-3　TYJL—Ⅱ型计算机联锁系统结构

（1）操纵显示设备　计算机联锁的操纵显示设备有多种形式：数字化仪加显示器(图6-4)、鼠标加显示器(图6-5)以及控制表示合一的控制台等多种形式，其主要功能是供值班员办理各种行车命令，提供站场图形显示、语音和文字提示等。

（2）监控机　监控机的主要功能是作为人机接口，一方面接收来自控制台的操作命令和向控制台提供图像显示、语音、文字等信息，另一方面与联锁机进行信息交换，向联锁机提供初选的操作命令并接收来自联锁机的道岔、信号、轨道电路等表示信息。除上述外，监控机还向其他系统，如电务维修机、调度监督系统等提供站场信息。

（3）联锁机　联锁机是计算机联锁系统的核心，根据现场信号设备状态和控制台操作命令，实现信号设备的联锁逻辑处理功能，完成进路确选和锁闭、发出转换道岔和开放信号等控制命令。

（4）执行表示机和输入/输出接口　执行表示机通过由继电电路构成的输入/输出接口，接收并执行来自联锁机的控制命令，采集并向联锁机发送现场设备信息。

图 6-4 数字化仪加显示器操作方式

图 6-5 鼠标加显示器操作方式

（5）现场设备 现场设备保留电气集中的设备，道岔控制电路、信号机点灯电路、轨道电路等仍采用现有的成熟电路。

（6）其他设备 计算机联锁除上述设备外，还包括与其他系统连接的网络、电务维修机等设备。其中电务维修机能够再现一月之内系统的操作信息、故障诊断信息等，为维修工作提供便利。

4. 计算机联锁操作及显示

计算机联锁根据作业情况可办理列车、调车作业，单独操作道岔和单独锁闭道岔，引导接车等，操作方式可采用数字化仪控制台、鼠标或单元控制台，所有作业均在数字化仪上通过点压按钮或用鼠标在屏幕上按压“按钮”或单元控制台上按压按钮进行操作。通过显示器（或控制台）显示操作的控制命令和现场的设备状态，显示器屏幕上有各种汉字提示，并通过语音代替电铃报警。当操作有误时，在屏幕上将显示办理有误的提示。

（1）屏幕显示 屏幕显示按站场图形布置，平时显示的灰色光带为基本的轨道图形，在屏幕上绝缘用竖线表示，灰色为普通绝缘，红色带圆圈为超限绝缘。

1）轨道区段：

灰色光带——基本图形；

白色光带——进路在锁闭状态；

红色光带——轨道区段有车占用，或区段故障；

绿色光带——区段出清后尚未解锁状态；

蓝色光带——进路初选状态；

青色光带——接通光带；

光带变细——该区段轨道继电器前、后接点校核错。

2）信号：

关闭——红色或蓝色灯光；

开放——白色、黄色、双黄灯光等；

灯丝断丝——红色闪光；

白色外框（方形）——表明信号处于封闭状态，按钮失效；

粉红色外框（圆形）闪光——表明信号前后接点校核错。

信号机旁平时不显示名称号，只有在信号开放、相应股道被占用、信号前后触点校核错、灯丝断丝或办理进路时显示。点压“信号名称”按钮可显示信号名称号。信号名称显示的含义为：

绿色闪光——办理列车作业，始端或终端按钮按下，进路尚未排通；

黄色闪光——办理调车作业，始端或终端按钮按下，进路尚未排通；

粉红色闪光——办理总取消；

红色闪光——办理总人解，正在延时解锁；

黄色——提示该信号在开放状态或相应股道被占用，信号前后触点校核错或断丝(断丝时信号复示器为红闪)；

浅灰色——办理总人解时，等待输入口令；

深灰色——按下信号名称按钮，显示全部信号名称；

红色外框(方形,在名称外)——表明该信号的接近轨道被占用，不允许再在该区段排列进路，机车退出，占用自动消失。

3）道岔：道岔岔尖处用缺口表示道岔位置，无缺口的一侧表示道岔开通位置。当道岔无表示时，道岔岔尖处闪白色光，挤岔时岔尖闪红色光，同时出现道岔名称。数字化仪盘面上道岔处箭头所指方向为道岔定位位置。点压“道岔名称”时，在显示器上道岔岔心处的短绿光带表示定位，短黄光带表示反位。

道岔名称有以下含义：

黄色——道岔正在转换；

红色——道岔单独锁闭；

白色——道岔封闭；

灰色——按下道岔名称按钮，显示全部道岔名称。

道岔单独锁闭的含义是指可通过该道岔锁定位置排进路，但不能操纵；道岔封闭是指不能通过该道岔排进路，但道岔可以单独操纵。道岔封闭是专为电务人员维修道岔而设。

4）按钮：数字化仪的操作按钮设在数字化仪台面上，操作时用光笔在控制台上单压有关按钮即可。采用鼠标控制的站场，利用按压鼠标左键来实现在屏幕上按压“按钮”的功能，屏幕上设置的按钮，除信号和道岔按钮外，其他按钮平时都隐含在屏幕内。在屏幕空白处按压鼠标左键，屏幕上方和下方会出现功能按钮，在屏幕空白处按压鼠标右键或单击“清提示”按钮可消除这些按钮。屏幕上主要按钮包括：

信号按钮——屏幕上列车信号机是列车按钮，调车信号机是调车按钮。当该信号机既有列车按钮又有调车按钮时，用“左键”单击为调车按钮，用“右键”单击为列车按钮。

道岔按钮——屏幕上道岔岔尖处为道岔按钮，双动道岔两端均为道岔按钮，点压任意一个均可。

功能按钮——包括“总取消”、“总人解”、“道岔总定”、“道岔总反”、“道岔单锁”、“道岔单解”、“封闭”、“清封闭”、“区段故障解锁”等按钮。办理时，先点压功能按钮，屏幕上出现该功能的提示，再点压有关的道岔或信号按钮，办理相关作业。

其他按钮——包括“上电解锁”、“区段解锁”、“信号名”、“道岔名”、“接通光带”、“清提示”、“清按钮”、“车次”、“破封检查”等，单击后完成相应功能。例如点压“信号名”按钮后屏幕上出现所有信号机名称，再点压一次显示消失。

（2）操作举例

1）办理进路。先点压始端信号按钮，例如点压 D_{17} 信号，相应的 D_{17} 信号名称闪光，并在屏幕下端提示：“始端-D_{17}”。再点压终端信号按钮，例如点压 D_{22} 信号，相应的 D_{22} 信号名称闪光，屏幕下端提示变为：“始端-D_{17}——终端-D_{22}”。若满足选路条件，则开始转换道岔、锁闭进路、开放信号。若选路条件不满足，则提示“——按钮不符”或“——选路不通”或“——有区段锁闭”或“——有区段占用”或“——有道岔要点”等，并给出道岔或区段名称。

2）单独操纵和单独锁闭道岔。道岔区段在解锁状态时，允许办理单独操纵道岔。同时点压“总定位”（总反位）按钮和“道岔”按钮，屏幕提示处显示“道岔总定（总反）……C ×××”。在道岔转换过程中，屏幕道岔岔尖处闪白光，同时道岔号显示黄色。

点压“单独锁闭”按钮和“道岔”按钮，屏幕提示处显示“单独锁闭……C ×××”，同时显示红色道岔号。单锁后，不能再单独操纵道岔，但还可通过该道岔排列进路。点压“单独解锁”和“道岔”按钮，该道岔解锁。

3）封闭信号和封闭道岔。先按封闭按钮，再按压信号按钮或道岔按钮，这时信号机外套上白色方框，道岔名显示白色，表明信号机按钮已不能再进行操作，也不能再通过该道岔排进路。

4）进路的“取消解锁”和“人工解锁”。误办的进路，需要变更时，在进路未锁闭前可点压本咽喉的“总人解”或“总取消”按钮取消，然后还需点压“清按钮”按钮；锁闭后的进路需点压“总取消”或“总人解”按钮和“始端”按钮取消进路；当接近区段有车占用时，必须点压“总人解”按钮和进路“始端”按钮，延时30s或3min后解锁。

5）对于带铅封按钮的操作。对于涉及行车安全需要慎重使用的按钮（即6502电气集中带铅封的按钮），点压后屏幕将提示输入口令，点压口令后操作才被执行，微机系统自动记录，并且在屏幕提示栏有记录显示。

例如人工解锁以 D_{17} 信号为始端的调车进路：先点压“总人解”，再点压 D_{17} 按钮，此时屏幕下方提示“总人解—D_{17}—请输入口令—123—”，据此依次点压数字123，正确后屏幕下方提示“OK”，此时操作被执行。

四、典型车辆段线路简介

车辆段是城市轨道交通列车停车、车辆检查、修理、维护保养的基地，主要作业包括存车、清洗、维护、架修、编组、试车等作业，其信号平面图如附录B所示。

在线路配置中，首先要考虑的是停车线（或称为停车库），其停车线路的数量取决于线路上运行列车的数量，每条停车线一般可停放两列8节编组的列车，如果公司有30列列车，那么至少应该设置15条停车线。

车辆段还设有与正线相连接的出入库线，为便于调度列车，出入库线应按双线配置。停车场还设有：

1）清扫线2条。

2）洗车线1条，长420m，洗车线的中部设有洗车库，库内安装自动洗车机。

3）检修线有4条，设在双周、双月检修库内。

4）定修线 2 条，配置在定修库内，库内设有检查坑，可以停放一列车，其中一条还配有移动式架车机 12 台。

5）架、大修线，共有 6 条线，配置在架修、大修库内，每条线可以停放 3 节车。

6）试车线，长 1435m；临时存车线 3 条。

另外还有：旋轮线、静调线、解钩线、材料线等。

由于地铁线路结构不同，而且每条线路所使用的列车类型不同，所以每一条轨道交通线路一般设置一个停车场。有些线路因为车辆配置相同，线路之间设置有连接的设施，这样的线路可以使用同一个停车场。

城市轨道交通不同线路采用的车辆和信号系统各不相同，而车载信号系统又与车辆相关，因此列车在正线运行之前，必须在停车场的试车线进行调试。同时，车辆段也是维护轨道交通其他设备的基地，包括工务、电力、通信、机电、接触网等的综合维护中心，这些都是决定停车场内部线路配置和装备设施的重要因素。

任务一　了解联锁设备组成

1. 目标

1）了解联锁设备各部分作用。

2）了解两种联锁设备的特点。

2. 设备

联锁室外设备、继电联锁室内设备、计算机联锁室内设备。

3. 实施步骤

1）观察 6502 电气集中联锁设备，了解各部分设备之间的关系。

2）观察计算机联锁设备，了解各组成部分的作用和各设备之间的关系。

3）观察 6502 电气集中联锁和计算机联锁的操作特点。

任务二　6502 电气集中联锁操作

1. 目标

1）掌握 6502 电气集中联锁操作方法。

2）掌握采用 6502 电气集中联锁设备时《行车组织规定》有关规定。

2. 设备

6502 电气集中控制台。

3. 实施步骤

1）6502 电气集中基本操作：办理进路、解锁进路、操作道岔、道岔的锁闭和解锁等。

2）6502 电气集中非正常办理：在设备故障情况下，例如道岔不能转换、轨道区段红光带等，办理列车作业、调车作业。

3）学习城市轨道交通车辆段采用 6502 电气集中设备时关于列车、调车作业的有关规定。

任务三 计算机联锁操作

1. 目标

1）掌握计算机联锁操作方法。

2）掌握采用计算机联锁设备时《行车组织规定》有关规定。

2. 设备

计算机联锁设备、计算机联锁模拟软件。

3. 实施步骤

1）计算机联锁基本操作：办理进路、解锁进路、转换道岔、道岔的锁闭和解锁、道岔的封锁和解封锁等。

2）非正常情况下计算机联锁设备的操作。

3）学习城市轨道交通车辆段采用计算机联锁设备时关于列车、调车作业的有关规定。

任务四 模拟车辆段作业

1. 目标

1）掌握城市轨道交通车辆段联锁设备的操作方法。

2）在作业中准确执行《行车组织规定》有关规定。

2. 设备

城市轨道交通车辆段沙盘、与沙盘连接的联锁设备。

3. 实施步骤

能够正确完成以下操作：

1）电动列车进入车辆段洗车线。

2）电动列车从正线进入车辆段停车线。

3）电动列车从车辆段停车线进入正线。

4）轨道车在车辆段内的调车作业。

5）在设备故障情况下正确执行有关规定，办理车辆段内作业。

拓展与提高

一、计算机联锁的采集电路和驱动电路

目前，我国计算机联锁与室外设备的结合仍然以继电器作为接口，计算机联锁系统通过采集电路获得室外设备状态，通过驱动电路完成对室外设备的控制。

1. 采集电路原理

状态信息采集接口电路有两种形式：一种是对静态信息的采集，一种是对动态信息的采集，两种都是故障-安全输入电路。下面以采集轨道继电器 GJ 的状态为例介绍动态故障-安全输入接口的电路，如图 6-6 所示。

图 6-6 中使用了两个光耦合器 G_1 和 G_2。G_1 的输入极和 G_2 的输出极串联。G_2 导通时，由 GJ 的前触点控制 G_1 的导通与截止。G_2 的输入极由计算机的输出口控制其通断，G_1 的输出口则接至计算机的输入口。

在GJ前触点闭合的情况下，若计算机输出高电平“1”信号，则G_2导通，从而使G_1也导通，于是G_1的输出将低电平“0”信号送入计算机。反之，若计算机输出一个低电平“0”信号，则G_2与G_1均截止，读入计算机的是高电平“1”信号。因此GJ吸起时计算机的输入输出互为反向关系。

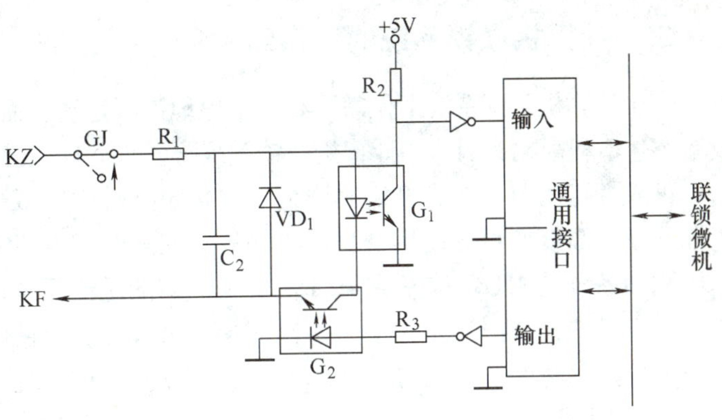

图6-6　动态故障-安全输入接口原理图

当系统需要采集GJ状态信息时，由计算机输出脉冲序列，例如101010，当GJ前触点闭合且电路无故障情况下，返回计算机的是相反的脉冲序列，即010101；当GJ落下或电路发生故障时，G_2的输出端是稳定电平信号“0”或者“1”，计算机读到稳定电平信号，表示继电器处于落下状态。

动态输入接口电路实际上是一个闭环形式的动态脉冲电路，通过计算机校验输入代码是否畸变来判断输入电路是否故障，从而实现故障-安全。

2. 驱动电路原理

计算机输出的控制信息用于控制执行部件的继电器，为了实现故障-安全，大多采用动态输出驱动方式，即采用动态继电器。各厂家实际的动态继电器控制电路不完全相同，但基本原理如图6-7所示。

在电路正常情况下，当计算机没有控制命令输出时，A端为低电平，光电耦合器G_1截止，由控制电源经由R_2、D_1和D_2向电容C_1充电。当充电电压接近电源电压时，充电过程结束，此时电路处于稳定状态。由于R_3和C_2没有电流流过，电容C_2两端没有电压，偏极继电器处于落下状态。

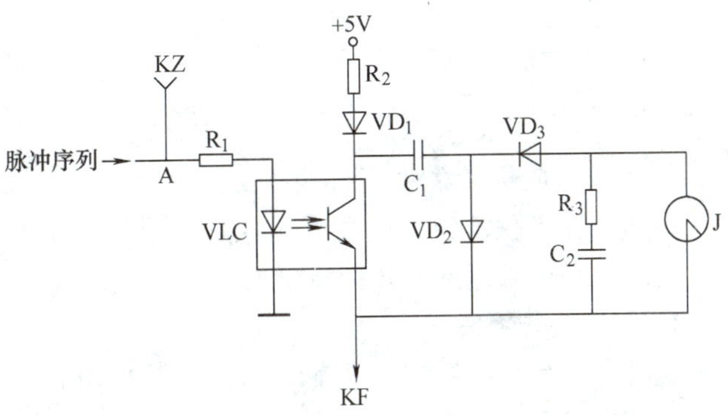

图6-7　动态继电器原理图

当有控制命令输出时，传送到A端的则是脉冲序列。当A处于高电位时，G_1导通，电容C_1放电，放电电流一方面通过G_1的集-射极、偏极继电器J的线圈、D_3形成回路，使J吸起；另一方面经R_3向电容C_2充电。当A处于低电位时，G_1重新截止，电容C_1恢复充电，依靠C_2的放电使继电器J保持吸起。这样在脉冲序列的作用下，随着A端电平的高低变化，G_1不断导通截止，C_1和C_2不断充放电，使继电器J励磁并保持吸起，直到A端无脉冲序列(即控制命令)输入，G_1截止，C_2得不到能量补充，待其端电压降至继电器落下值，J失磁落下。该电路不仅能够防止由于一两个脉冲的干扰使继电器误动，同时由于采用了偏极继电器，能够鉴别电流方向，防止C_1和D_3被击穿时造成继电器错误吸起。

二、计算机联锁系统的冗余结构

由于计算机联锁系统不仅需要昼夜不停地连续运转，而且一旦出现故障就会对行车安全和效率产生不利影响，因此，计算机联锁系统既要有比较高的可靠性，又要有比较高的安全性。

可靠性指的是系统在规定时间内、在规定条件下完成规定功能的能力。度量可靠性的定量标准是可靠度，可靠度用自身的平均故障间隔时间 MTBF 来表征。根据有关技术标准，计算机联锁系统的 MTBF 应达到 10^6h。安全性指的是当系统的任何部分发生故障时，其后果不会导致人身伤亡或财产重大损失的性能。度量系统安全性的技术指标是系统产生不安全性输出的平均间隔时间。根据有关技术标准，计算机联锁系统产生不安全性输出的平均间隔时间为 10^{11}h 以上。

为达到上述要求，计算机联锁系统从核心硬件结构上一般都采用冗余结构。所谓冗余结构是指为了提高系统的可靠性、安全性而增加的结构。

图 6-8 是可靠性冗余结构，模块 A 和模块 B 经或门输出，两个模块只要有一个模块正常输出即可保证整个系统不停机，提高了系统工作的可靠性。在实际应用中，对安全性要求不高处理人机对话信息的上位机一般采用可靠性冗余结构。

图 6-9 是安全性冗余结构，模块 A 和模块 B 经与门输出，两个模块同步工作，只有两个输出一致才能保证整个系统不停机，只要有一个模块故障，系统将不能正常输出。这样提高了系统的安全性，减少了危险侧输出的概率。在实际应用中，对安全性要求较高的联锁控制机采用安全性冗余结构。

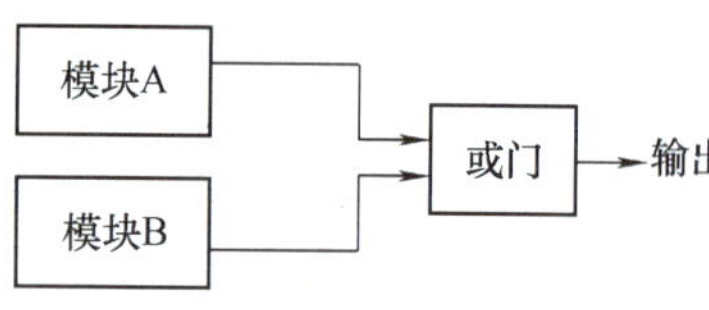

图 6-8 可靠性冗余结构

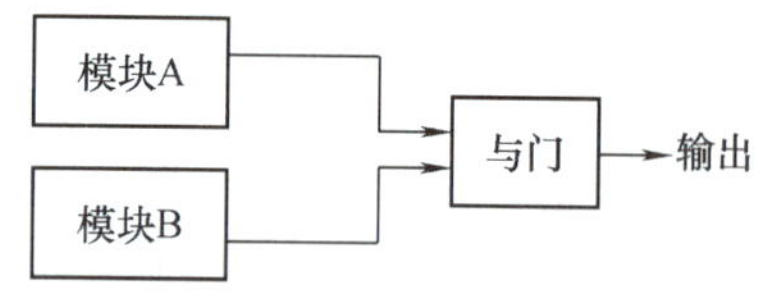

图 6-9 安全性冗余结构

目前计算机联锁为了提高可靠性和安全性，主要采用了双机热备系统、二乘二取二系统、三取二系统来达到上述指标要求。

1. 双机热备系统

这种方式是冗余系统的基本结构，如图 6-10 所示，采用双套相互独立、结构相同、指令或周期同步工作、编程相同的系统同时工作，双机互为热备，相互监测，通过比较器确定系统正常工作后，才能输出控制指令。当一套系统发现自身出现故障时，就给出控制信号，自动切换到另一套系统上并给出故障报警和提示。双机热备系统在工作时有如下几种工作模式：

1）一个系统工作，另一系统热备，两系统都无故障。

2）一个系统工作，另一系统待修，系统可以完成规定功能。

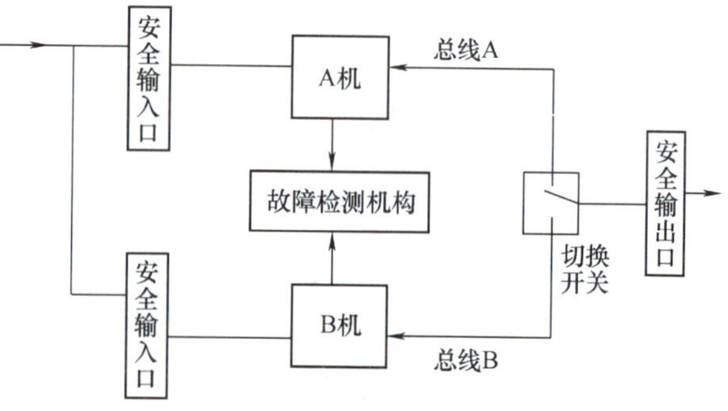

图 6-10 双机热备系统

3）两个系统都故障，系统失效。

采用双机热备系统提高可靠性、安全性的基础是：在极短的时间内，两台计算机同时发生错误而且错误呈现同一模式的概率极低。

2. 二乘二取二系统

为了使计算机联锁系统既具有可靠性又具有安全性，可采用多重冗余结构，如图 6-11 所示，二乘二取二系统采用了四台计算机，一般分为系统Ⅰ、系统Ⅱ，双系互为热备关系。二乘二取二联锁系统通过“单系保证安全，双系提高可靠性”实现整体系统的安全性和可靠性。双系中的每一单系均包括双套计算机实时校核工作，每一单系中必须双机工作一致才能对外输出，实现整体系统的安全性，任一单系检出故障均可立即导向备系工作，实现全部系统的可靠性。二乘二取二联锁机应用软件和操作系统进行松散耦合，并且系统具有完备的自检功能，保证了整体系统具有较高的安全性。

3. 三取二系统

三取二系统，又称为三机表决系统，如图 6-12 所示，采用三台计算机同时工作，三取二系统 CPU 之间是通过两两相互比较保证整体系统的安全性，当有两个结果相同(包括三个结果相同)时，认为正确无误方可输出。当某一个 CPU 故障或运行产生差错时，该 CPU 将被屏蔽，另外两个 CPU 相当于组成一个二取二的系统，不需要切换，在没有降低系统安全性的前提下保证了整体系统的高可靠性。

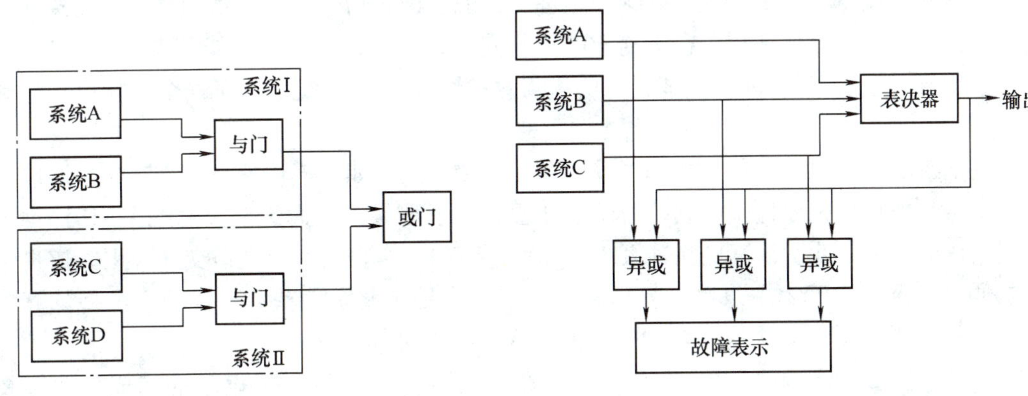

图 6-11　二乘二取二系统结构　　　　图 6-12　三取二系统结构

除硬件冗余，在系统内还可采用软件冗余技术，如双套软件冗余、信息冗余等，进一步提高系统安全性和可靠性。

复习思考题

1. 联锁的基本内容有哪些？
2. 满足哪些条件才能开放信号？
3. 我国主要的计算机联锁系统有哪些？
4. 计算机联锁屏幕的轨道区段主要有哪几种显示？分别表示什么含义？
5. 计算机联锁的冗余形式有哪些？

项目七　正线联锁设备

知识要点

1. 了解城市轨道交通正线联锁设备的特点。
2. 正线车站联锁的有关概念。
3. 掌握 SICAS 联锁设备组成及各部分作用。
4. 掌握 LOW 的基本操作。

相关理论知识

正线联锁设备与传统的车站联锁在原理上相似，即在信号机、道岔和进路之间建立一定的相互制约关系，以保证列车在进路上的运行安全，不同之处在于正线的联锁是 ATC（列车自动控制）系统的基础，联锁功能设计的优劣直接影响 ATC 系统的行车安全、折返功能和行车间隔。

目前我国城市轨道交通正线联锁设备存在多种类型，如大连快速轨道交通 3 号线应用的是由通号总公司研究设计院研制的 DS6—11 型计算机联锁，上海地铁 2 号线采用美国 US&S 公司的 MicroLok—Ⅱ型计算机联锁系统，北京西直门至东直门快速轨道交通采用铁道科学研究院通号所研制的 TYJL—Ⅱ型计算机联锁系统，应用于北京地铁 2 号线的安全型计算机联锁（VPI—3）系统等，其中应用较为广泛的是 SICAS 型计算机联锁。

本节选择 SICAS 型、VPI—3 型计算机联锁为例介绍正线联锁设备的构成、功能及操作等。

一、SICAS 联锁系统

SICAS 是西门子计算机辅助信号系统（Siemens Computer Aided Signalling）的英文缩写，是一个模块化的、灵活的联锁系统，可以通过单独操作、进路设置等方式实现对道岔、轨道区段、信号机等室外设备的监督和控制。SICAS 型计算机联锁被广泛地应用在干线铁路、城市铁路。

1. 设备组成及功能

计算机联锁设备普遍分为五层，即操作显示层、联锁逻辑层、执行表示层、设备驱动层以及现场设备层。SICAS 型计算机联锁分别对应为：LOW（现场操作员工作站）、SICAS（联锁计算机）、STEKOP（现场接口计算机）、DSTT（接口控制模块）以及现场的道岔、轨道电路和信号机，如图 7-1 所示。

系统中联锁计算机对现场设备的控制有三种基本配置。一是带 DSTT 的系统，由 SICAS 直接经 DSTT 控制现场设备；二是带 DSTT 和 STEKOP 的系统，SICAS 经 STEKOP 和 DSTT 控制现场设备；三是带 ESTT（电子元件接口模块系统）的系统，SICAS 直接经 ESTT 控制现场设备。

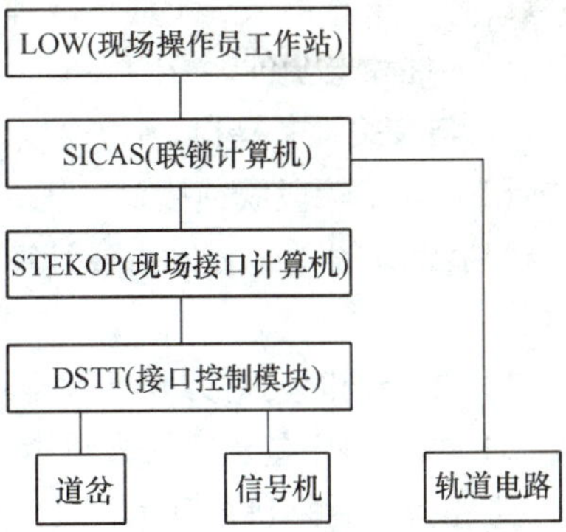

图 7-1　SICAS 型计算机联锁总体结构

除上述外，SICAS 联锁系统还有与 ATC 系统、其他联锁（车辆段联锁设备、相邻 SICAS）的接口。

1）LOW（现场操作工作站）是人机操作界面，将设备和列车运行情况图形化显示，接受操作人员的操作指令并传递给联锁计算机进行处理。

2）SICAS 的联锁计算机根据需要可采用二取二结构或三取二结构，主要功能是接收来自 LOW 的操作指令和来自现场的设备状态信息，联锁逻辑运算，排列、监督和解锁进路，动作和监督道岔，控制和监督信号机，防止同时排列敌对进路，向 ATC 发出进入进路的许可，并将产生的结果状态和故障信息传送至 LOW。

3）根据配置不同，SICAS 对现场设备控制部分包括 ESTT、STEKOP、DSTT 几部分：

① ESTT 可直接连接 SICAS 和现场设备，ESTT 到联锁计算机的距离可达 100km。每个轨旁元件，如转辙机、信号机、速度监督元件等，都有一个电子元件接口模块。每个元件接口模块都有完整的硬件和所需控制轨旁元件的软件，大部分元件接口模块包含一个现场总线接口板 FEMES，用于保证 SICAS、ESTT、监控对象之间数据的传输。

② DSTT 是分散式元件接口模块，经由并行线与 SICAS 相连，根据 SICAS 的命令控制现场设备，如道岔、信号机或轨道空闲检测系统。从联锁计算机到 DSTT 的最大距离是 30m，DSTT 与轨旁元件间最大距离是 1km。

DSTT 系统的模块包括：道岔元件接口模块 DEWEMO、信号机元件接口模块 DESIMO、闪光元件接口模块 DEBLIMO。

③ STEKOP 是一个采用二取二结构的故障-安全型计算机，实现联锁计算机与 DSTT 间的连接，可控制 100km 的范围。STEKOP 的主要功能是：读入轨道空闲表示信息和开关量信息，根据 SICAS 发出的命令和 DSTT 的结构，分解命令，输出并控制 DSTT，实现对转换设备、显示单元的控制，并将开关量信息回传给 SICAS。

2. 联锁主机的结构

为保证设备安全和提高设备可靠性，目前联锁主机主要采用两种冗余方式：二取二系统和三取二系统。

二取二系统由两个各自独立的、相同的、对命令同步工作的计算机通道组成，过程数据由两个通道输入、比较并进行处理。只有两个通道处理结果相同时才能输出。独立于数据流的在线计算机监测功能在一定的周期内完成一次，一旦检测到故障此系统将停止工作，避免连续出现故障引起的危害。

三取二系统由三个各自独立的、相同的、对命令同步工作的计算机通道组成。过程数据由三个通道输入、比较并进行处理，只有当三个或两个通道处理结果相同时结果才能输出。如果其中一个通道故障，在该检测周期内相关通道会被切除，联锁计算机按二取二系统方式继续工作，只有当又一个通道故障时，系统才停止工作。采用这种三取二的方式，提高了系统的可靠性和安全性。

3. 与有关设备接口

（1）与车辆段联锁接口　正线车站与车辆段的信号接口设有相互进路照查电路，操作人员只有确认设置于控制台或计算机屏幕的照查表示灯显示后才能开放信号。主要联锁关系包括：

1）不能同时向对方联锁区排列进路。

2）当进路中包含有对方轨道电路时，必须根据对方相关轨道电路空闲信息进行进路检查，进路排出后须将排列信息传送至对方并要求对方排出进路的另一部分。

3）列车入段时，车辆段必须先排接车进路，正线车站才能排列入段进路，以减少对咽喉区的影响。

（2）与洗车机接口　只有得到洗车机给出的同意洗车信号时，才能排列进入洗车线的进路，否则，不能排列进路。

（3）与防淹门接口　在特别情况发生时，SICAS 联锁通过与防淹门的接口保证列车运行安全。联锁设备与防淹门间传递的信息包括：防淹门“开门状态”信息、“非开状态”信息、“请求关门”信号以及信号设备给出的“关门允许”信号。其基本联锁关系主要表现为：

1）只有检测到防淹门的“开门状态”信息而且未收到“请求关门”信号时才能排列进路。

2）信号机开放后，收到防淹门“非开状态”信息时，立即关闭并封锁信号机。

3）信号机开放后，收到防淹门“请求关门”信号时，关闭并封锁始端信号机并取消进路(接近区段有车时延时 30s 取消进路)，通过轨道电路确认隧道内没有列车后立即发出“关门允许”信号，否则需要防淹门操作人员人工确认列车运行情况并根据有关规定人工关门。

（4）与 ATC 接口　SICAS 联锁与 ATC 的连接通过逻辑的连接来实现，响应来自 ATS 的命令，进行联锁逻辑运算，在满足安全的前提下，控制进路、道岔和信号机，并将进路、轨道电路、道岔、信号机的状态信息提供给 ATS(列车自动监视)、ATP(列车自动防护)、ATO(列车自动运行)，主要设备状态信息包括：

进路状态——进路的锁闭、占用、空闲；

信号机的状态——信号机的开放、关闭；

道岔位置——道岔的定位、反位、四开、挤岔；

轨道电路状态——占用、锁闭、空闲。

（5）与相邻联锁系统接口　城市轨道交通正线车站被划分为数个联锁区，各联锁区的相互连接经由联锁总线通过连接中央逻辑层实现，联锁边界处的每个设备均以其进路特征反映至相邻联锁系统。

当一条进路的始端信号机和终端信号机位于不同联锁区时，进路由始端信号机所在的联锁区来设定，进路包括带有自身联锁区内进路部分和相邻联锁区内进路部分的连接点，两部分相互作用实现 SICAS 联锁的链接。

二、进路控制

1. 进路设置

为确保城市轨道交通高密度行车下的安全，SICAS 联锁系统与 ATP 相结合，进路由防护信号机防护，但列车在进路中的运行安全由 ATP 负责。SICAS 联锁系统共有四种进路设置方式。

（1）ATS 的自动列车进路　ATS 按照运行图，根据列车的车次号，结合列车的运行位置，发送排列进路的命令给 SICAS 联锁，自动排列进路。

（2）RTU 的自动列车进路　当中央 ATS 系统故障或与 OCC（控制中心）中央设备的传输通道故障时，驾驶员在列车人工输入目的地码，车站 ATS 的远程终端单元（RTU）能根据从轨旁 PTI 环线（即车地通信轨旁接收设备）接收到的目的地码，向 SICAS 联锁发布排列进路命令，自动排列进路。

（3）追踪进路　这是 SICAS 联锁自有的功能，在列车占用触发轨时，SICAS 可向带有追踪功能的信号机发布排列进路命令，自动排列出一条固定的进路，开放追踪进路的信号。

（4）人工排列进路　可由操作员在获得操作权的 LOW（现场操作工作站）或中央 ATS 的 MMI（人机接口）上，通过鼠标和键盘输入排列进路命令，人工排列进路。

人工排列进路始终优先，自动列车进路与追踪进路功能是对立的，对于单个信号机而言，选择了自动排列进路，就不能选择追踪进路。操作员可在 LOW 或 MMI 输入命令，开放、关闭信号机的自动排列进路或追踪进路功能。

2. 进路排列的条件

1）进路中的道岔没有被征用在相反的位置上。

2）进路中的道岔没有被人工锁定在相反的位置上。

3）进路中的道岔区段、轨道区段没有被封锁。

4）进路中的信号机没有被反方向进路征用。

5）进路中的监控区段没有被进路征用。（如:列车正在通过进路的监控区段或列车通过进路后,监控区段不能正常解锁,出现绿光带现象,则进路不能排列。）

6）进路的非监控区段没有被其他方向进路征用。（如:要排列进路的轨道区段（含保护区段）被其他方向的进路征用或其他方向进路的轨道区段在解锁时出现非正常解锁且这些区段刚好属于要排列的进路的某些区段，则进路不能排列。注：如果进路的非监控区段是被同方向的进路征用，则可以再次征用。）

7）从洗车厂接收到一个允许洗车的信号（只适用于排列进洗车线的进路）。

8）与相邻联锁通信正常（只适用于排列跨联锁区的进路）。

9）防淹门打开且未请求关闭（只适用于排列通过防淹门的进路）。

10）与车厂的照查功能正常（只适用于排列进车厂的进路）。

符合以上条件，进路能排列。进路在排列过程中，进路的道岔（含侧防道岔）能自动转换至进路的正确位置。

3. 有关概念

（1）进路的组成　进路一般由三部分组成，分别为主进路、保护区段及侧面防护。主进路是指进路上从始端信号机至终端信号机的路径，分为监控区段（含道岔区段）、非监控区段。保护区段是指终端信号机后方的一至两个区段。侧面防护由道岔、信号机及轨道区段的单个元素或组合元素组成。

（2）多列车进路　SICAS 联锁中一般不设通过信号机，只设置防护信号机，有些进路包含了若干个轨道区段（多至十几个轨道区段以上）。由于城市轨道交通运行间隔小、车流密度大，列车运行安全由 ATP 系统保护，因此一条进路中允许多个列车运行。如图 7-2 所示，S1→S2 为多列车进路，只要监控区空闲即可排出以 S1 为始端的进路，开放 S1。

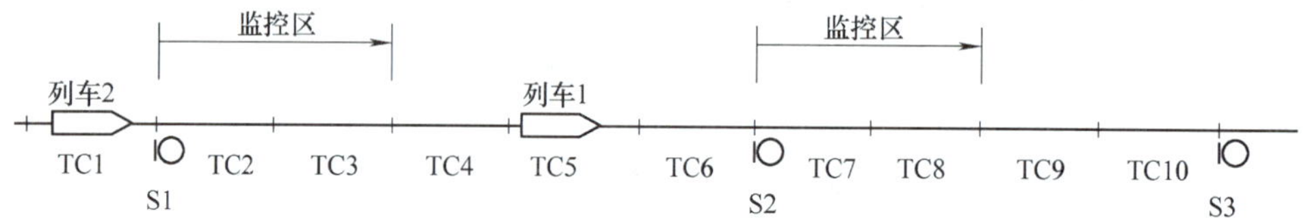

图 7-2　多列车进路示意图

对于多列车进路，当列车 1 出清监控区后，即可排列第二条相同始端的进路。进路排出后，只有当列车 2 通过后才能解锁。

（3）联锁监控区段　为了提高建立进路的效率，联锁系统把进路的区段分为监控区段和非监控区段两部分。进路建立后，当列车没有出清监控区段时，该进路不能再排列。当列车出清监控区段进入非监控区段时，即使非监控区段还没有全部解锁，该进路仍可再次排列，且信号能正常开放。

在无岔进路中，通常始端信号机后两个区段为监控区段，如图 7-2 所示，其他为非监控区段。

在有岔进路中，从进路的第一个轨道区段开始，一直到最后一个道岔区段的后一区段为止都是监控区段，其他为非监控区段。

监控区段的长度应足够完成列车驾驶模式的转换。列车通过监控区段后自动将运行模式转换为 ATO 自动驾驶模式或 SM 模式（ATP 监督下的人工驾驶模式），列车之间的追踪保护就由 ATP 来实现。

监控区段有故障，信号只能达到非监控层或引导层。非监控区段有故障，信号能正常开放，但列车以 SM、ATO 或 AR 模式驾驶时，由于具有 ATP 的保护功能，列车会在故障区段的前一区段自动停稳。

（4）保护区段　保护区段（overlap）也叫重叠区段，如图 7-3 所示，设置保护区段的目的是为了避免列车由于某种原因不能在信号机前方停车而冲出信号机导致危及列车安全的事故的发生。

进路可以带保护区段或不带保护区段排出。对于短进路，保护区段与进路同时建立；为了不妨碍其他列车运行，对于长进路，可以通过目的轨的占用来触发使保护区段延时设置。

如进路短，排列进路时带保护区段；多列车进路无保护区段时，进路的防护信号机可以正常开放。

当 SICAS 联锁不能提供保护区段或其侧防条件不满足时，ATP 会计算出自己的保护区段，列车会在终端信号机前方一段距离（ATP 保护区段的长度）停车，确保行车安全。

从保护区段的接近区段被占用开始经过一个设计的延时（默认为 30s），保护区段解锁。

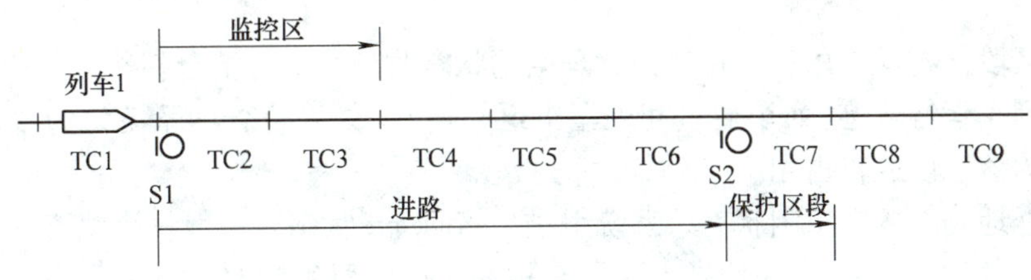

图 7-3 进路保护区段示意图

（5）侧面防护（侧防） SICAS 联锁中没有联动道岔的概念，所有道岔都按单动道岔处理。排列进路时通过侧面防护把相关的道岔及信号机锁闭在联锁要求的位置，以避免其他列车从侧面进入进路，确保安全。侧面防护包括主进路的侧面防护和保护区段的侧面防护，如图 7-4 所示。

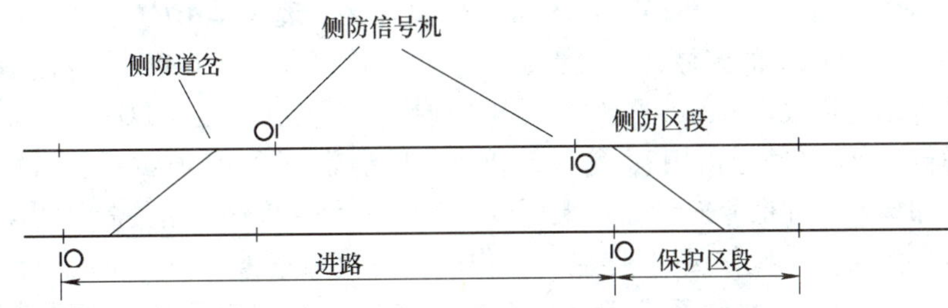

图 7-4 侧面防护示意图

侧面防护的任务是通过转换、锁闭和检查相邻分歧道岔位置，切断所有通向已排进路的路径。如果侧防道岔实际位置与要求的位置不一致，则发出转换道岔命令，当命令不被执行时（如道岔已锁闭），操作命令被储存，直到达到要求的终端位置。否则通过取消或解锁该进路来取消操作命令。

侧面防护也可由位于进路需要侧面防护方向的主体信号机显示禁止信号来完成。

道岔为一级侧面防护，信号机为二级侧面防护。排列进路是首先确定一级侧面防护，再确定二级侧面防护。没有一级侧面防护时，则将信号机作为侧面防护。

（6）进路的解锁 SICAS 联锁中正常的进路解锁采用类似国内铁路集中联锁的三点检查方式，列车出清后，后方的进路元素自动解锁。

人工取消多列车进路时，进路的第一个轨道电路必须空闲。如果接近区段逻辑空闲，进路及时解锁，如果接近区段非逻辑空闲，进路延时 60s 解锁。

多列车进路排出后，如果进路中有列车运行，则人工取消进路时只能取消最后一次排列的进路至前行列车所在位置的部分，其余部分随前行列车通过后自动解锁。

进路解锁后，相应的侧防道岔、侧防信号机及保护区段都随之解锁。

（7）轨道区段的 Kick-off 功能

1）物理空闲和物理占用。轨道区段的物理空闲是指列车检测设备（轨道电路、计轴设备等）反映室外的轨道电路区段实际没有被列车占用的状态，此时轨道继电器处于吸起状态。

轨道区段的物理占用是指列车检测设备（轨道电路、计轴设备等）反映室外的轨道电路区段实际被列车占用的状态，此时轨道继电器处于落下状态。

2）逻辑空闲和逻辑占用。轨道区段物理占用时，系统认为该区段也处于逻辑占用状态。

当轨道区段从物理占用状态切换为物理空闲状态时，系统将结合相邻区段的状态变化判断是否符合列车运行轨迹(列车通过和列车折返轨迹)，如果符合则系统认为该区段逻辑空闲，否则认为该区段逻辑占用。

为了更好地判断逻辑空闲状态，系统引进了 Kick-off 状态。一般每个轨道区段均有两个 Kick-off 状态，每端一个，分别记录本区段与相邻轨道区段被同时占用的状态。当区段物理空闲且有两个 Kick-off 状态时，系统认为该区段逻辑空闲并重置 Kick-off，否则认为逻辑占用。

三、LOW 的组成

1. 设备组成

LOW 的全称是 Local Operator Workstation，中文含义为现场操作员工作站。

LOW 是信号系统网络的区域终端设备，每个联锁站都有一套 LOW 设备，主要由一台微机和一台记录打印机组成。SICAS 联锁系统的本地操作和表示是通过 LOW 工作站来完成的。联锁等设备和行车状况(轨道占用、道岔位置和信号显示等)在彩色显示器上以站场图形式显示，使用鼠标和键盘，在命令对话窗口上可以实现常规命令及安全相关命令的联锁操作。所有安全相关命令的操作、操作员登录/退出操作、设备故障报警等信息将被记录存档。根据实际控制需要，可以每个联锁系统拥有几个操作控制台，或者几个联锁系统采用一个控制台。

2. 屏幕显示

LOW 的屏幕显示由三部分组成，自上而下为：

(1) 基本窗口　计算机启动进入后第一个出现的窗口为基本窗口，如图 7-5 所示。

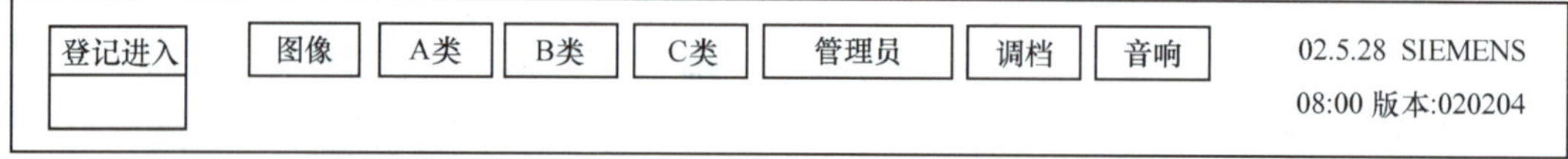

图 7-5　LOW 基本窗口

按钮的主要功能是：

1）登记进入/登记退出按钮：系统将检查姓名及口令，如果正确，登记进入按钮将改为登记退出按钮，并且下面的输入框将使用者的姓名灰显，说明已成功登录 LOW，可以根据权限对 LOW 进行操作。

2）图像按钮：用于在主窗口中显示联锁区的站场图。

3）报警按钮：分为 A、B、C 三类，A 类级别最高，C 类级别最低。如果不存在报警，报警按钮显示灰色。一旦出现报警，相应级别的报警按钮开始闪烁并发出声音报警，报警级别越高，报警声越持久，越响亮。单击相应的报警按钮即可对报警进行确认，就可以打开相应的报警单，然后选择需要确认的报警信息，再在对话窗口中单击报警确认按钮就可以对报警进行应答。报警单中只要有一个报警未被应答，报警按钮会保持红色闪烁，当报警单中的所有报警都被应答，报警按钮呈永久红色，报警声被关闭，故障修复后红色消失。

4）管理员按钮：只有用管理员身份及密码登记进入时才显示出来，并可以设置或更改

操作员的操作权利，不是管理员登录时，此按钮会显示灰色。

5）调档按钮：用于查询、打印联锁装置48小时内的特别情况记录存档，如来自现场设备或联锁的信息和报警、来自RTU/ATS的信息和报警、LOW内部出现的错误、登记进入/登记退出报告等。

6）音响按钮：单击该按钮可关闭报警声音，直到下一次报警出现。

7）日期和时间显示按钮：显示当前日期和时间。

8）版本号：显示现用的版本，版本号必须在故障信息报告中注明。

（2）主窗口　启动LOW后进入主窗口，显示整个联锁区线路、信号等设备状态，并能够选择元件进行操作。

（3）对话窗口　对话窗口主要由命令按钮栏、执行按钮、取消按钮、记事按钮以及综合信息显示栏组成。

1）命令按钮栏：可以显示当前的所有命令按钮，以供操作员选择，命令按钮栏可根据不同要素的选择，显示出所选要素的所有操作命令，如果没有选择任何要素，命令按钮栏显示的命令为对联锁的所有操作。

2）执行按钮：用于执行当前的操作，当单击了执行按钮，当前的操作就会被联锁记录执行。

3）取消按钮：用于取消当前的操作。

4）记事按钮：用于打开记事输入框、记录情况（平时不用）。

5）综合信息显示栏：用于显示信号系统的各种供电情况以及自排、追踪情况。如果相应的供电正常，相应的显示为绿色字体，如果故障则显示红色字体，而如果没有打开自排功能时，自排全开的字体为白色，一旦打开了自排功能则自排全开字体为绿色。对于追踪进路，如果打开追踪功能，追踪进路字体为黄色，没有打开追踪功能，则追踪进路字体为白色。

四、LOW的操作命令

操作命令根据安全等级分为“常规操作命令”（用R表示）和“安全相关操作命令”（用K表示）。

安全相关操作命令是指该命令执行后可能会影响行车安全或设备安全的命令。安全相关命令只有在LOW上才可以操作，其安全责任主要由操作员负责，故必须确认相关的操作前提，并且须输入正确的命令，操作完毕后必须在值班日记中做好记录。

持有LOW操作证者，在LOW工作站上的操作命令见表7-1。

表7-1　LOW工作站上的操作命令

相关设备	按钮名称	命令含义	安全相关命令	备注
联锁	自排全开	本联锁区全部信号机处于自动排列进路状态	否	关闭所有具有自排功能的信号机的追踪进路功能
	自排全关	本联锁区全部信号机处于人工排列进路状态	否	
	追踪全开	本联锁区全部信号机处于联锁自动排列进路状态	否	关闭所有具有追踪功能的信号机的自排功能
	追踪全关	本联锁区全部信号机取消联锁自动排列进路状态	否	

（续）

相关设备	按钮名称	命令含义	安全相关命令	备注
联锁	关区信号	关闭并封锁联锁区全部信号机	否	
	交出控制	向 OCC 交出控制权	否	
	接收控制	从 OCC 接收控制权	否	控制中心(ATS)已交出控制权
	强行站控	在紧急情况下，车站强行取得 LOW 的控制权	是	强行站控后必须报告行调（C-LOW 无此命令）
	重启令解	系统重新启动后，解除全部命令的锁闭	是	指的是 SICAS 系统重新启动
	全区逻空	设定全部轨道区段空闲	是	
轨道区段	封锁区段	将区段封锁，禁止通过该区段排列进路	否	
	解封区段	取消对区段的封锁，允许通过该轨道区段排列进路	是	
	强解区段	解锁进路中的轨道区段	是	
	轨区逻空	把轨道区段设为逻辑空闲	是	
	轨区设限	设置该轨道区段的限制速度	是	无进路状态下使用
	轨区消限	取消对轨道区段的限制速度	是	
	终止站停	取消运营停车点	否	只能用于正常运营方向
道岔	单独锁定	锁定单个道岔，阻止电操作转换	否	
	取消锁定	取消对单个道岔的转换，道岔可以转换	是	
	转换道岔	转换道岔	否	
	强行转岔	轨道区段占用时，强行转换道岔	是	
	封锁道岔	将道岔封锁，禁止通过道岔排列进路	否	道岔可通过转换道岔命令进行位置转换
	解封道岔	取消对道岔的封锁，允许通过道岔排列进路	是	
	强解道岔	解锁进路中的道岔	是	接近区段有车延时 30s 解锁
	岔区逻空	把道岔区段设置为逻辑空闲	是	
	岔区设限	对道岔区设置限制速度	是	
	岔区消限	取消对道岔区段的限制速度	是	在 LCP 盘上用消限钥匙接通消限电路，并在 30s 内完成操作
	挤岔恢复	取消挤岔逻辑标记	是	
信号	关单信号	设置信号机为关闭状态	否	只能作用于以开放的信号机
	封锁信号	封锁关闭状态下的信号机	否	只能开放引导信号
	解封信号	取消对关闭状态下的信号机的封锁	是	
	开放信号	设置信号机为开放状态	否	信号达到主信号层，没有被封锁
	自排单开	设置把单个信号机为自动排列进路状态	否	信号机具备自排功能且追踪全开功能没有打开

（续）

相关设备	按钮名称	命令含义	安全相关命令	备注
信号	自排单关	设置单个信号机为人工排列状态	否	
	追踪单开	设置单个信号机为联锁自动排列进路状态	否	
	追踪单关	单个信号机取消由联锁自动排列进路状态	否	信号机具备追踪功能且自排全开功能没有打开
	开放引导	开放引导信号	是	

在操作LOW工作站过程中，操作员必须确认进路要素以正确的方式显示，否则应立即停止和取消该项操作，并报告行车调度员（以下简称“行调”）。行调根据具体情况，当确认LOW不能正常操作时，发布停止使用命令，按LOW工作站设备故障进行处理，组织行车。

LOW工作站操作员在结束操作或临时离开车站控制室时，应将工作站退回到登记进入状态，严禁中断LOW工作站工作，进行与行车无关的工作。

LOW工作站的设备管理人员或维修人员需操作LOW工作站时，应征得车站值班站长同意，并经行调授权，以自己的用户名和口令登记进入系统后，在不影响行车的情况下方可进行操作。

五、LOW的操作举例

1. 对进路的操作

（1）排列进路　在LOW排列进路，只要用鼠标的左键单击LOW主窗口上要排列进路的始端信号机，再用鼠标的右键单击要排列进路的终端信号机，此时所选始端信号机和终端信号机都会被打上灰色底色，然后在对话窗口中的命令显示栏（在LOW的左下角）用鼠标的左键单击“排列进路”的命令，最后用鼠标的左键单击对话窗口中的“执行”按钮即可。

此时，联锁计算机就会自动检查该进路的进路建立条件，如果满足进路的建立条件，相应的进路会自动建立，并进入相应的监控层，如果达到了主信号层，且始端信号机正常时，始端信号机就会自动开放，但如果只达到了引导层，始端信号机不会开放，只能在满足开放引导信号的条件下人工开放引导信号。

（2）取消进路　在LOW上取消一条已排好的进路，只要用鼠标的左键单击LOW主窗口上该进路的始端信号机，再用鼠标的右键单击该进路的终端信号机，此时所选始端信号机和终端信号机都会被打上灰色底色，然后在对话窗口中的命令显示栏（在LOW的左下角）用鼠标的左键单击“取消进路”的命令，最后用鼠标的左键单击对话窗口中的“执行”按钮即可。

说明：在对LOW进行操作过程中，只有在排列进路及取消进路时，才会用到鼠标的右键，其他的操作都只用鼠标的左键。

2. 对道岔的操作

（1）显示意义　LOW上的道岔结构如图7-6所示，显示意义见表7-2。

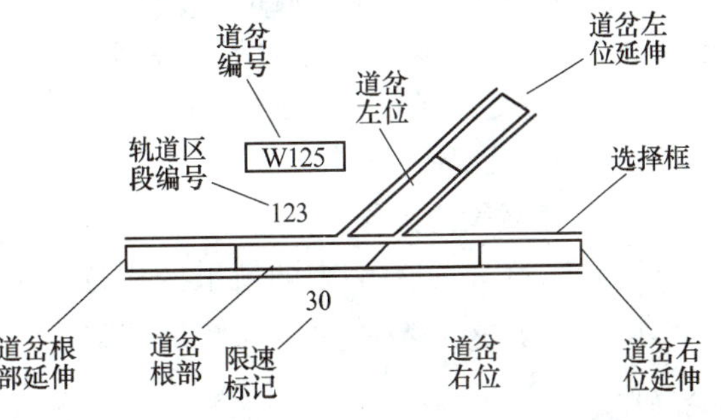

图7-6　LOW上的道岔结构

表 7-2 LOW 上道岔的显示意义

元素	状态	显示意义
道岔编号	白色	道岔无锁定
	红色	道岔单独锁定
	稳定	正常
	闪烁	出现 kick-off 储存故障
道岔编号框	显示	没有被进路征用
	不显示	被进路征用锁闭
岔体	黄色	常态、空闲、没有被进路征用
	绿色	空闲、被进路征用
	淡绿色	空闲、被进路征用为保护区段
	红色	占用、物理占用
	粉红色(中部)	占用、逻辑占用
	深蓝色(中部)	已被封锁，拒绝通过该区段排列进路
	灰色	无数据
道岔位置	有颜色显示	在左位或右位
	道岔左位闪烁(短闪)	道岔左位转不到位(左位无表示)
	道岔右位闪烁(短闪)	道岔右位转不到位(右位无表示)
	道岔左右位及延伸部分闪烁(长闪)	道岔挤岔

(2) 基本操作　在 LOW 上对道岔进行操作，必须用鼠标的左键单击 LOW 主窗口上的道岔元件或道岔编号，此时所选元件被打上灰色底色，然后在对话窗口中的命令显示栏(在 LOW 的左下角)用鼠标的左键单击所需的命令，最后用鼠标的左键单击对话窗口中的“执行”按钮即可。

道岔区段设置了限速，限速的列车最高速度会以红色的 60、45、30、15 字体在相应的区段下方显示出来。此时，列车通过该道岔区段的最高速度不能大于此限制速度，可设置的速度分别为：60km/h、45km/h、30km/h、15km/h 四种。

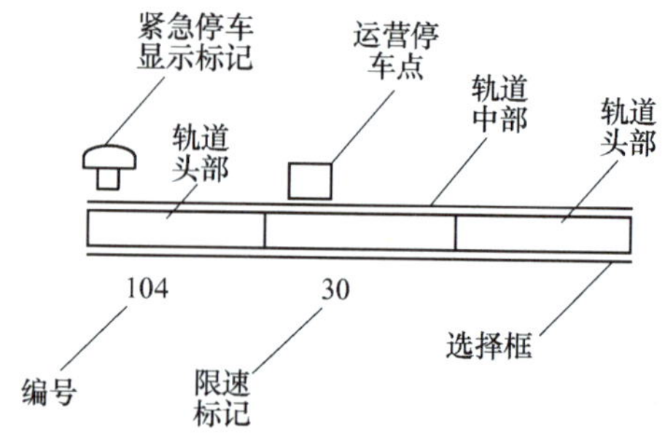

图 7-7 LOW 上的轨道区段组成

3. 对轨道区段的操作

(1) 显示意义　LOW 上的轨道区段各部分如图 7-7 所示。LOW 上轨道区段的显示意义见表 7-3。

表 7-3　LOW 上轨道区段的显示意义

元　素	显示及状态	显 示 意 义
轨道区段	黄色	常态、空闲、没有被进路征用
	绿色	空闲、被进路征用
	淡绿色	空闲、被进路征用为保护区段
	红色	占用、物理占用
	粉红色（中部）	占用、逻辑占用
	深蓝色（中部）	已被封锁，拒绝通过该区段排列进路
	灰色	无数据
	稳定	表示正常
	闪烁	表示在延时解锁中
运营停车点	红色	常态，设置了停车点
	绿色	取消了停车点
紧急停车标记	站台区段会出现一个红色闪烁的	按压了紧急停车按钮，紧急停车生效
	红色闪烁的消失	按压了取消紧停按钮，列车可正常运行
区段限速标记	区段下方显示红色字体的 60、45、30、15	列车以不大于此限速通过该区段

（2）基本操作　对轨道区段进行操作，必须用鼠标的左键单击 LOW 主窗口上的轨道元件或轨道编号，此时所选元件被打上灰色底色，然后在对话窗口中的命令显示栏用鼠标的左键单击所需的命令，最后用鼠标的左键单击对话窗口中的“执行”按钮即可。

4. 对信号机的操作

（1）显示意义　LOW 的信号机各部分如图 7-8 所示。LOW 上信号机各部分的显示意义见表 7-4。

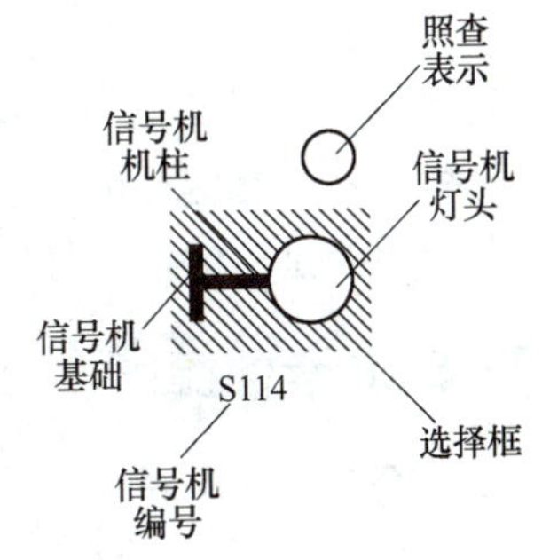

图 7-8　LOW 上信号机组成

（2）基本操作　对信号机进行操作，必须用鼠标的左键单击 LOW 主窗口上的信号机元件或信号机编号，此时所选元件被打上灰色底色，然后在对话窗口中的命令显示栏用鼠标的左键单击所需的命令，最后用鼠标的左键单击对话窗口中的“执行”按钮即可。

表 7-4　LOW 上信号机的显示意义

元　素	显示及状态	显 示 意 义
信号机编号	红色	处于人工排列进路状态
	绿色	处于自动排列进路状态
	黄色	处于追踪进路状态
	稳定	信号机正常
	闪烁	信号机红灯断主丝故障或绿灯/黄灯灭灯

（续）

元　　素	显示及状态	显 示 意 义
信号机基础	绿色	主信号控制层（处于监控层：在进路状态）
	黄色	引导信号控制层（处于监控层：在进路状态）
	红色	非监控层（无进路状态或进路未建立）
	稳定	信号机正常
	闪烁	在延时中（进路延时取消，进路延时建立或保护区段延时解锁）
信号机机柱	绿色	信号机开放，且开放主信号
	黄色	信号机开放引导信号
	红色	信号机关闭，且未开放过（针对本次进路）
	蓝色	信号机关闭，但曾经开放过（针对本次进路：在重复锁闭状态）
信号机灯头	绿色	信号机处于开放主信号状态
	红色	信号机处于关闭状态（但可以开放引导信号）
	蓝色	信号机处于关闭状态，且被封锁（但可以开放引导信号）
照查显示	绿色	可排列相应进路入车辆段
	红色	不能排列相应进路入车辆段（车辆段已排列了进路）
	灰色	无数据

（3）虚拟信号机　当现场不设置信号机时，会由于进路过长导致运营效率降低，为解决这一问题，引入了虚拟信号机。虚拟信号机在 LOW 上的显示跟正常的信号机是一样的，功能也一样，只是在编号前加了一个“F”，如 FX302 等。

需要说明的是：虚拟信号机在现场设备中是不存在的。

六、LCP 盘的操作

1. 紧急停车

1）有效操作紧急停车的前提条件是：列车在 SM、ATO 及 AR 模式下驾驶。

2）紧急停车有效的区段范围是：相应的站台区段及其相邻的区段（或者列车运行正方向离去的第一个区段）。

在必要时，可以按压站台的紧急停车箱里的按钮或 LCP 盘上的紧急停车按钮。

3）在 LCP 盘上对紧急停车的操作步骤及现象：

① 在 LCP 盘上按压相应的紧急停车按钮。

② LCP 盘上相应的紧急停车指示灯亮红灯，并发出电铃报警声音，同时在 LOW 上相应的站台区段出现红色闪烁。

③ 执行切除报警操作，按压相应的切除报警按钮，消除报警声音。

4）在 LCP 盘上切除紧急停车功能的操作步骤及现象：

① 在 LCP 盘上按压相应的取消紧停按钮。

② LCP 盘上相应的紧急停车指示灯灭，并发出电铃报警声音，同时在 LOW 上相应的站台区段的红色消失。

③ 此时应执行切除报警操作，按压相应的切除报警按钮，消除报警声音。

5）在站台上操作紧急停车按钮后，在 LCP 盘上出现的现象：

① 在站台上按压紧急停车箱里的按钮，LCP 盘上相应的紧急停车指示灯亮红灯，并发出报警声音，同时在 LOW 上相应的站台区段出现红色闪烁。当执行切除报警操作后，电铃报警声音消除。

② 当需要切除紧急停车功能时，在 LCP 盘上按压相应的取消紧停按钮，LCP 盘上相应的紧急停车指示灯灭，并发出电铃报警声音，同时在 LOW 上相应的站台区段的红色消失。当执行切除报警操作后，电铃报警声音消除。

2. 扣车

在 LCP 盘上进行扣车的操作步骤及现象：

1）有效操作扣车的前提条件是：列车在 SM、ATO 及 AR 模式下驾驶，列车未进入站台或停稳在站台时运营停车点未取消。满足以上两个条件，扣车操作才有效。

2）扣车的有效区段是：站台区段。

3）扣车操作的步骤及现象：在 LCP 盘上按压相应的“扣车”按钮，在 LCP 盘上相应的扣车指示灯红灯闪烁（说明：如果是 OCC 扣车，LCP 盘上相应的扣车指示灯为稳定红灯），同时在 LOW 上发生 B 类报警，记录了对应的站台区段的扣车提示内容，并发出报警声音，此时应点击 LOW 基础窗口上音响按钮，消除报警声音。

4）在 LCP 盘上对扣车进行“放行”操作的步骤及现象：在 LCP 盘上按压相应的“取消扣车”按钮，在 LCP 盘上相应的扣车指示灯灭，然后再按压相应的“扣车”按钮一次（复位），最后再按压相应的“取消扣车”按钮一次（复位）。同时在 LOW 上对应的 B 类报警的第三栏有“扣车恢复”的提示信息。

5）扣车的原则：如果 LCP 盘上运营停车点指示灯亮黄灯时，扣车操作有效；在 ATS 系统正常时，如果 LCP 盘上运营停车点指示灯黄灯灭时，扣车操作无效，因为此时运营停车点已被取消。如果只是黄灯指示灯灯丝断丝，可以进行扣车操作；在 ATS 系统故障时，信号系统将自动进入 RTU 降级模式或 LOW 人工控制模式，此时只要运营停车点未取消，扣车操作有效。

七、VPI－3 安全型计算机联锁 HMI 子系统

应用于车站正线的车站操作员工作站（以下简称 HMI）由工控机、显示器、鼠标、键盘等设备组成。HMI 采用“N＋1”的系统结构，“N”套设备为主用设备，“1”套为备用设备。通常，HMI 显示器上显示站场，值班员用鼠标进行有关操作，系统给予简洁明了的表示和语音提示。

系统采用多窗口界面，在正常运行状态下主窗口显示站场图，下方是命令工具条，上方是设备状态栏，中间有可以移动的操作信息框。除此以外，系统还提供方便的菜单式窗口提示。

主窗口站场图的显示与 6502 基本一致，主要包括站场显示、各类报警表示灯、状态表示灯及操作按钮等。HMI 子系统操作界面如图 7-9 所示。

下面以北京地铁 2 号线为例介绍 VPI 安全型计算机联锁 HMI 子系统。

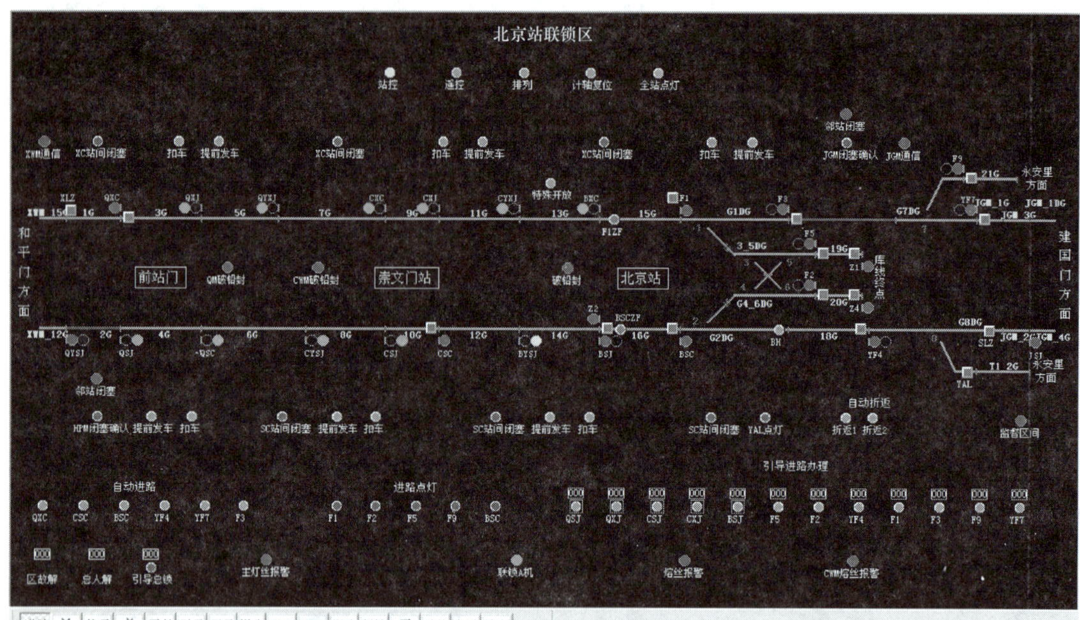

图 7-9　HMI 子系统操作界面

1. 系统启动

当 HMI 开机启动后，MMI 的界面上自动显示站场图形，但 MMI 不能进行任何操作。当 MMI 与联锁机通信正常后，MMI 上显示锁闭区段绿光带，“引导总锁闭”（道岔号显示红色）、“全站封锁”和“上电解锁”按钮亮红灯，此时应按以下顺序办理。

（1）取得操作权　查看鼠标台最上方灰色的设备状态栏中“IPS 操作主机 = × ×”和“操作序号 = × ×”提示文字中的数字是否一致。不一致时，用鼠标左键点击下部命令栏最右侧的【控制区域】，在弹出的对话框内“咽喉控制区——分配给 MMI”旁的下拉菜单中选择一个与“操作序号 = × ×”相同的号码使 IPS 操作主机号和操作序号数字一致，如图 7-10 所示。

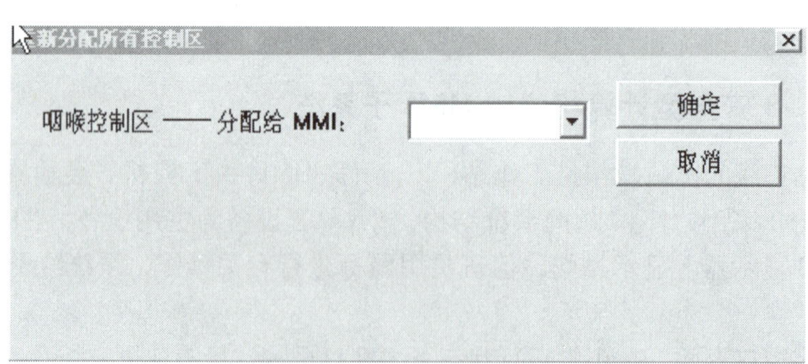

图 7-10　控制区域对话框

（2）解除“引导总锁闭”　单击下部命令栏中的【引导总锁】输入口令后，再单击“引导总锁”按钮灯，此时道岔名称由红色变为反映道岔当前状态的绿色（定位）或黄色（反位）。

（3）解除“全站封锁”　全站处于封锁状态时，不能对室外设备进行任何操作。单击下部命令栏中的【功能按钮】后，再单击下方中部的“全站封锁”按钮灯，“全站封锁”按

钮灯消失。

（4）办理“上电解锁” 单击下部命令栏中的【功能按钮】后，再单击下方中部的“上电解锁”按钮灯，“上电解锁”按钮灯消失，此时系统可以正常操作。

2. 主备机切换

系统正常运行时，如果主机发生故障，系统将自动切换到备机，通过状态栏闪烁的故障信息，值班员进行一次物理切换，即按压显示器切换开关上的按钮，可完成 MMI 的主备切换，并使备机取得控制权。

系统正常运行时，如果要对主备工控机进行切换，值班员首先进行一次物理切换（按压显示器切换开关上的按钮），然后单击【控制区域】，通过重新分配控制区域，使备机取得控制权。

3. 界面显示

（1）信号机 北京地铁 2 号线信号系统正线采用灭灯方式，即当系统工作正常时，轨旁信号机不点亮，列车运行以车载信号为行车信号。

当 CBTC 未正式投入使用，或主体信号发生故障时，系统将提供降级使用模式，通过办理相关手续点亮轨旁信号机，此时列车运行以轨旁信号显示为依据。在地面信号机点灯情况下，红灯信号和灭灯信号均视为禁止信号。

在 HMI 上，如果没有办理站间闭塞，没有办理全站点灯或者没有办理进路点灯手续，HMI 界面上显示信号机联锁逻辑实际状态并在信号机上画 ×，表示室外不点灯；当点灯时，隐藏“×”。

（2）道岔 道岔采用 ZD6 型转辙机，双动道岔室外按照两个单动处理。室内接口电路和联锁仍采用双动逻辑，即联锁机输出 1 组定操 1 组反操，同时采集 1 组定位表示和 1 组反位表示。

当道岔处在定位状态时道岔号显示绿色，处在反位状态时道岔号显示黄色，显示位置和信号平面图上的开通方向一致。

当道岔在四开位置超过 15s 时，道岔名和岔尖红闪，同时发出“道岔挤岔”语音报警和电铃，弹出“报警确认”对话框，操作人员按下该按钮，语音报警切除；道岔修复后，语音再次响起，弹出“报警确认”对话框，操作人员再次按下“报警确认”对话框，切断语音。道岔显示正常开通方向，道岔号码变为绿色或黄色，该道岔恢复使用。

道岔能人工单独操纵，也能进路选动和带动。单独操纵优先于进路选动和带动。当以进路控制方式操纵道岔时，进路上的道岔顺序选出。为使动作电流错开启动峰值，每次最多同时启动 2 组道岔，每次间隔时间为 300ms。

当联锁道岔处于区段占用、区段锁闭（进路锁闭）、保护进路锁闭以及人工单独锁闭时，道岔不能动作。

（3）列车位置信息 联锁系统所采用的列车位置信息是基于计轴信息、ATP 的闭塞信息和计轴的工作状态组合运算后得出的。HMI 按照计轴区域划分的长度显示每个分区的状态：占用、空闲、锁闭等。

闭塞分区空闲时显示蓝色光带；当有车占用时，闭塞分区显示红色光带；当区段锁闭时，区段显示白色光带或绿色光带，其中白色光带表示该区段锁闭并且不能用【区故解】手段解锁，绿色光带表示该区段锁闭并且可用【区故解】手段解锁。

（4）列车方向表示　仅在列车可折返的区段设置方向箭头，常态不显示，只有当进路建立并锁闭在一定的方向时才显示。列车运行方向用箭头表示，绿色（⬅）表示正向，黄色（➡）表示反向。其余正线部分不显示列车运行方向。

（5）设备状态表示灯　操作界面中设备状态表示灯主要有："主副电源"表示灯、"联锁机A机/联锁机B机"表示灯、"上/下行通信"表示灯、"邻站闭塞"表示灯、"停稳"表示灯、"安全门状态"表示灯、"隔断门状态"表示灯、"监督区间"表示灯、"破铅封"表示灯、"紧急关闭"表示灯、"保护进路"表示灯、延时解锁倒计时框等。

（6）按钮及其表示灯　操作界面中按钮均带有表示灯，主要包括：列车按钮、引导按钮、引导总锁按钮、全站封锁按钮、站控按钮、遥控按钮等。

4. 中心控制（遥控）与车站控制（站控）的转换

遥控转为站控或站控转为遥控，均由车站值班员根据中心调度员命令，采用按下"站控"或"遥控"按钮来完成，按钮表示灯同时给出车站状态显示。

（1）中心控制转为车站控制　车站信号设备处于中心控制状态时，"站控"按钮灯为灰色，"遥控"按钮灯为绿色。

车站值班员根据中心的调度命令，先单击【功能按钮】图标，再单击"站控"按钮灯，输入相应口令后按下"确定"键，"站控"按钮灯显示黄色，"遥控"按钮灯显示灰色。在车站控制状态下，车站值班员可办理以下作业：

① 进路始、终端按钮方式排列进路及取消。

② 自动进路、自动折返设置。

③ 进路点灯和全站点灯/灭灯，重复开放信号及关闭。

④ 自动站间闭塞办理及解除。

⑤ 扣车及取消扣车、提前发车。

⑥ 引导信号及引导总锁闭建立及取消。

⑦ 单独操纵道岔及单独锁闭道岔和解锁。

⑧ 区段人工解锁、上电解锁。

⑨ 显示信号名、道岔名、轨道区段名、车次窗。

⑩ 站控/遥控转换。

车站由中心控制转为车站控制后，除扣车命令以外的中心控制状态下的所有自动触发命令均被取消，如果中心有扣车命令，则车站保留该扣车命令，且该命令应由中心取消，只有在"中心故障"表示灯点亮时，车站才可取消该扣车命令。

（2）车站控制转为中心控制　车站未办理站间闭塞、自动进路、自动折返进路、引导、引导总锁及扣车等作业时方可进行转换，否则信息提示窗口给出报警。

车站值班员根据中心的调度命令，先单击【功能按钮】图标，再单击"遥控"按钮灯，输入相应口令后按下"确定"键，"遥控"按钮灯显示绿色，"站控"按钮灯显示灰色，车站控制转为中心控制。

当车站联锁系统处于中心控制状态时，正常运营的各种进路均由ATS系统自动办理；车站值班员只是利用HMI监督列车运行和ATS系统办理进路的情况。在中心控制状态下，车站值班员可办理以下作业：

① 单独锁闭道岔及解锁。

② 显示或隐藏信号名、道岔名、轨道区段名、车次窗。

③ 操作控制权的切换。

④ 站控/遥控转换。

5. 典型操作举例

（1）扣车　每个车站的上、下行发车口各设一套“扣车”按钮灯，常态为灰色。

在每个车站的操作员工作站和控制中心 ATS 均可进行扣车操作。其中，控制中心在站控/遥控状态下均可实现扣车功能，车站扣车功能只能在站控状态下实施。车站办理了扣车作业，表示灯点为黄色；当在遥控状态下控制中心办理了扣车作业，该表示灯点为绿色；当在站控状态下控制中心和车站都办理了扣车作业，该表示灯点为红色。

在自动站间闭塞模式下，当信号机内方有进路时，人工关闭车站正方向出站(或出站兼防护)信号机(所防护的进路继续保持进路的锁闭)，即可实现扣车作业。

取消“扣车”作业由办理方实施，通过办理“总取消”按钮再单击“扣车”按钮即可。

终止扣车作业后，检查有关联锁条件满足时，在站间闭塞模式下，相应的出站(或出站兼防护)信号机自动开放。

（2）提前发车　在车站和控制中心均可进行提前发车操作。在站控/遥控状态下控制中心均可实现提前发车功能，车站提前发车功能只能在站控状态下实施。车站操作的“提前发车”按钮灯点为黄色；当在遥控状态下控制中心办理了提前发车作业，该按钮灯点为绿色；表示灯点亮 3s 后自动恢复常态。提前发车功能仅控制发车计时器，不与信号机发生关系。

（3）自动进路　值班员单击【功能按钮】图标，再单击相应“自动进路”按钮表示灯，“自动进路”按钮灯绿色闪光，此时若满足联锁条件，相应进路自动建立、锁闭并开放信号，按钮灯转为绿色稳定灯光。

在 CBTC 模式下，自动进路在列车顺序占用、出清后进路区段保持锁闭，其防护信号机的显示一直保持开放，不随列车的运行而自动关闭或开放。在后备模式下，自动进路在列车顺序占用、出清后进路区段保持锁闭，其防护信号机的显示根据区段占用情况自动开放或关闭信号。

自动进路建立后进路空闲时，值班员单击【总取消】图标，再单击相应“自动进路”按钮灯，“自动进路”按钮灯恢复灰色，该进路转为普通列车进路，在列车顺序占用、出清后进路自动解锁；若进路占用时办理取消自动进路功能，则列车出清进路后，一般进路不能正常解锁，需要总取消或总人解方式将进路解锁。

（4）自动折返　值班员单击【功能按钮】图标，再单击相应“自动折返”按钮灯，“自动折返”按钮灯点为黄色，此时若满足联锁条件，由联锁自动进行进路建立、锁闭并开放信号。

在“自动折返”进路设置前若相应进路已存在，此时办理自动折返进路，则原进路转为自动折返进路。

自动折返进路由多条进路组成，随自动折返按钮的按下和列车运行循环选路；在列车顺序占用、出清后进路自动分段解锁，并能按顺序在收到列车停稳信息后排列自动折返的其他进路。

有两条(或以上)折返线的车站，根据需要设自动折返进路按钮，同时只能有一个按钮有效。

(5) 全站点灯　值班员单击【功能按钮】图标，再单击“全站点灯”按钮灯，屏幕上弹出“操作确认窗口”，值班员确认办理后，该设备站所辖范围内的所有闭塞、进路点灯均启用，“全站点灯”按钮灯点为绿色，此时室外信号机点亮相应状态灯光，室内HMI上信号机灯位给出相应颜色显示。

(6) 进路点灯　“进路点灯”只能在站控下办理该操作。

值班员单击【功能按钮】图标，再单击“进路点灯”，该按钮显示红色。该“进路点灯”所定义范围内的顺向信号机点亮。如果之前进路已锁闭并信号开放条件成立，则信号机显示从“×”转为正常显示。如果没有进路，则办理该范围内的进路，在检查联锁条件且进路锁闭，信号机开放并点灯。

(7) 自动闭塞　“自动闭塞”操作只能在站控下办理。

值班员单击【功能按钮】图标，再单击“自动闭塞”，如果该区间无车，则该灯显示红色；如果区间有车，则弹出“操作确认窗口”，需要值班员人工确认列车已经停止后，才能办理该操作。一旦该操作有效，则相关信号机点亮。

对于无进路的区间，办理了“自动闭塞”操作后，如果区间无车，则出站信号机绿闪；如果区间有车，则出站信号机点为红灯；对于有进路的区间，办理了“自动闭塞”操作后，如果进路已经办理，则条件满足后，信号机直接点绿闪；如果进路未办理，则出站信号机红灯。

(8) 闭塞确认　“闭塞确认”操作只能在站控下办理。

值班员单击【功能按钮】图标，再单击“闭塞确认”，该灯显示红色。该操作需要办理的前提是：邻站要办理往本站的“站间闭塞”，此时需要本站的值班员按下“闭塞确认”后，邻站的操作才能最终有效。

除上述外，其余如排列进路、转换道岔、引导接车等操作与6502、计算机联锁基本一致。

6. 应急盘

当“联锁机A机”指示灯和“联锁机B机”指示灯都灭(即联锁机A机和联锁机B机的工作继电器都落下)，系统会自动切换到应急盘控制状态，通过应急盘可办理道岔单操和引导接车。

当全站处于应急盘控制状态时，应急盘上的“VPI故障”表示灯亮红色；值班员可办理单操道岔和引导接车，具体操作如下：

1) 同时按下“总定”(或“总反”)和相应道岔的道岔按钮，将道岔单操至所需的位置。

2) 再按下“引导总锁”按钮，引导总锁按钮表示灯亮红色，表示全站处于引导总锁状态。

3) 然后再按下相应的“引导”按钮，此按钮亮黄色，松开此按钮，该按钮的黄色表示灯灭。

4) 引导信号开放，进站信号机显示白灯。如要关闭引导信号时，需在人工确认列车已完全进入股道或列车确实还没进站的情况下，再次按下“引导总锁”按钮，引导总锁表示灯灭，引导信号关闭。

当系统恢复正常后，需要人工干预才能切换到计算机工作状态，只需按压一下应急盘上的“VPI 恢复”按钮，待“VPI 故障”表示灯灭后，就可恢复到计算机联锁工作状态。

需要说明的是：应急控制盘与 VPI 子系统不能同时操作，而且应急盘操作属于无联锁操作，安全完全需要由人工保障。

项目实施

任务一　了解 SICAS 联锁设备组成

1. 目标

1）了解 SICAS 联锁及功能。

2）了解 LOW 工作站操作界面各组成部分及操作特点。

2. 设备

联锁室外设备、SICAS 联锁室内设备、LOW 工作站。

3. 实施步骤

1）观察城市轨道交通正线车站室外信号设备，与车辆段室外信号设备进行比较。

2）观察 SICAS 联锁设备及 LOW 的设备，了解设备组成及作用。

3）观察 LOW 工作站界面，了解其操作特点，与车辆段计算机联锁进行比较。

4）学习 LOW 工作站与 OCC 的控制权转换。

任务二　LOW 的操作

1. 目标

1）掌握 LOW 工作站的操作方法。

2）掌握 LOW 工作站操作界面的显示意义。

3）掌握城市轨道交通公司《行车组织规定》对于在 LOW 工作站进行操作的有关规定。

2. 设备

LOW 工作站模拟软件、城市轨道交通公司《行车组织规定》。

3. 实施步骤

1）对轨道区段的操作：封锁区段、解封区段、强解区段、轨区逻空、轨区设限等。

2）对道岔的操作：单独锁定、转换道岔、强行转岔、封锁道岔、岔区逻空、岔区设限等。

3）对信号机的操作：关单信号、封锁信号、开放信号、开放引导等。

4）熟练掌握 LOW 工作站操作界面上道岔、轨道区段、信号机各设备的现实意义。

5）学习城市轨道交通公司《行车组织规定》关于 LOW 工作站操作的有关规定。

任务三　模拟城市轨道交通正线作业

1. 目标

1）掌握城市轨道交通正线日常作业过程。

2）掌握城市轨道交通正线非正常作业过程，在作业中能够正确执行有关规定。

2. 设备

城市轨道交通正线沙盘、与沙盘连接的 LOW 工作站模拟设备。

3. 实施内容

能够正确完成以下操作，并执行《行车组织规定》有关规定：

1）在自动办理进路时，正线车站应进行的操作。

2）人工排列进路时，正线车站接发列车应进行的操作。

3）模拟工程车作业时，按照有关施工计划正线应进行的操作。

4）在设备故障等情况下，执行非正常作业办法。

5）列车由正线进出车辆段时，正线车站应进行的操作。

拓展与提高

一、LOW 死机的处理

当 LOW 发生死机故障时，必须复位 LOW 的主机。复位 LOW 主机的步骤是：

1）同时按下 Ctrl + Alt + Del 键，在弹出 Windows NT security 任务管理对话框后，用 Tab 键（或鼠标）选择 logoff 按钮，然后按回车确认，系统自动复位。若同时按下 Ctrl + Alt + Del 键后主机无反应，则关闭主机电源，10s 后重新打开主机电源，系统自动复位。

2）在系统自动复位过程中，根据界面提示同时按下 Ctrl + Alt + Del 键后立刻弹出 Windows NT 登录窗口，在用户名区域输入 operator 后，然后按回车确认，系统将自动装载中文之星和 LOW 软件。

3）当界面出现联锁区域的轨道图像及其功能软键时，即重启完毕。

二、LOW 全灰的处理

1）检查主机背面的双通道光纤接头是否松动或脱落，确认后进行紧固处理，否则应判断 SICAS 计算机是否正常。

2）若确认 SICAS 计算机正常，则判断出 LOW 发生故障，需重启 LOW 主机。

3）若确认 SICAS 计算机故障，在故障恢复后，LOW 显示全区粉红光带。此时必须执行“全区逻空”和“重启令解”命令。若操作权限无“全区逻空”功能，只能执行“轨区逻空”或“岔区逻空”命令来逻空每个区段。

三、轨道电路故障的处理

1. LOW 显示全区粉红光带故障

在确认线路空闲及安全前提下，执行“全区逻空”命令。若操作权限无“全区逻空”功能，只能对每个轨道区段执行“轨区逻空”或“岔区逻空”命令。

2. LOW 显示全区红光带故障

在确认线路空闲及安全前提下，可对某个道岔执行“强行转岔”和某个信号机执行“开放引导”命令。

3. 进路的监控区段出现红光带故障

在确认线路空闲及安全前提下，可执行“开放引导”命令。

4. 在 LOW 上显示轨道区段红光带故障

列车在有 ATP 保护下以 SM、ATO 或 AR 模式驾驶时能在故障区段前自动停稳。当列车停下来后，列车只能用 RM 或 URM 模式起动，当选用了 RM 模式起动后，列车必须通过三个轨道区段(含故障区段)，占用了第四个区段后才可以转换成 SM 或 ATO 模式驾驶。因此，当在确认线路空闲及安全的前提下，且此区间距离较短时，为提高行车效率，可建议驾驶员提前使用 RM 或 URM 模式驾驶。

5. 在 LOW 上显示轨道区段粉红光带故障

在确认线路空闲前提下，对本区段执行“轨区逻空”或“岔区逻空”命令。

6. 进路的监控区段(含道岔区段)出现不能正常解锁故障

对故障区段执行“强解区段”或“强解道岔”命令。与即将排列进路方向相同的非监控区段出现不能正常解锁故障时，进路依然可以排列。

四、轨旁 ATP 故障的处理

当 LOW 出现全部轨道区段编码灰色闪烁，说明轨旁 ATP 功能已失效。此时，驾驶员只能使用 RM 或 URM 模式驾驶列车。

五、道岔故障的处理

1. 道岔区段左右位长闪(即道岔挤岔故障)

1）在无进路状态下，发生道岔区段左右位长闪(即道岔挤岔故障)。处理方法是：

① 判断有无列车变更进路，如有则办理变更进路。

② 在确认道岔区段空闲及安全前提下，执行“挤岔恢复”命令。若故障仍存在，则通知维修人员。

③ 执行“转换道岔”命令对道岔进行左/右位转动操作两次后故障仍不能恢复时，只能人工办理进路。

2）在进路建立后，发生道岔区段左右位长闪(即道岔挤岔故障)。同样按照 1)的步骤处理。但要注意：此时信号立刻降为非监控层，故障道岔仍被电子锁定，要执行取消进路或强解道岔区段操作(一般执行取消进路命令)之后，才能执行“挤岔恢复”命令和转换道岔的操作。

2. 道岔左位或右位短闪(即道岔无表示故障)

1）在无进路状态下，发生道岔左位或右位短闪(即道岔无表示故障)。处理方法是：

① 判断有无列车变更进路，如有则办理变更进路。

② 在确认道岔区段空闲及安全前提下，执行“转换道岔”命令对道岔进行左/右位转动操作两次后故障仍不能恢复时，只能人工办理进路。

2）在排列进路过程中，发生道岔左位或右位短闪(即道岔无表示故障)。信号处在非监控层，故障道岔没有被锁闭，可以执行转换道岔命令。若此故障是因为室外道岔机械问题造成的，则有可能人工操作道岔几个来回后能使道岔恢复正常。当遇到这种情况时的处理方法是：直接对故障道岔操作几个来回确认。

3）进路建立后，发生道岔左位或右位短闪(即道岔无表示故障)。同样按照 1)的步骤处理。但要注意：此时信号立刻降为非监控层，故障道岔仍被电子锁定，要执行取消进路或强解道岔区段操作(一般执行取消进路命令)之后才能转换道岔。

3. 道岔连接中断故障

道岔连接中断时，在LOW显示相应的道岔区段灰色。通常是两副道岔同时故障。处理方法是：

① 判断有无列车变更进路，如有则办理变更进路。

② 若在允许时间内，故障不能恢复，只能人工办理进路。

4. 道岔标号闪烁

此时如果通过此道岔排列进路，信号处在引导层，对道岔执行“岔区逻空”命令后，方可正常开放信号。

六、信号机故障的处理

1. 信号机连接中断故障

现象：在LOW显示相应的信号机灰色，通常是两个信号机同时故障。

1）若其中一个故障信号机作为始端信号机，另一个故障信号机不属于要排列进路的侧防信号机，进路可建立，信号不能开放，当始端信号机故障恢复后才能开放信号。

2）若其中一个故障信号机作为终端信号机，信号只能达到引导层。只要始端信号机正常，可开放引导信号。

2. 始端信号机编号闪

始端信号机编号闪可能是红灯主灯丝故障、绿灯或黄灯灭灯，应仔细查看报警信息内容确定故障类型。

1）红灯主灯丝故障，不会影响信号的正常开放。

2）绿灯灭灯时，能正常开放通过弯股线路的黄灯信号，列车要通过直股线路，只能凭引导信号通过。

3）黄灯灭灯时，能正常开放通过直股线路的绿灯信号，但列车要通过弯股线路时，信号不能开放。

3. 信号机红灯灭灯

现象：信号机机柱和灯头红闪。

1）作为始端信号机，进路可建立。信号机显示绿红(闪)红(闪)，信号可达到主信号层。只要故障恢复后能开放信号。

2）作为终端信号机，进路可建立。信号只能达到引导层。只要始端信号机正常，可开放引导信号。

复习思考题

1. SICAS联锁系统由哪些部分组成？
2. SICAS联锁系统的进路设置方式有哪些？
3. SICAS联锁系统的进路由哪些部分组成？说明各部分的作用。
4. 举例说明什么是“安全相关操作命令”？什么是“常规操作命令”？
5. 说明LCP盘的作用及操作。

项目八　ATC系统概述

知识要点

1. 掌握 ATC 系统在城市轨道交通信号系统中的作用。
2. 掌握 ATC 系统的组成及基本功能。
3. 掌握 ATC 系统与其他系统的接口。

相关理论知识

一、ATC 系统的作用

列车自动控制系统简称为 ATC 系统(Automatic Train Control system)。城市轨道交通的运营线路封闭，它的主要作业是运送旅客，运营线路不长，站与站之间的距离较短，列车以中低速行驶，这些特点为线路上的列车进行安全高效运营提供了有利条件。因此在城市轨道交通中，ATC 系统的作用是保障列车行车安全和提高运营效率。

1. 保障行车安全

列车行车安全是由列车自动控制系统中的列车自动防护系统，即 ATP 系统来完成。ATP 系统与列车的牵引制动系统一道控制列车运行速度，防止列车超速行驶。设备在故障情况下遵循故障导向安全原则，确保运营安全。

2. 提高运营效率

列车自动控制系统能实现列车自动驾驶，列车根据运营计划自动完成运营作业，可以有效减少列车驾驶员、调度和车站人员的工作强度，确保列车正点运营，有效提高运营作业效率。

二、ATC 系统构成

1. 按设备功能划分

ATC 系统从功能分主要包括三个子系统。

1) 列车自动防护子系统(Automatic Train Protection,简称 ATP)，主要作用是防止列车追尾、冲突事故的发生，并控制列车的运行速度不超过允许的最高速度；

2) 列车自动运行系统(Automatic Train Operation,简称 ATO)，主要作用是实现列车自动驾驶，并使列车在设定的车站自动停车；

3) 列车自动监控系统(Automatic Train Supervision,简称 ATS)，主要作用是对线路上运行的所有列车进行监督和管理，控制列车根据列车运行图完成运营作业。

三个子系统的功能既能相对独立，又紧密相连，通过信息交换网络构成闭环系统，实现地面控制与车上控制结合、现地控制与中央控制结合，构成一个以安全设备为基础，集行车指挥、运行调整以及列车驾驶自动化等功能为一体的列车自动控制系统。

2. 按设备安装位置划分

ATC 系统组成及安装位置如图 8-1 所示，按设备安装位置可分成以下三部分：

1）轨旁设备：包括线路上、信号设备室内信号设备，如图 8-1 中的车站联锁、轨旁设备等。

2）车载设备：指安装在车上的信号设备，如图 8-1 中的车载 ATP、车载 ATO 等。

3）控制中心设备：指安装在控制中心的 ATS 设备，如图 8-1 中的调度员终端、服务器等。

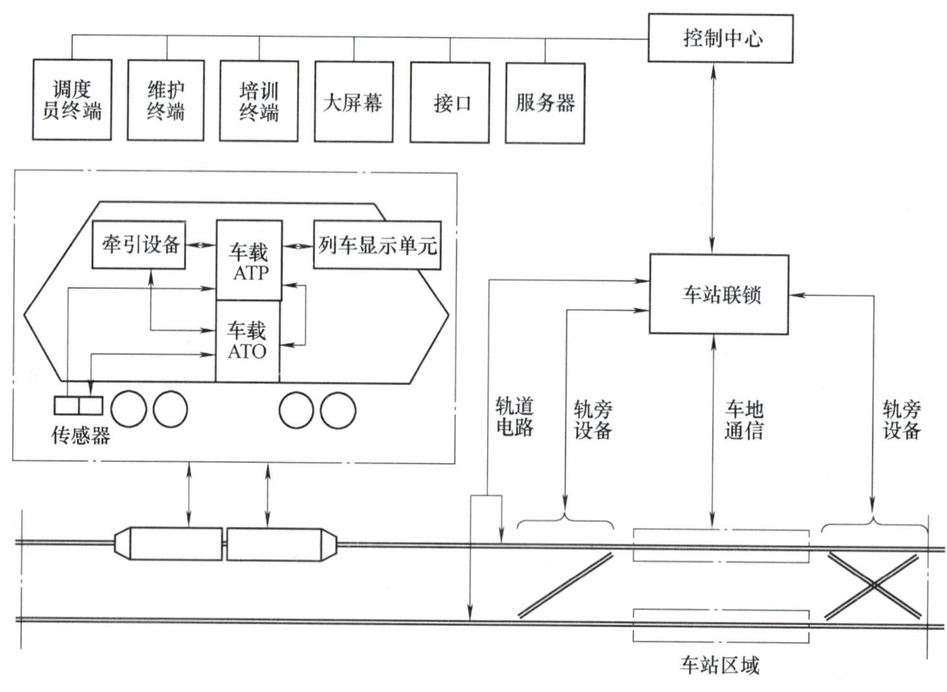

图 8-1 ATC 系统组成及安装位置图

三、ATC 系统功能

1. ATP 系统

ATP 系统由地面设备、车载设备组成，通过对列车运行速度的控制，保证列车在允许的运行速度值范围内运行，确保列车一旦超过规定速度，立即施行制动。主要实现以下功能：

1）自动连续地对列车位置进行检测，并向列车发送必要的速度、距离、线路条件等信息，以确定列车运行的最大安全速度。提供列车速度保护，在列车超速时提供常用制动或紧急制动，保证前行与后续列车之间的安全间隔，满足正向行车时的设计行车间隔和折返间隔。对反向运行列车能进行 ATP 防护。

2）确保列车进路正确及列车的运行安全。确保同一径路上的不同列车之间具有足够的安全距离，以及防止列车侧面冲撞等。

3）防止列车超速运行，保证列车速度不超过线路、道岔、车辆等规定的允许速度。

4）为列车车门的开启提供安全、可靠的信息。

5）根据联锁设备提供的进路上轨道区间运行方向，确定相应轨道电路发码方向。

6）任何车—地通信中断以及列车的非预期移动(含退行)、列车完整性电路的中断、列车超速(含临时限速)、车载设备故障等均将产生安全性制动。

7）实现与ATS的接口和有关的交换信息。

8）系统的自诊断、故障报警、记录。

9）列车的实际速度、推荐速度、目标速度、目标距离等信息的记录和显示。具有人工或自动轮径磨耗补偿功能。

2. ATO系统

ATO系统是控制列车自动运行和车站自动停车的设备，由车载设备和地面设备组成，在ATP系统的保护下，根据ATS的指令实现列车运行的自动驾驶、车辆识别、速度的自动调整、列车车门控制、性能调整和发车测试等，具体表现为：

1）自动完成对列车的起动、牵引、巡航、惰行和制动的控制，以较高的速度进行追踪运行和折返作业，确保达到设计间隔及旅行速度。

2）在ATS监控范围的入口及各站停车区域(含折返线、停车线)进行车—地通信，将列车有关信息传送至ATS系统，以便于ATS系统对在线列车进行监控。

3）控制列车按照运行图进行运行，达到节能及自动调整列车运行的目的。

4）ATO自动驾驶时实现车站站台定点停车控制、舒适度控制及节省能控制。

5）能根据停车站台的位置及停车精度，自动地对车门进行控制。

6）与ATS和ATP结合，实现列车自动驾驶、有人或无人驾驶。

3. ATS系统

ATS系统由控制中心、车站、车辆段以及车载设备组成，通过ATP系统和ATO系统，实现对列车运行的自动监控，并实现以下基本功能：

1）获取控制和监督列车运行的基础信息：通过ATS车站设备获取轨道占用与空闲状态、进路状态、列车识别、信号设备故障等信息。

2）实现进路控制：根据联锁表、计划运行图及列车位置，自动生成输出进路控制命令，传送至车站联锁设备，设置列车进路、控制列车停站时分。进路控制包括控制中心自动控制、控制中心人工控制、车站自动控制及车站人工控制几种形式。

3）列车识别号跟踪、传递和显示：系统能自动完成正线区段内列车识别号(服务号、目的地号、车体号)跟踪，列车识别号可由中央ATS自动生成或调度员人工设定、修改，也可由列车经车—地通信向ATS发送识别号等信息。

4）列车时刻表编制和管理：列车计划与实迹运行图的比较和计算机辅助调度功能。能根据列车运行实际的偏离情况，自动生成调整计划供调度员参考或自动调整列车停站时分，控制发车时间。

5）列车运行的自动调整及人工调整：在计算机辅助下完成对列车基本运行图的编制及管理，并具有较强的人工介入能力。ATS设在车辆段的终端，向车辆段管理及行车人员提供必要的信息，以便编制车辆运用计划和行车计划。

6）列车运行及信号设备的监督和报警：列车运行显示屏及调度台显示器，能对轨道区段、道岔、信号机和在线运行列车等进行监视，能在行调工作站上给出设备故障报警及故障源提示。

7）系统故障时降级处理及故障复原处理：ATS 中央故障情况下的降级处理，由调度员人工介入设置进路，对列车运行进行调整，由 ATS 车站完成自动进路或根据列车识别号进行自动信号控制，由车站人工进行进路控制。

8）培训和演练：能在中央专用设备上提供模拟和演示功能，用于培训及参观。

9）为旅客提供向导显示信息：向无线通信、广播、旅客向导系统提供必要的信息，主要内容有列车到达时间、目的地及列车终到、末班列车等。

10）数据记录、统计和打印：自动进行运行报表统计，并根据要求进行显示打印。

11）与其他系统接口。

四、信号系统运营模式

1. ATS 自动监控模式

正常情况下 ATS 系统自动监控在线列车的运行，自动向联锁设备下达列车进路命令，列车在 ATP 的安全保护下由驾驶员按规定的运行图时刻表驾驶列车运行。控制中心行车调度员仅需监督列车和设备的运行状况。每天开班前，控制中心调度员选择当日的行车运行图/时刻表，经确认或作必要的修改，作为当日行车指挥的依据。

2. 调度员人工介入模式

调度员可通过工作站发出有关行车命令，对全线列车运行进行人工干预。调整列车运行计划包括对列车实施“扣车”、“终止站停”、改变列车进路、增减列车等。

3. 列车出入车辆段调度模式

车辆调度员根据当日列车运行图/时刻表编制车辆运用计划和段内行车计划，并传至控制中心。车辆段信号值班员按车辆运用计划设置相应的进路，以满足列车出入段作业要求。

4. 车站现地控制模式

除设备集中站外，其他车站不直接参与运营控制，车站联锁和车站 ATS 系统结合实现车站和中央两级控制权的转换。在中央 ATS 设备故障或经车站值班员申请，中央调度员同意放权后，可改由车站现地控制。

在现地控制模式下，车站值班员可直接操纵车站联锁设备，可将部分信号机置于自动模式状态，也可将全部信号机设为自动模式状态，控制中心行车调度员应通过通信调度系统与列车驾驶员、车站值班员保持联系。

5. 车辆段控制模式

列车出入车辆段和段内的作业均由车辆段值班员根据用车计划，直接排列进路。车辆段与正线之间设置转换轨，出入段线与正线间采用联锁照查联系保证行车安全。

五、列车驾驶模式

城市轨道交通列车自动控制系统为列车驾驶提供了几种不同的方式，以便在不同的情况下，对列车进行最有效的控制，保证列车运行安全和提高运营效率。列车在正线、折返线上运行作业时，常用 ATO 自动驾驶模式和 ATP 监督下的人工驾驶模式，限制人工驾驶和非限制人工驾驶模式均为非常用模式。

1. ATO 自动驾驶模式

在这种驾驶模式下，列车自动控制系统的三个子系统 ATP、ATO 和 ATS 都在正常运行，列车在 ATC 系统控制下自动完成运营作业。列车起动后，在 ATP 设备安全保护下，车载 ATO 设备自动控制列车加速、巡航、惰行、制动，并控制列车在车站的停车位置，开关车门，驾驶员仅需监督 ATP/ATO 车载设备运行状况。

2. ATP 监督下的人工驾驶模式(SM 模式)

线路条件不好或恶劣天气等不适宜使用 ATO 的情况下，可以使用这种驾驶模式。这种情况下列车上的 ATO 系统已经旁路，列车由驾驶员人工驾驶。列车起动后，车载 ATP 设备根据地面提供的信息，自动生成连续监督列车运行的一次速度模式曲线，实时监督列车运行。驾驶员根据 ATP 显示的速度信息驾驶列车，当列车运行速度接近限制速度时，提出报警；当列车运行速度超过限制速度时，ATP 车载设备将对列车实施制动。

3. 限制人工驾驶模式(RM 模式)

这种模式下，ATP 只提供对一定的设定速度(25km/h)的超速防护，驾驶员以不超过该限制速度驾驶列车，列车运行安全由驾驶员负责；当列车超过该限制速度时，ATP 车载设备则对列车实施制动。

4. 非限制人工驾驶模式(URM 模式)

在车载 ATP 设备故障状态时，可采用非限制人工驾驶模式。这种模式下车载 ATP 和 ATO 都已经旁路，ATP 不对列车运行起监控作用，列车运行安全由驾驶员、调度员、车站值班员共同负责。

列车两端的驾驶室里安装有对应的列车驾驶模式选择开关，用来选择列车的驾驶模式。

5. 列车折返模式(AR 模式)

列车在 ATP 监督人工驾驶模式下折返时，列车由人工驾驶自到达股道牵出至折返线，由驾驶员转换驾驶端，并折返至发车股道。

在 ATO 有人驾驶模式下折返时，列车能以较合理的速度从到达股道牵出至折返线，由驾驶员转换驾驶端和起动列车，然后从折返线进入发车股道。

上述五种基本运营模式在满足一定条件后可以互相转换。

六、试车线

试车线设置于车辆段内，如附录 B 所示，其主要功能是在列车安装及检修完 ATP 和 ATO 设备后的静态、动态测试。试验人员通过在轨道电路设置不同速度信息可检验车载设备性能，通过模拟站台设备可检验列车的车站定位停车和站台停车后的信息交换等。

试车线的设备主要包括：轨道电路设备、与正线相同的 ATO/ATP 轨旁设备、试车线试验计算机、用于紧急停车时与车辆段联锁系统的接口、精确停车环线、PTI 环线、电源系统、故障诊断及维修工作站等。

试车线的进路由车辆段计算机负责设定，试车线没有联锁，使用试验计算机模拟必要的联锁关系。通过试验计算机模拟 ATP 轨旁单元联锁接口以完成各项相关试验。为了测试车辆，ATP 轨旁单元内存储一条典型的速度曲线，并在试车线两端每一行驶方向设置运营停车点。

七、ATC 系统应用举例(以国内某轻轨公司为例)

某轻轨公司的列车自动控制系统(ATC)是由驾驶员辅助操作的全自动系统，ATC 通过固定闭塞设计来完成列车运行自动控制功能，允许双向自动控制。通过控制系统的调整，车上设备、轨旁设备、站内设备及控制中心(OCC)等相互作用发出控制命令来达到以下三个主要功能：

自动列车防护（ATP)——防止列车出轨和撞车。

自动列车运行（ATO)——控制列车运行和车站停车。

自动列车监控（ATS)——按照列车时刻表来监督列车运行。

以上三种功能中的每一种，在一定范围内独立于其他两种。这三种功能的相互作用是由控制中心的计算机协调，形成综合实时控制系统。

1. 系统组成

ATC 系统中的列车占用检查和车载信号功能是通过无绝缘音频数字轨道电路系统(USSI AF-904 ™)来完成。安全和非安全轨旁逻辑是使用安全和非安全微处理器，安全逻辑使用 USSI MicroLok® II 系统，非安全逻辑使用 NVLE 系统；车载 ATC 是使用 USSI MicroCab®车载系统来完成。

轨旁信号系统包括数据传输系统(DTS)。DTS 系统在轨旁和控制中心之间传输命令和显示反馈。

ATC 系统按设备安装位置可分成以下三个分类：

轨旁——现场设备、信号设备室、信号控制室。

车载——车上的设备和单元。

中心——ATS 设备位于控制中心。

整个系统的控制是通过调度员使用 ATS 功能来完成的，这些调度员分布在全线的不同位置，包括控制中心和本地轨旁 NVLE 集中站。根据具体的运行模式，列车驾驶员也可通过车载 ATC 来完成行车控制，这一功能是运营规定所允许的。OCC 与轨旁及轨旁信号设备室(SER)之间的通信是通过数据传输系统(DTS)来完成的。DTS 在不同的集中站之间传递命令和显示反馈。车载设备与轨旁设备之间的通信由车地通信系统(TWC)完成。轨旁 ATC 设备与车载 ATC 设备间的安全信息传送是通过 USSI AF-904 ™轨道电路完成。

2. 轨旁 ATC 设备

轨旁信号系统控制设备安装在轻轨线路设备集中站内的信号设备室(SER)和信号控制室(SCR)中。轨旁系统包括了下列主要子系统：

1）MicroLok II 安全联锁控制器，其功能是集中控制联锁区间的转辙机和信号机。

2）MicroLok II 轨道电路控制器，其功能是控制 AF-904 轨道电路。

3）非安全逻辑发生器(NVLE)和车站控制微机(SCC)，SERs 安装冗余 NVLE 设备，为 OCC 与联锁设备之间提供接口；SCRs 安装 SCC 设备，可被维护人员用来在 SCC 监视器上显示控制区域内的联锁和轨道的状态，也可在紧急情况时或在维护时由本地车站调度员来在本地完成列车控制。

4）AF-904 轨道电路，完成列车占用检查和向运行列车上车载 MicroCab 系统传输信号数据的功能。AF-904 轨道电路用于正线、存车线、车辆段停车场出入库线和试车线上。

5）微电子相敏轨道电路，用于联锁区间内渡线区段的列车占用检查。

6）车地通信系统（TWC），用于车站站台区域向车上传输控制和进路信息，并通过它将ATC/列车状态信息传回轨旁和OCC。

3. 车载ATC设备

每个车载控制系统的基本子系统和部件包括：

1）ATP、ATO/TWC子系统的电子设备机柜，包括双套冗余的ATP子系统和一套ATO/TWC子系统。

2）一个带有专用电源的操作员状态显示单元（ADU）。

3）2个ATP（车载信号编码）接收线圈和接线盒。

4）2个独立速度传感器。

5）1个TWC天线。

驾驶员操纵台上设置有显示单元及速度表等，用于显示列车车次号、列车目的地号、列车运行等级、列车长度等信息，驾驶员操作台还有车次号和目的地号的设定开关，以及起动、停车、程序停车、跳停、慢行、超速等指示灯和其他相关的按钮。

ATP/TWC接收线圈，设于列车第一个轮对前方，其线圈的中心线对准每根钢轨的中心，二组接收线圈串接，用于接收地面ATP速度信息、开门信息以及TWC信息。

速度传感器是车轴脉冲发生器，用它来获取实际的列车运行速度和运行距离信息。一般设置二个速度传感器，分别设在车辆的不同轴和不同侧。

TWC发送天线，安装在列车底部，第一轮轴前方，其中心对准轨道线路的中心线，通过天线将列车运行状态信息送至地面，经联锁集中站TWC模块将信息转送至控制中心。

此外，根据ATC系统不同，车辆底部沿车辆纵向中心线还可安装车载对位天线和标识器检测线圈。

车载对位天线用于接收对位停车点的地面“对位线圈”信息（有源），并向地面传送列车“已经对位”的信息，通过地面“对位线圈”和“对位模块”，交换对位信息和向地面发送列车长度信息，使相应长度的站台屏蔽门开启。

离车站对位停车点的固定距离处设置标识器，标识器检测线圈位于对位天线的后方，它用于检测地面标识器信息。

列车驾驶室有一套ATC设备，通过接收线圈接收来自轨旁的进路地图、轨道状态、临时限速、运营调整等指令信息。列车通过或停在信标上方时，专用的初始化信标信息可以对列车位置重新定位。列车进站时，车载设备通过接收由站台定位信标发来的定位信息实现车站程序对位停车控制。

4. 中央ATC设备

计算机系统将采用商用硬件平台。系统具有分布式的网络结构并有冗余的服务器处理器，一个冗余的以太LAN网，带有图形显示和处理能力的操作员计算机，以及一个全线显示屏。

一个数据传输系统（DTS）在整个系统形成ATC系统的内在结构。USSI提供的DTS设备是通过业主提供的分布式光缆来连接的。DTS系统采用了容错的双环网络结构，作为所有ATC集中站之间的通信干线。

任务一 了解 ATC 系统现场教学

1. 目标

了解 ATC 系统各部分设备的组成。

2. 设备

城市轨道交通车站轨旁设备及室内设备，车载 ATP 及 ATO 设备、调度中心 ATS 设备。

3. 实施步骤

1）车站教学：参观了解车站轨道电路及轨旁设备。

2）车上教学：参观电动列车 ATP 及 ATO 设备。

3）调度中心教学：参观调度中心 ATS 设备。

任务二 了解 ATC 系统录像教学

1. 目标

了解 ATC 系统各部分的应用。

2. 设备

城市轨道交通 ATC 系统教学录像。

3. 实施步骤

1）观看教学录像，观看城市轨道交通 ATC 系统的有关教学录像。

2）讨论：ATC 系统主要由哪些部分组成？各部分的主要作用是什么？

一、ATC 系统与其他机电控制系统的接口

1. 与列车的接口

ATC 车载系统要完成对列车的安全保护和自动控制，它与列车之间存在复杂的接口关系，这些接口简称为列车线。例如，车门控制接口、牵引接口、制动接口等。

2. 与通信的接口

信号系统与通信系统的旅客向导系统、无线列调系统、广播系统、综合数据处理系统等接口，为这些系统提供有关列车位置和速度信息等。信号系统从通信时钟系统获得时钟信息，统一全线系统所使用的时钟。

3. 与屏蔽门的接口

信号系统与安装在站台上的屏蔽门之间进行信息交换，实现列车车门和屏蔽门有序安全开门和关门。

二、不同闭塞制式的 ATC 系统

城市轨道交通列车自动控制系统 ATC，按照 ATP/ATO 制式的不同可分为：固定闭塞式 ATC 系统，准移动闭塞式 ATC 系统，移动闭塞式 ATC 系统。

1. 基于传统的音频轨道电路的固定闭塞 ATC 系统

固定闭塞又称为分级速度控制方式或阶梯式速度控制模式，将线路划分为固定的闭塞分区，用轨道电路检测和表示列车位置及列车间距。轨道电路提供分级速度信息，实施阶梯式速度监督，列车只需要获得轨道电路提供的速度信息即可完成列车超速防护，使列车由最高速度逐步降至零，其制动安全性依靠合理安排自动闭塞分区长度来保证。列车超速时由设备自动实施最大常用制动或紧急制动，使列车安全停车。

但这种方式的列车定位以固定区段为单位，线路条件和列车参数等均需在闭塞设计过程中加以考虑，并体现在闭塞分区的划分中，存在以下不足，无法满足提高系统能力、安全性和互用性的要求：

1）轨道电路工作稳定性易受环境影响，如道碴阻抗变化、牵引回流干扰等。

2）所传输的信息量少，对应每个闭塞分区只能传送一个信息代码。

3）利用轨道电路难以实现车对地的信息传输。

4）固定闭塞的闭塞分区长度是按最不利条件设计的，分区较长，一个分区只能被一个列车占用，不利于缩短列车运行间隔。

5）由于只能确定前行列车所在闭塞分区，因此追踪列车制动的起点和终点总在某一分区边界。为了充分保证安全，必须在两列车之间增加一个防护区段，这使得列车间的安全间隔较大，影响线路的使用效率。

2. 基于报文式轨道电路的准移动闭塞 ATC 系统

准移动闭塞对前后列车的定位方式是不同的。前行列车的定位仍沿用固定闭塞的方式，而后续列车的定位则采用连续的或称为移动的方式。由于准移动闭塞同时采用移动和固定两种定位方式，所以它的速度控制模式既具有无极（连续）的特点，又具有分级（阶梯）的性质。若前行列车不动而后续列车前进，其最大允许速度是连续变化的；而当前行列车前进，其尾部驶过固定区段的分界点时，后续列车的最大速度将按阶梯跳跃上升。而被控列车的位置是由列车自行实时（移动）测定的，所以其最大允许速度的计算只能在车上实现。

准移动闭塞系统采用在传统轨道电路上叠加信息报文的方法，即把列车占用/空闲检测和 ATP 信息传输合二为一，通过音频轨道电路的发送设备向车载设备提供目标速度、目标距离、线路状态（曲线半径、坡道）等信息，ATP 车载设备结合固定的车辆性能计算出适合本列车运行的速度/距离曲线，保证列车在速度/距离曲线有序运行，提高线路利用率。

为了使后续列车能够根据自身测定的位置，实时计算其最大允许速度，数字编码轨道电路应向其列车提供前方线路的各种参数以及前行列车处在哪个区段上的信息。目前各系统均在地面每隔一段距离设置一个定位标识（可以是轨道电路的分界标或信标等），列车通过时提供绝对位置信息，以提高后续列车的定位精度。在相邻定位标识之间，列车的相对位置由安装在列车上的轮轴转数累计连续测得。

准移动闭塞的追踪间隔和列车控制精度除取决于线路特性、停站时分、车辆参数外，还与 ATP/ATO 系统及轨道电路的特性密切相关，如轨道电路的最大和最小长度、传输信息量的内容及大小、轨道电路分界点的位置等。

准移动闭塞在控制列车安全间隔上比固定闭塞进了一步。它通过采用报文式轨道电路辅之环线或应答器来判断分区占用并传输信息，具有较大的信息传输量和较强的抗干扰能力；可以告知后续列车继续前行的距离，后续列车可根据这一距离合理地采取减速或制动，列车制动的起点可延伸至保证其安全制动的地点，从而改善列车速度控制，缩小列车安全间隔，提高线路利用效率。准移动闭塞 ATP 系统采用速度—距离曲线的列控方式，提高了列车运行的平稳性，列车追踪运行的最小间隔较固定闭塞短，有利于提高区间通过能力。但准移动闭塞中后续列车的最大目标制动点仍必须在先行列车占用分区的外方，因此它没有完全突破轨道电路的限制。

3. 基于通信的移动闭塞 ATC 系统

前两种闭塞制式均基于轨道电路，而基于通信的移动闭塞系统不依靠轨道电路。与基于轨道电路的闭塞制式相比，移动闭塞具有以下优点：

1）实现车地双向、实时、高速度、大容量的信息传输，易于实现无人驾驶。

2）列车定位精度高。

3）列车移动授权更新快。

4）不受牵引回流干扰。

5）轨旁设备简单、可靠性高。

6）缩短列车追踪间隔、提高通过能力。

7）能适应不同性能列车的运行。

无线移动闭塞系统的组成主要包括无线数据通信网、车载设备、区域控制器和控制中心等。实现这种闭塞制式的最主要技术手段是基于无线通信的列车控制（Communication Based Train Control，简称 CBTC），采用交叉感应电缆环线、漏缆、裂缝波导管以及无线电台等方式实现了车地间双向、大容量的信息传输，达到连续通信的目的，在真正意义上实现了列车运行的闭环控制。

通过可靠的无线数据移动通信网，列车不间断地将其标识、位置、车次、列车长度、实际速度、制动潜能和运行状况等信息以无线方式发送给地面信号设备。地面信号设备可以得到每一列车连续的位置信息和列车运行其他信息，并据此计算出每一列车的移动授权，根据来自列车的信息计算、确定列车的安全行车间隔，并将相关信息（如现行列车位置、移动授权等）动态更新发送给列车。

车载设备包括无线电台、车载计算机和其他设备（如传感器、查询器等）。列车根据接收到的移动授权和自身的运行状态计算出列车运行的速度曲线，车载设备保证列车在该速度曲线下运行，ATO 子系统在 ATP 的保护下，控制列车的牵引、巡航及惰行、制动。

移动闭塞技术在对列车的安全间隔控制上更进了一步。通过车载设备和轨旁设备连续地双向通信，控制中心可以根据列车实时的速度和位置动态地计算列车的最大制动距离。追踪列车之间的列车安全间隔距离信息是根据最大允许车速、当前停车点位置、线路等信息计算出的。信息被循环更新，以保证列车不断收到实时信息，便组成了一个与列车同步移动的虚拟的闭塞分区。因此在保证安全的前提下，两个相邻的移动闭塞分区就能以很小的间隔同时前进，这使列车以较高的速度和较小的间隔运行，最大程度地提高区间通过能力，从而提高运营效率。

三、基于无线通信的列车控制（CBTC）应用（以某城市地铁为例）

1. 地面系统配置

系统整体结构如图 8-2 所示。

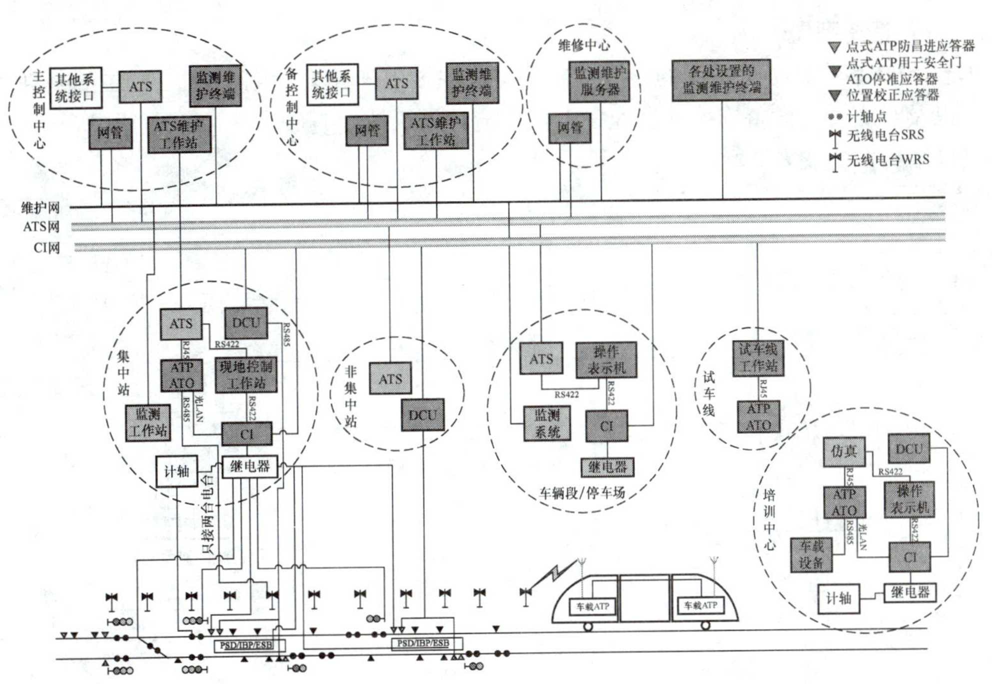

图 8-2　CBTC 系统结构图

整条线路由五个主要的子系统来管理，包括：

1）ATS(列车自动监督)子系统。

2）ATP/ATO(列车自动防护/驾驶)子系统。

3）CI(计算机联锁)子系统。

4）MSS(维护支持)子系统。

5）DCS(数据通信)子系统

线路的运营管理主要依赖于覆盖整条线路的有线传输网络，该网络为各子系统之间提供双向信息传输。

无线通信为信号轨旁子系统和车载子系统之间提供了双向无线信息传输。沿着全线分布的轨旁无线电台保证了无线网络对整条线路的覆盖，该无线网络传送连续的 CBTC 信息。

ATS 设备位于控制中心、备用控制中心、各车站和车辆段；ATP/ATO 位于 6 个设备集中站和 1 个车辆段内的试车线；CI 位于 6 个设备集中站、1 个车辆段和 1 个停车场；MSS 除位于各设备集中站外，还在各个维护工区设有终端，用于监测全线信号系统的工作状态。CBTC 系统通过 CI 系统与轨旁的基础设备(信号机、转辙机、次级检测设备(计轴)、紧急关闭按钮等）接口。

列车定位是 CBTC 系统的固有特性，同时也可以通过计轴器来完成辅助的列车定位。该地铁线路正线装配计轴器，车辆段和停车场内则通过轨道电路来确定列车位置。

在车辆段/停车场采用与正线一样的 CI 系统，用于管理车辆段的轨旁设备和试车线，可以方便地实现正线联锁和车辆段/停车场联锁接口和试车线的控制，可以控制列车进/出非 CBTC 区域。

所有主要的子系统设备、有线网以及无线网均采用冗余配置，即某单一故障不会影响正常运行，单个通道的故障和干扰，不影响子系统间的信息传输。

2. 车载系统配置

车载 ATP 系统是车载系统的核心控制设备，主要有车头车尾各一套二取二的 ATP/ATO 设备，以及对应每套设备连接的测速发电机、应答器天线、驾驶台 MMI、无线电台组成。具体结构图如图 8-3 所示。

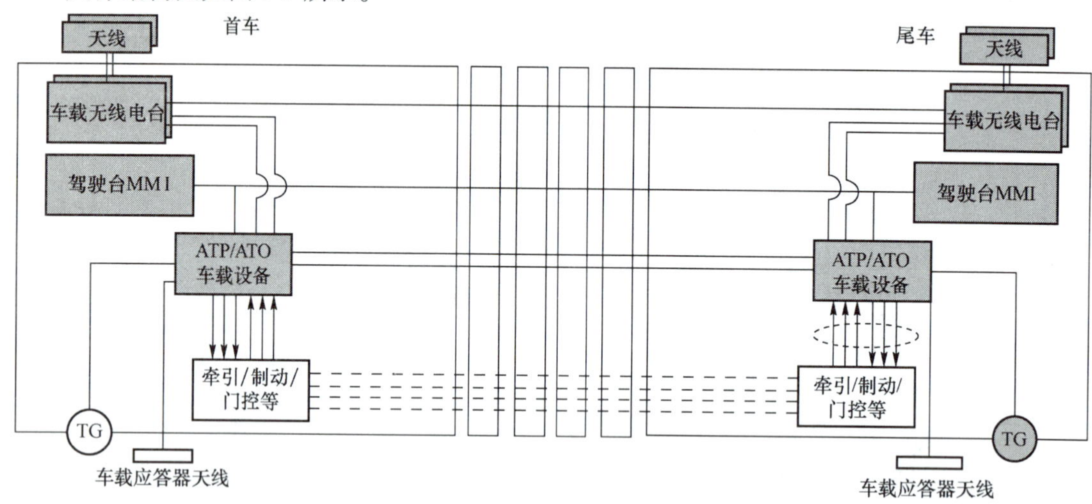

图 8-3 车载设备结构图

3. 主要技术指标

1）设计行车间隔不大于 90s，设计折返间隔不大于 108s。

2）控制中心：控制中心 ATS 系统至少能管理 100 列列车，对于线路长度不做限制。

3）轨旁 ATP 计算：设置有 6 套 ATP，每套至少能管理 20 列列车，完全满足远期的列车管理要求。

4）在基于 CBTC 信号系统的 ATO 控车模式下，列车在站台精确停车达到：停车精度在 ±0.3m 范围内的概率≥99.99%；停车精度在 ±0.5m 范围内的概率≥99.9998%。

5）在后备模式点式 ATO 控车模式下，列车在站台精确停车要求达到：停车精度在 ±0.5m 范围内的概率≥99.9998%。

6）当列车在站台停车精度 > 0.5m 时，车载信号设备不能打开车门/屏蔽门。

7）列车自动控制系统的信息表示采集周期和控制命令反应时间均不大于 1s。

8）热备切换时间不影响设备工作的连续性，可做到无扰切换。

9）列车到达折返站能可靠实现无人自动折返的正确率不低于 99.99%。

10）对整个系统的运行状态监测数据至少可保存 1 年。

复习思考题

1. 列车自动控制系统由哪几个系统组成？
2. 列车驾驶有哪几种模式？
3. 列车自动控制系统的设备分别安装在哪些地方？
4. 列车自动控制系统的基本作用是什么？
5. 说明试车线的设备组成及功能。

项目九　列车自动防护系统

知识要点

1. 了解列车自动防护系统设备组成。
2. 掌握列车自动防护系统基本功能。
3. 掌握列车自动防护系统设备运用。

相关理论知识

一、列车自动防护系统基本原理

城市轨道交通的信号控制系统中，列车自动防护系统是信号控制系统非常重要的组成部分，它为列车行驶提供安全保障，有效降低列车驾驶员的劳动强度，提高行车作业效率。如果没有列车自动防护系统，列车的行车安全需要由列车驾驶员人工来保障，这样会造成列车驾驶员过度疲劳，产生安全隐患，对行车作业效率也会带来负面影响。因此在城市轨道交通中，尤其是在运营作业繁忙的线路上，信号控制系统中设置列车自动防护系统是非常必要的，它是行车作业的安全保障和体现。

列车自动防护系统，其英文名称为“Train Automatic Protect System”，简称为 ATP 系统。

1. 列车运行的几个基本概念

在介绍列车自动防护系统如何控制列车运行速度时，需要简单了解列车如何起动和停车，以及列车常用制动和列车紧急制动的基本概念。

（1）列车起动和停车　列车在人工驾驶时，列车驾驶员操作驾驶手柄，通过列车的牵引系统施加牵引力使列车向前加速行驶，或通过列车的制动系统施加制动力使列车减速行驶。列车驾驶手柄平常放中间位置，将驾驶手柄从中间位置向前推时，列车向前加速行驶，越往前推施加的牵引力越大；将驾驶手柄从中间位置向后推时，列车减速行驶，越往后推施加的制动力越大，这时列车在制动力的作用下减速运行，如图 9-1 所示。

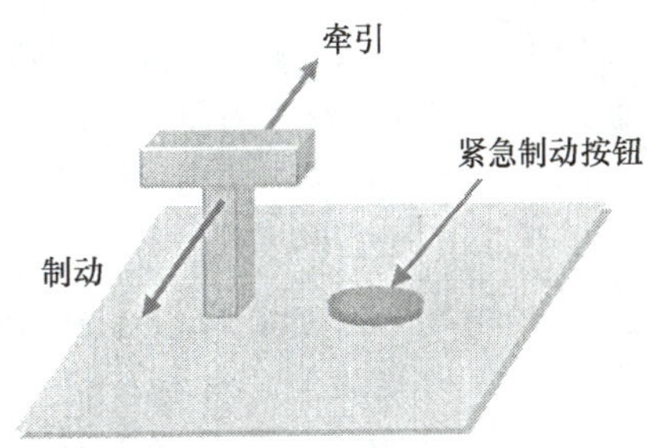

图 9-1　列车驾驶室牵引制动手柄和紧急制动按钮

（2）列车常用制动和紧急制动　列车常用制动就是列车在正常行驶过程中，由列车的制动系统施加给列车的制动。

列车紧急制动就是列车在超速行驶，或遇到其他不正常会危及列车行车安全的情况时，对列车施加的制动。列车紧急制动时所产生的制动力，是列车的制动系统所能提供的最大制动力。列车紧急制动的响应时间比列车常用制动的响应时间要短；一旦对列车施加了紧急制动，只能通过特殊处理才能将紧急制动从列车上解除。

（3）速度限制　城市轨道交通中，列车在轨道线路上行驶时，受轨道线路弯道、坡道、列车自身构造以及运营需求等因素的影响，列车只能在规定的速度范围内运行，如果列车运行速度比规定的最大速度值高，则会危及到列车的行车安全，导致列车相撞、出轨或颠覆等事故的发生。为确保列车行车安全，列车必须在所规定的速度范围内运行，以防止安全事故的发生。

列车自动防护系统在每列车上都装有速度传感器，速度传感器安装在列车的车轴上，如图 9-2 所示，对列车的运行速度进行实时测定，并把速度值传送给列车自动防护系统主机，由列车自动防护系统主机对速度进行分析和处理。

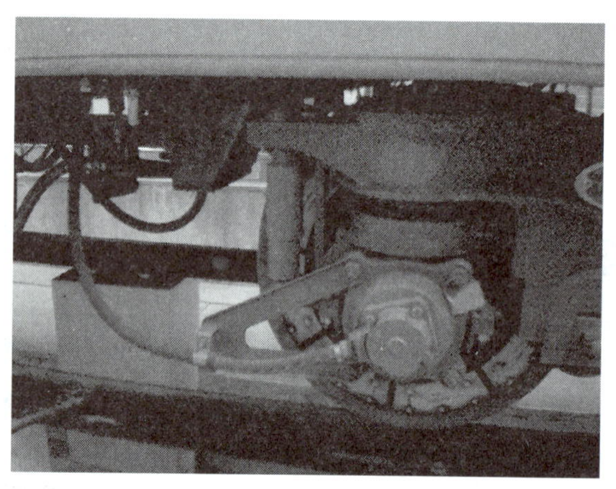

图 9-2　速度传感器

（4）列车自动防护系统与列车之间的接口　列车自动防护系统主机是列车自动防护系统的核心控制部分，列车自动防护系统主机与列车自身的牵引系统和制动系统由专门的接口电路连接，如图 9-3 所示。列车自动防护系统主机实时接收地面信号，通过实时分析和计算，实时向列车的牵引系统或制动系统发出控制指令，列车的牵引系统或制动系统在接收到控制指令后，对列车施加牵引力或制动力，以控制列车的运行速度，使列车在允许速度的范围内运行。列车自动防护系统主机安装在驾驶室内。

2. 列车自动防护系统基本原理

列车自动防护系统控制列车运行速度有两种基本方式：点式叠加方式和速度距离模式曲线方式。

（1）点式叠加方式　列车自动防护系统以点式叠加方式控制列车运行速度，其速度距离曲线呈阶梯状，称为阶梯曲线，如图 9-4 所示。

图中横坐标表示距离值，纵坐标表示列车运行速度值。

图 9-4 中列车受到制动力的作用，减速运行。列车从某点 O 处以不超过 S_1 的速度值运行，在运行到 D_1 点时，对列车施加一定的制动力，使列车允许运行的最大速度值迅速从 S_1 速度值降为 S_2 速度值；列车从 D_1 点运行到 D_2 点处，在这一区间，列车运行的最大允许速度值为 S_2；在 D_2 点，再次对列车施加制动力，使列车减速运行。

列车运行在 $O \sim D_1$ 区段，允许运行的最高速度为 S_1；在 $D_1 \sim D_2$ 区段，允许运行的最高速度为 S_2；在 $D_2 \sim D_3$ 区段，允许运行的最高速度为 S_3。

在每个区段，如果列车运行速度超过了在该运行区段所对应的最大速度值，列车自动防护系统会向列车的制动系统发出常用制动命令，列车的制动系统对列车施加制动力，使列车

运行速度在系统所设定的时间内，降到允许的运行速度范围内，以保证列车安全运行；如果列车运行速度持续超过该运行区段所对应的最大速度值，在持续的时间超过系统设定的时间后，列车自动防护系统将对列车实施紧急制动，强制列车停车，以防止意外事故的发生。

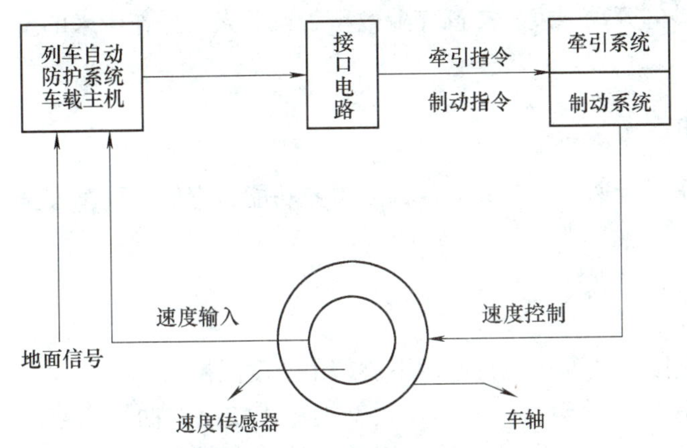

图 9-3　列车自动防护系统与列车之间的接口关系

图 9-4　阶梯曲线

阶梯曲线控制速度的方式所需要的硬件结构简单，容易实现。在图 9-4 中列车以不超过 S_1 速度值运行，运行速度从 S_1 变为 S_2 时，使得列车的运行速度发生突变，这时强烈的减速会给列车上的乘客一种冲击，容易产生不适感。速度变化越大，冲击感越强，不利于旅客乘车的舒适度。

（2）速度距离模式曲线　列车受到制动力的作用，使列车减速运行，速度—距离图形曲线形状是连续平滑的曲线，这种列车速度控制方式称为速度距离模式曲线方式，如图 9-5 所示。

图中横坐标表示距离值，纵坐标表示列车运行速度值。

图 9-5 中，列车自动防护系统根据运营计划，使列车从 O 点减速运行到 D_2 点。列车自动防护系统根据各种数据，计算出列车从 O 点运行到前方 D_2 点的区段内，各处所需的运行速度，并向列车的牵引和制动系统发出指令，控制列车按照速度距离模式曲线所绘制的速度值平滑稳定地从在 O 点减速运行到前方 D_2 点。

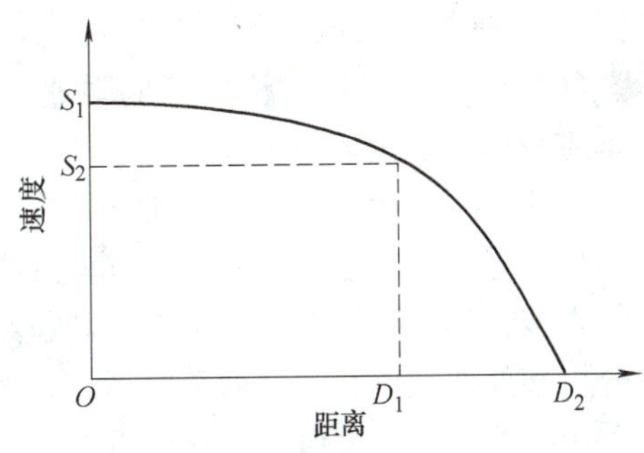

图 9-5　速度距离模式曲线

在上图模式曲线的每点，都对应有一个速度值，如果列车运行速度超过了在该点所对应的速度值，列车自动防护系统实时向列车的制动系统发出常用制动命令，对列车施加制动力，使列车运行速度降到模式曲线的下方，保证列车以允许的速度运行，确保列车安全运行；如果列车运行速度持续超过模式曲线所规定的速度值，运行在模式曲线的上方，若所持续的时间超过系统设定的时间，列车自动防护系统将对列车实施紧急制动，强制列车停车，以防止意外事故的发生。

速度距离模式控制速度的方式，需要比较复杂的软件和硬件支持，系统调试过程比较复杂。列车平滑减速运行，运行速度没有发生突变，列车运行速度控制稳定，可以有效提高列车乘客的舒适度。

防止列车超速运行是列车自动防护系统最重要的功能，也是城市轨道信号系统保障列车运行安全的核心。列车自动防护系统对列车速度的有效控制，保持列车速度运行不超过所允许的速度范围，能有效降低列车驾驶员的劳动强度，提高作业效率，避免人工操作带来的安全隐患，保障列车安全运行。

二、列车自动防护系统主要功能

列车自动防护系统不仅能控制列车运行速度，还有其他许多重要功能，它们是列车安全稳定运行的可靠保障。

列车自动防护系统主要功能包括有：

1. 防止运营列车超速运行

运营列车在线路上运行有多种速度限制，列车运行速度不能超出速度限制值。

（1）防止运营列车超过线路限制速度超速运行　城市轨道交通中，线路在曲线段或坡道处，往往有速度限制，运营列车不能超过线路限速运行，否则容易出现列车脱轨或颠覆事件。

（2）防止运营列车超过列车允许最高速度超速运行　车辆的自身构造决定了车辆所能运行的最大速度，超过这个速度值，列车可能会出现故障，危及车辆和行车安全。

（3）防止运营列车超过道岔弯轨限制速度超速运行　城市轨道交通中，线路上设有道岔，在列车通过道岔弯轨时，不能超过道岔弯轨限制速度超速运行。

（4）防止运营列车超过限速区段超速限速　城市轨道交通中，线路上有故障或作业需要运营列车限速行驶，列车应按运营规定运行。

（5）防止运营列车超过临时限速　城市轨道交通中，线路上有临时作业，需要运营列车限速行驶，列车应按运营规定运行。

（6）防止运营列车超过其他限速　城市轨道交通中，运营作业需要任何限速的地方，列车应按运营规定运行。

2. 接收和处理来自地面的信息

列车运行在轨道上，地面轨道电路或地面的其他设备，将列车运行所需的信息发送出去，安装在列车车体上的列车自动防护系统设备会实时接收这些信息，并对这些信息进行实时分析和处理，以及时对列车的运行状态和运行速度进行控制。通常这些信息中包含有列车允许运行的最大速度值、线路位置等。

3. 防止列车相撞

城市轨道交通中，在某条线路上，往往会有很多列车同时运营作业，列车自动防护系统可以防止列车相撞，为这些平行作业的实施提供了安全保障，它有效提高了城市轨道交通线路的利用效率，增强了城市轨道交通的运营能力。列车自动防护系统可以防止列车相撞包括以下内容：

1）防止运营列车撞上前面的列车。

2）防止运营列车进入未开通的进路。

3）防止运营列车冲出尽头线。

4）防止运营列车进入封锁区段。

5）防止运营列车进入发生故障的进路等。

4. 车辆安全停靠站台

城市轨道交通中，列车停靠站台时，需要列车完全停稳不动，确保乘客安全上下车。列车自动防护系统会检测列车的速度和列车所处的位置，保证列车在站台区域内安全停靠。

5. 列车车门控制

城市轨道交通中，列车左右两侧都有车门，列车停靠站台后，列车自动防护系统会控制列车开启靠近站台的车门，保证乘客安全上下车。

6. 空转、打滑防护

列车在线路上正常运行时，列车车轮在钢轨上滚动运行，因某种原因，列车车轮会发生空转，或列车车轮在线路上滑动运行，这种情况一方面会对车辆的车轮造成损伤，另一方面会危及列车行车安全。列车自动防护系统会实时检测列车空转和打滑情况，并及时采取措施，控制列车运营状态。

7. 防止列车发生溜车

列车如果在线路的坡道处停车或在站台处停车，列车自动防护系统会给列车施加一定的制动力，保证列车不会发生溜车现象，防止发生安全事故。

列车自动防护系统除了以上的重要功能外，根据城市轨道交通信号系统的配置情况和复杂程度，还可以有一些其他功能，如控制列车的运行方向，提供驾驶员操作接口界面等。

三、列车自动防护系统车载设备组成

列车自动防护系统所包含的设备分别安装在列车上和地面上。安装在列车上的设备，简称为车载设备；安装在地面的设备简称为地面设备。

1. 车载设备主要组成

列车自动防护系统的车载设备主要包括有车载主机、驾驶员状态显示单元、速度传感器、列车地面信号接收器、列车接口电路、电源和辅助设备等，如图 9-6 所示。下面分别介绍有关设备的情况。

（1）车载主机　列车自动防护系统的车载主机由各种印刷电路板、输入/输出接口板、安全继电器和电源等设备组成。这些设备分层放在机柜中，各板利用机柜上的总线进行通信。

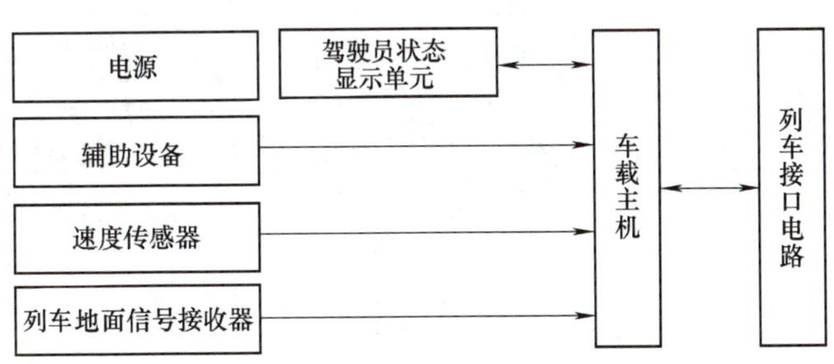

图 9-6　车载主要设备

（2）驾驶员状态显示单元　状态显示单元是车载系统与列车驾驶人员之间的人机界面，可以显示列车当前运行速度、列车到达某点的目标速度、列车到达某点的走行距离、列车的驾驶模式和有关设备的运行状况等与行车直接相关的信息；还设置有一些按钮，用于驾驶员操作，控制列车运行。在下面详细介绍状态显示单元各个表示单元和按钮。

（3）速度传感器　信号系统通常在列车上装有一个或多个速度传感器，安装在列车的车轴上，用于计算列车的运行速度和列车运行距离及列车运行方向的判定。列车的运行速度，还可以用雷达进行测定，但速度传感器技术成熟，测速精度高，安装使用简单方便，因此被广泛使用。

（4）列车地面信号接收器　列车地面信号接收器，安装在列车底部，用于接收从轨道上传来的信息，这些信息可以由地面轨道电路发送，或由安装在地面的专门设备如应答器发送给列车。列车地面信号接收器，根据所接收的信息格式、容量和处理速度等因素，可以设计为感应线圈，或其他形式，以保证列车在一定的运行速度下能及时接收和处理所收到的信息。列车地面信号接收器的性能要求：抗机械冲击能力强，有很好的抗电磁干扰能力，信息接收误码率低，不丢失信息。

（5）列车接口电路　列车自动防护系统的车载设备通过车载主机与列车进行接口，车载主机将控制信息通过接口电路传送给列车，同时车载主机通过接口电路从列车获得列车运行的状态信息。

列车接口电路使用的继电器，根据使用的环境，需要体积小、力学性能好的继电器，一般使用弹簧继电器。

（6）电源和辅助设备等　列车为列车自动防护系统车载设备提供所需的电源，列车上还有列车运行模式选择开关，各种电源开关，和其他一些辅助设备等。

2. 状态显示单元

列车上的状态显示单元，作为车载系统与列车驾驶员的人机界面，可以使用触摸屏，或使用面板的形式，来实现列车状态信息的显示和对列车进行操控。其面板或触摸屏上的主要内容一般包括操作按钮部分、信息显示部分、指示灯和报警器，如图 9-7 所示。

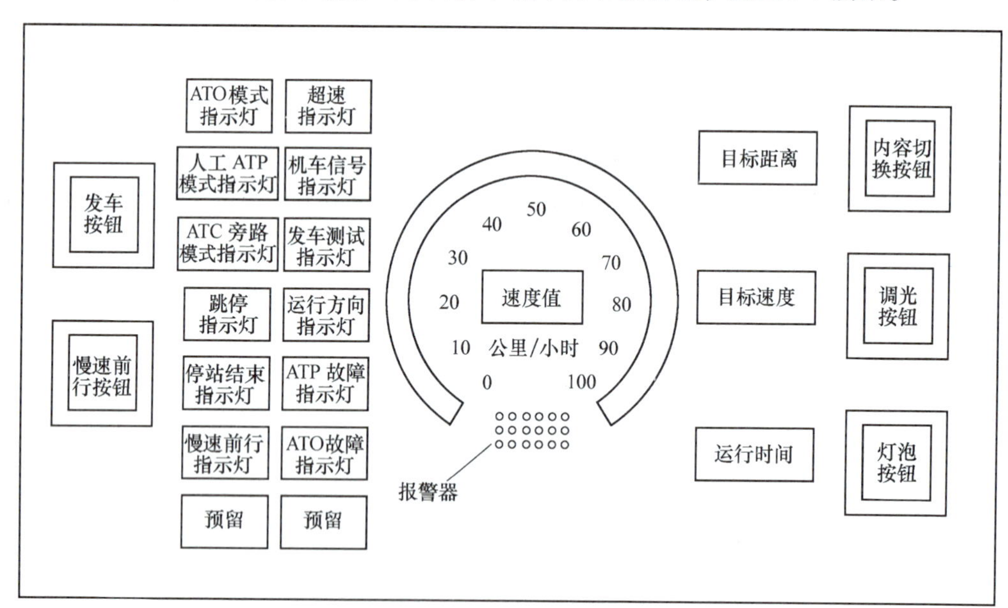

图 9-7　面板状态显示单元

下面对面板状态显示单元各部分进行介绍。

（1）按钮部分　以面板型的状态显示单元为例，其按钮一般包括有发车按钮、慢速前行按钮、内容切换按钮、调光按钮和灯泡按钮等。其中发车按钮和慢速前行按钮用于操纵列

车运行，其他几个按钮用于对面板亮度调整、显示内容的切换和自检等。

① 发车按钮。发车按钮通常带有灯光，当发车按钮灯光点亮时，列车驾驶员按压列车发车按钮，起动列车向前运行。如果列车这时处于自动驾驶模式下，列车将按照行车作业要求自动运行；若列车处于列车自动防护系统控制模式下，人工驾驶，列车驾驶员操纵牵引/制动手柄，控制列车运行。

发车按钮灯光熄灭时按压发车按钮，属于无效操作。

② 慢速前行按钮。列车处于列车自动防护系统控制模式下，当列车自动防护系统不能从地面收到信息时，列车驾驶员按下慢速前行按钮，请求列车以不超过设定的速度值慢速前行。

列车慢速前行设定的最高速度值，根据不同的运营需求，可以设为20km/h，或其他值。这个速度值比列车正常运行的平均速度一般要小，慢速前行模式适合列车办理进出停车场或车辆段作业时控制列车慢速运行，一旦遇到危险情况，可以采取措施，尽快让列车停车。

③ 内容切换按钮。面板上的内容切换按钮，用来在切换某些显示区域内的不同信息，可以增加显示的信息容量。

④ 调光按钮。按压调光按钮，可以改变状态显示单元显示屏和指示灯的亮度。

⑤ 灯泡按钮。按压灯泡按钮，可以执行显示屏、指示灯和声音报警测试。

（2）信息显示部分

① 速度显示。触摸屏和面板上，一般把表示速度的区域放在屏或板的中央，便于直观显示列车运行速度值。速度显示同时用模拟方式显示和数字方式显示，表示速度范围从零到线路允许的最大值，并留有一定的余量。

图9-7中，速度显示以100km/h作为最大允许运行速度值。中间的方框用数字显示当前速度值；正围绕方框的环上，标有刻度值，表示对应的列车速度值。通常用红色环指示列车当前允许运行的最大速度值，用绿色环表示列车当前的实际运行速度值。当绿色环超过红色环时，列出驾驶员可以直观看出，列车发生了超速，并有报警提示，这时提醒列车驾驶员要采取措施，控制列车速度，将速度绿环降低到速度红环以内，保证列车安全正常运行。

两种不同颜色的速度环，直观的将列车的实际运行速度和当前允许运行的最大速度表示出来，可以方便列车驾驶员对列车速度进行有效控制，提高作业效率，降低作业强度。

② 目标速度。在速度距离模式曲线的系统中，可以显示列车从当前地点运行到下一目标处，所对应的目标处的速度值。如下一目标是在站台停车，则显示目标速度为零；如果下一目标是通过站台，则显示允许通过站台的速度限制值。

③ 目标距离。在速度距离模式曲线的系统中，可以显示列车从当前地点运行到下一目标处，列车所需走行的距离值。

④ 时间。在速度距离模式曲线的系统中，可以显示列车从当前地点运行到下一目标处，列车所需运行的时间。

（3）指示灯　面板上或触摸屏上有多个指示灯，用来表示列车的运行状态。

① 超速指示灯。当列车运行速度超过当前的允许的速度值时，超速指示灯点亮。

② 慢速前行指示灯。当慢速前行模式被激活时，慢速前行指示灯点亮。

③ 列车自动运行指示灯。当列车的模式选择开关放在ATO挡位时，这时列车在自动运行模式下运行(ATO模式)，列车自动运行指示灯点亮。

④ 列车自动防护控制下的人工驾驶模式指示灯(简称人工 ATP)。当列车的模式选择开关放在 ATP 挡位时，列车在列车自动防护控制下，由列车驾驶员人工驾驶列车运行，这时该指示灯点亮。

⑤ 旁路指示灯。当列车的模式选择开关，放在旁路挡位时，该列车的车载信号系统被切除，这时旁路指示灯点亮。

⑥ 发车测试指示灯。列车在发车进入运营线路前，要进行信号车载系统静态测试，如果该测试失败或没有启动该测试，该指示灯熄灭；如果测试成功该指示灯被点亮；如果测试正在进行中，该指示灯将不断闪烁。

⑦ 列车自动防护系统故障指示灯。当列车自动防护系统发生故障时，该指示灯点亮。

⑧ 运行方向指示灯。当列车自动防护系统知道列车运行方向，并且在列车对位停车时能够自动控制车门时，该指示灯点亮。

另外，还有一些指示灯，当列车处于自动驾驶(ATO)状态时，相应的事件发生时，指示灯会点亮，如跳停指示灯和停站结束指示灯等。

(4) 报警器　当列车发生超速运行，或有设备故障，或目标距离、速度参数发生变化时，报警器会发出报警声，提醒列车驾驶员注意。

四、列车自动防护系统地面设备

列车自动防护系统的核心设备安装在列车上，它所需的主要信息来自地面设备。根据城市轨道交通信号系统的不同制式，列车自动防护系统地面设备，可以设置点式应答器或轨道电路，向列车传递有关信息，由安装在列车上的设备接收和处理这些信息。

1. 点式应答器

在速度距离曲线为阶梯式的图形的信号系统中，经常会在线路上间隔一定的距离设置点式应答器。这些应答器向线路保存有列车的行车信息，在列车经过时，由安装在列车车底的感应接收装置从中读取或接收信息，对这些信息进行综合分析处理。

点式应答器中所包含的信息，包括有线路位置、列车运行距离、基本线路参数、速度限制等信息，这些信息固化在应答器。应答器可分为有源应答器和无源应答器。有源应答器向线路实时发送信息，由列车接收；无源应答器，只有在列车经过时，由列车从应答器中读取信息。

点式应答器安装在线路上，调试和安装工艺比较简单，容易实施，成本相对较低，应用广泛，如图 9-8 所示。

2. 轨道电路

城市轨道交通信号系统，轨道电路除了具有表示列车是否占用轨道的功能外，还可以向线路上实时发送列车运营所需的信息，由列车接收和处理。轨道电路所发送的信息，其容量大，有利于列车的车载系统对列车进行实时控制。

因信号系统的处理能力和制式不同，轨道电路所发送的信息量可有所不同，一般来讲，轨道电路所发送的信息可以有以下内容：

(1) 轨道电路基本信息　如轨道电路的长度、坡道和曲线参数，所用的载波频率，轨道电路的编号等。

(2) 线路速度　是指该轨道区段线路上受坡道和曲线等因素的影响列车所允许运行的

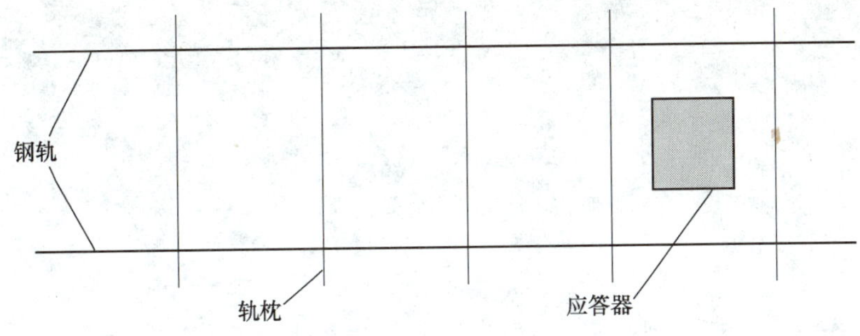

图 9-8　点式应答器

最大速度。

(3) 目标速度　列车到达下一目标时，列车的运行速度。

(4) 运行距离　列车到达下一目标时所需走行的距离。

(5) 列车运行方向　指明列车上行运行或下行运行。

(6) 载波频率　列车接收下一个信息的载波频率。

(7) 道岔定反位　列车前方经过道岔的定位或反位。

(8) 列车停站信号　指示列车处于停站状态。

(9) 备用信息位　预留用作其他的信息使用。

这些信息以数字编码的方式，顺序排列，放在一个信息包里。列车收到信息后进行译码和实时处理，实时控制列车运行状态。

五、ATP 子系统应用(以某轻轨公司设备为例)

ATP 子系统由 ATP 车载设备和 ATP 轨旁设备组成。

1. 车载设备

车载 MicroCab ATC 系统执行 ATP、ATO 和 TWC 功能。在列车前后端各有一套车载 ATC 系统(每列车 2 套车载 ATC 系统)。每一车载 ATC 系统包括：1 个 ATC 机柜、1 个 ADU、2 个独立速度传感器、2 个 ATP 接收线圈以及接线盒、1 个 TWC 天线。

每套 ATC 只由本地控制和输入(来自同一驾驶室内的操作控制盘)操作。ATP 子系统是冗余的。

每套 ATC 系统，在相应的驾驶端有效工作时才能控制列车运行。系统确保在车辆逻辑中有端对端的联锁，该逻辑可防止在有一个以上驾驶室被接通情况下的列车运动(不论 ATC 工作或旁路)。

2. 轨旁设备

某轻轨公司的 ATP 轨旁设备主要指的是 AF-904 数字移频键控(FSK)轨道电路，在正线完成列车检测和向列车传输车载信号数据的功能。AF-904 轨道电路组匣如图 9-9 所示，主要组成包括：

1) SER 内安装的控制机柜。

2) SER 内安装的轨道 MicroLok Ⅱ单元，用于控制 AF-904 轨道电路。

3) 500 MCM 连接棒，为 AF-904 系统的轨道电路提供连接，并为移动列车的机车信号系统提供接收到的钢轨上的机车信号数据。

图 9-9 AF-904 轨道电路组匣

4）耦合单元，为 AF-904 轨道电路机柜和 500MCM 接线间提供电子接口。

AF-904 轨道电路在 SER 内装有机柜，用于控制相邻轨道电路。每个机柜装有 4 个非冗余轨道电路，每个轨道电路包括一块控制 PCB 板，一块辅助 PCB 板和半块板的电源 PCB 板。AF-904 无需依靠应用逻辑来工作。

在联锁区间内的列车识别由微电子相敏轨道电路来完成。相应的 SER 设备包括电源变压器和 WXJ50 型微电子相敏轨道电路接收器及安全型继电器。ATC 轨旁设备包括轨旁 ATP 部分的基本组成如图 9-10 所示。

六、列车自动防护系统小结

列车自动防护系统从广义上讲，应包括处理列车行车安全逻辑的所有设备，因此其地面设备包括联锁设备，也可以归结为列车自动防护系统范畴，它们与车载设备一起完成对列车的控制和安全防护功能。

任务一 认识列车自动防护系统车载设备

1. 目标

1）熟悉列车自动防护系统车载设备的安装位置。

2）掌握列车自动防护系统车载各个设备的功能。

3）掌握驾驶员显示单元的使用方法。

2. 设备

一列完整的车辆编组、速度传感器、地面信号接收设备、驾驶员显示单元、列车牵引/制动操纵手柄、紧急停车按钮等。

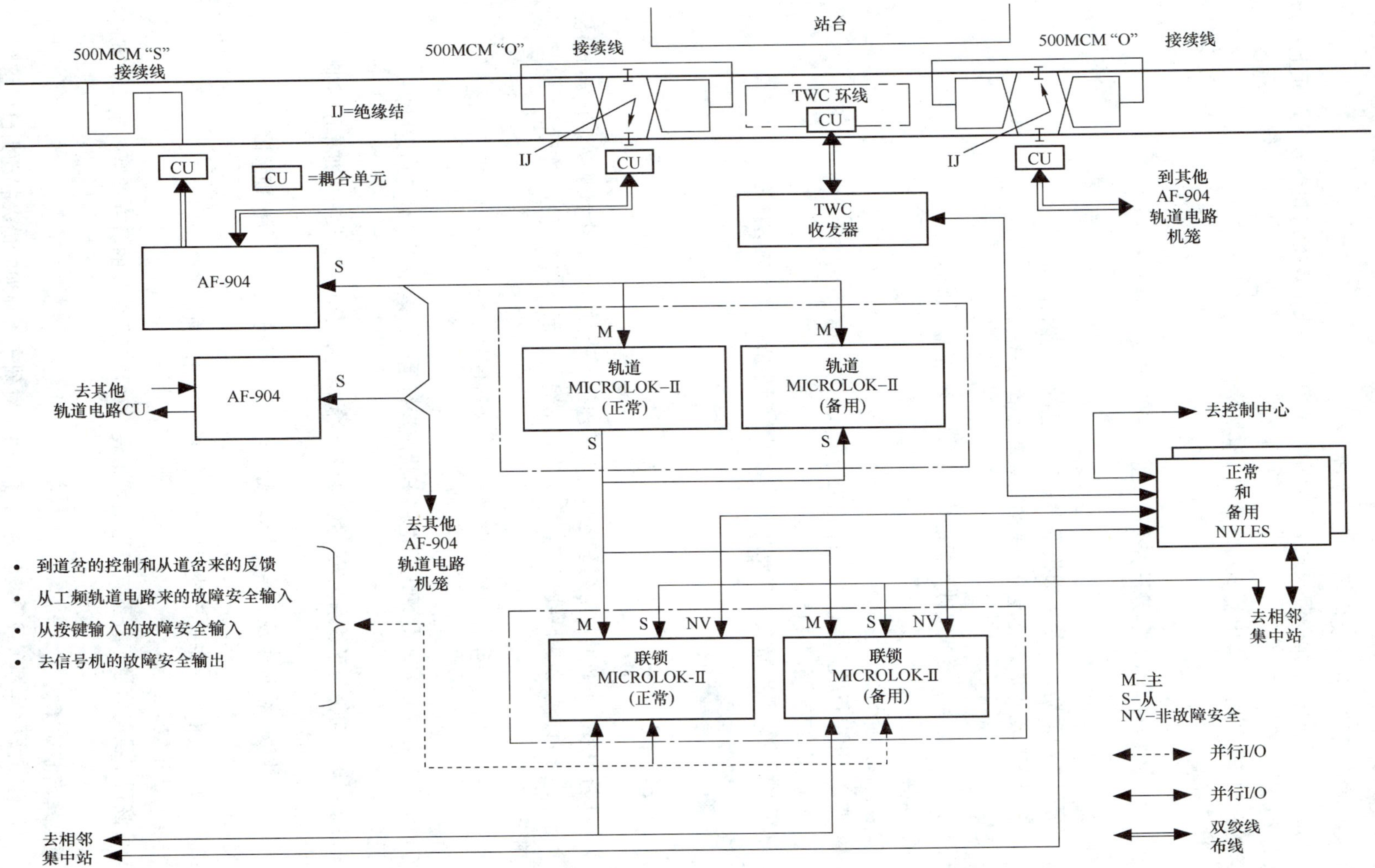

站台

500MCM “S” 接续线

500MCM “O” 接续线

500MCM “O” 接续线

IJ=绝缘结

TWC 环线

CU

CU =耦合单元

IJ

TWC 收发器

到其他 AF-904 轨道电路机笼

AF-904

S

AF-904

S

去其他 轨道电路CU

M

轨道 MICROLOK–II （正常）

S

M

轨道 MICROLOK–II （备用）

S

去控制中心

正常 和 备用 NVLES

去其他 AF-904 轨道电路机笼

- 到道岔的控制和从道岔来的反馈
- 从工频轨道电路来的故障安全输入
- 从按键输入的故障安全输入
- 去信号机的故障安全输出

M S NV

联锁 MICROLOK-II （正常）

M S NV

联锁 MICROLOK-II （备用）

去相邻集中站

M–主
S–从
NV–非故障安全

并行I/O

并行I/O

双绞线布线

去相邻集中站

图 9-10　轨旁 ATC 设备结构和组成

3. 实作内容

1）闭合列车自动防护系统电源，启动系统。

2）在列车自动防护系统控制模式下，启动慢速前行模式，观察驾驶员显示单元上各指示信息的变化。

3）控制列车，分别用常用制动和紧急制动使列车停车。

4）试验开关车门作业。

任务二 认识列车自动防护系统地面设备

1. 目标

1）掌握列车自动防护系统地面设备所发送信息的主要内容。

2）掌握列车自动防护系统地面设备的安装和设置方式。

2. 设备

轨道电路、应答器、便携式计算机、串行接口、示波器、电源。

3. 实作内容

1）安装连接地面设备。

2）在列车上用串行接口将便携式计算机与车载系统相连。

3）起动列车和启动便携式计算机。

4）列车运行到轨道电路处，在便携式计算机上观察所接收到的信息码。

拓展与提高

一、列车线

列车自动防护系统车载设备与列车之间的电气连接，通过接口电路实现，每个接口电路对应某个功能，接口连接线用硬线连接，简称为列车线。下面介绍常用的列车线。

1. 前进

列车由该列车线向信号车载系统发送列车状态运行信号，表示列车处于前进状态。

2. 后退

列车由该列车线向信号车载系统发送列车状态运行信号，表示列车处于后退状态。

3. 无驱动

列车由该列车线向信号车载系统发送列车状态运行信号，表示列车没有施加牵引和制动。

4. 无摩擦制动故障

无摩擦制动故障，由列车发送给信号车载系统，表明列车的制动力出现故障。

5. 常用制动

列车由该列车线向信号车载系统发送信号，表示对列车施加了常用制动力。

6. 所有制动缓解

列车由该列车线向信号车载系统发送信号，表示对列车所施加的所有类型的制动力都已经解除。

7. 最大常用制动缓解

列车由该列车线向信号车载系统发送信号，表示对列车所施加的最大制动力已经解除。

8. **紧急制动缓解**

列车由该列车线向信号车载系统发送信号，表示对列车所施加的紧急制动已经解除。

9. **四车编组列车**

列车由该列车线向信号车载系统发送信号，表示列车为四车编组列车。根据需求还可有六列编组或八列编组的列车线。

10. **全部车门关闭**

列车由该列车线向信号车载系统发送信号，表示列车的全部车门已经关闭。

11. **右侧车门关闭**

列车由该列车线向信号车载系统发送信号，表示列车的右侧车门已经关闭。

12. **左侧车门关闭**

列车由该列车线向信号车载系统发送信号，表示列车的左侧车门已经关闭。

13. **右侧车门开启**

信号车载系统由该列车线向列车发送信号，指示列车可以开启右侧车门。

14. **左侧车门开启**

信号车载系统由该列车线向列车发送信号，指示列车可以开启左侧车门。

15. **牵引命令/制动命令**

这个列车线的作用是，由信号车载系统向列车发出牵引命令或制动命令，控制列车运行。

还有表示列车运行控制模式的列车线如自动驾驶模式、人工驾驶模式，以及表示列车自动防护系统故障程度情况的列车线，如严重故障、中等故障和轻微故障等。

二、车轮磨损补偿

随着列车长期不断运行，车轮的轮径会相应减小，这样列车在计算走行距离时会产生偏差。列车自动防护系统有车轮磨损补偿功能，可以用来修改车轮的轮径值，以避免列车自动防护系统计算距离时可能产生的偏差。

检修作业可以每月定期对车轮的轮径进行测量，并与以前的轮径值进行比较，以确定是否需要进行车轮磨损补偿作业。

复习思考题

1. 列车自动防护系统的基本原理是什么？
2. 列车自动防护系统的车载设备有哪些，安装在什么地方？
3. 列车自动防护系统的主要功能有哪些？
4. 驾驶员显示单元上有哪些按钮？驾驶员显示单元所显示的基本内容是什么？
5. 轨道电路所发送的信息一般有哪些？

项目十 列车自动驾驶系统

知识要点

1. 了解列车自动驾驶系统设备组成。
2. 掌握列车自动驾驶系统基本功能及人机界面信息。
3. 了解列车自动驾驶系统站台精确停车功能。

相关理论知识

一、列车自动驾驶系统概述

人工驾驶列车运行时，列车驾驶员操纵列车驾驶手柄，控制列车运行，实现列车加速、减速和停车。列车自动驾驶系统，即 ATO 系统，主要实现“地对车控制”，实现正常情况下高质量的自动驾驶，提高列车运行效率，提高列车运行舒适度，节省能源。与 ATP 系统为列车运行提供安全保障相比，ATO 是提高城市轨道交通列车运行水平的技术措施。

列车自动驾驶系统车载设备根据列车运行计划，以及列车的运行速度、当前线路限速和目标速度等信息，实时计算列车达到目标速度值所需要的牵引力或制动力的大小，通过列车接口电路，由列车的牵引系统或制动系统完成对列车进行加速或减速作业。

列车自动驾驶系统实现列车自动驾驶，它需要列车自动防护系统和列车自动监控系统提供支持。列车自动防护系统向列车自动驾驶系统提供列车的运行速度、线路允许速度、限速和目标速度，以及列车所处位置等基本信息；列车自动监控系统向列车自动驾驶系统提供列车运行作业和计划。

列车自动驾驶系统取代驾驶员人工驾驶，实现列车自动驾驶，有效地提高了列车的运营效率，降低了驾驶员的劳动强度，是城市轨道交通运营作业自动化的重要体现。

列车自动驾驶系统对列车进行控制，使得列车驾驶处于最佳的运行状态，列车运行更加平稳，可以有效提高运营效率，降低列车运行能耗。

列车自动驾驶系统在站台可以精确对位停车，为乘客上下车提供便捷的条件，列车在站台精确停车为站台加装安全门或屏蔽门提供了有利的条件。

二、列车自动驾驶系统设备组成

列车自动驾驶系统是非故障-安全系统，由车载设备和地面设备组成。

1. 列车自动驾驶系统车载设备

列车自动驾驶系统车载设备包括车载 ATO 模块、ATO 车载天线、人机界面。

（1）车载 ATO 模块　车载 ATO 模块是列车自动驾驶系统的核心组成部分，它包含硬件和软件两部分。车载 ATO 模块从车载 ATP 子系统获得必要的信息，如列车运行速度和列车位置等，车载 ATO 模块软件对这些数据进行实时处理，计算出列车当前所需的牵引力或制动力，向列车发出请求，列车牵引或制动系统收到请求指令后，对列车施加牵引或制动，对列车进行实时控制。

车载 ATO 模块与列车的牵引和制动系统相互作用，实现列车在站台区精确对位停车。

（2）ATO 车载天线　列车自动驾驶系统的车载模块与地面设备之间的信息交换是通过 ATO 车载天线来完成，以实现列车自动驾驶系统与列车自动监控系统（ATS）之间的信息交换。

ATO 车载天线一般安装在列车第一列编组的车体下，它接收来自列车自动监控系统的信息，同时向列车自动监控系统发送有关的列车状态信息。这些信息一般包括以下内容：

① 从列车向地面发送的信息。列车自动驾驶系统车载模块通过 ATO 车载天线向地面列车自动监控系统发送的信息有列车识别号信息，该列车识别号信息包括了列车的车组号、车次号、目的地编码等内容；列车向地面发送的信息还有列车运行方向、列车车门状态、车轮磨损指示、列车车轮打滑和空转、车载 ATO 模块状态和报警信息等。

② 从地面向列车 ATO 车载设备发送的信息。从地面向列车 ATO 车载设备发送的信息有列车开关门命令、列车车次号确认、列车测试指令、门循环测试、主时钟参考信号、跳停/扣车指令和列车运行等级等。

（3）人机界面　列车驾驶员通过人机界面可以将列车运行的模式选择为“ATO”，起动列车在 ATO 模式下运行。

2. 列车自动驾驶系统地面设备

列车自动驾驶系统地面设备由地面信息接收发送设备和轨道环线组成。这些地面设备接收来自列车 ATO 车载天线所发送的信息，并把 ATS 有关信息通过轨道环线发送到线路上，由列车 ATO 车载设备进行接收和处理。

地面信息接收发送设备的谐调控制部分安装在信号设备室内，轨道环线安装在线路上。

三、列车自动驾驶系统基本功能

列车自动驾驶系统基本功能包括列车车站发车控制、列车区间运行控制、列车精确停站、列车自动折返、跳停和扣车等。

1. 车站发车控制功能

列车在 ATO 模式下运行时，列车驾驶员按压发车按钮起动列车运行，ATO 根据列车自动防护系统 ATP 发送的控制速度和列车自动监控系统 ATS 发送的运行等级，自动运行到下一车站。

在 ATO 自动模式下，必须具备一定的条件，列车才能从车站出发，这些条件包括：①ATO模块与 ATP 模块通信正常；②列车运行目的地代码有效；③有效的驾驶员代码；④在出发测试期间没有检测到故障；⑤列车所处的轨道电路，能够建立 ATO 模式；⑥其他必要的信息。

2. 列车区间运行速度控制

列车自动驾驶系统车载模块接收到从车载 ATP 发出的列车速度控制指令后，它向列车的牵引系统或制动系统发出请求，以施加牵引力将列车加速到控制速度，或施加制动力使列车减速至规定值，保存列车的运行速度在一个速度控制窗口内，如图 10-1 所示。

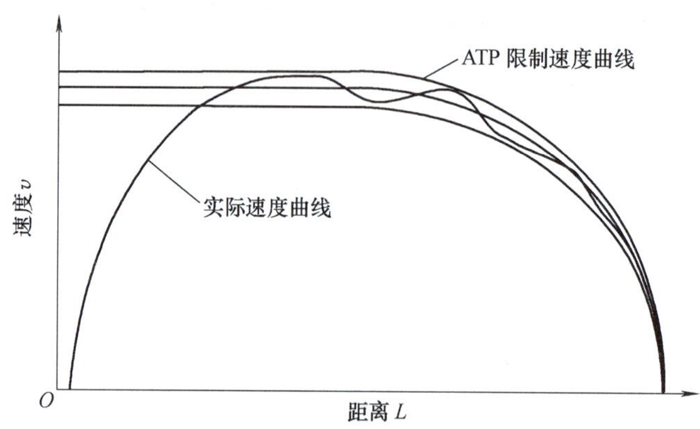

图 10-1 列车自动驾驶模式下的速度距离曲线

图 10-1 中列车在 ATO 模式下，其实际运行速度曲线在 ATP 限制速度曲线以下，在一个较小的速度范围内波动，使得列车以接近 ATP 限制速度运行，最有效提高列车运行效率，降低列车能耗，减少列车在牵引、惰行和制动状态之间的不断切换次数，有效提高乘客的舒适度。

3. 车站精确停车

车站精确停车是列车自动驾驶系统非常重要的功能，它实现列车在车站站台区精确对位停靠，可以有效提高列车运营效率，有利于引导乘客上下车。

列车实现车站精确停车，需要列车自动驾驶车载模块与列车的牵引系统和制动系统共同参与，相互配合。在列车接近站台时，列车自动驾驶车载模块实时对列车的速度进行采集和比较，并及时向列车的牵引系统和制动系统发出控制指令，实现对列车速度的实时控制，追踪实现列车精确停车。

列车实现车站精确停车，可以在站台区安装轨道环线，提高停车的精度。列车在站台精确停车，有利于在车站站台设置屏蔽门或安全门，保障乘客安全候车。

4. 列车自动折返

列车在 ATO 运行模式下，可以实现在运营线路两端实现列车自动折返作业，控制列车回到下一个运营作业的站台区。

在这种驾驶模式下无需驾驶员控制列车，而且列车上的全部控制台被锁闭。接到自动折返运行许可后自动进入 AR 模式，驾驶员通过驾驶室 MMI 的显示确认得到授权。只有按下站台的 AR 按钮后，才实施列车自动折返运行。ATC 轨旁设备提供所需的数据以控制列车进入折返轨，列车运行至出发站台后，ATC 车载设备自动退出 AR 模式。

5. 执行跳停和扣车功能

（1）跳停 跳停作业是指在线路上运营的列车，在某一指定车站不停车，而以规定的速度通过该车站。列车自动驾驶系统收到来自列车自动监控系统 ATS 发出的跳停指令后，完成跳停作业。

（2）扣车　扣车作业是指列车在某站台停靠，不允许列车继续运行。列车自动驾驶系统收到来自列车自动监控系统 ATS 发出的扣车指令后，完成扣车作业。

6. 控制车门

由 ATP 系统监督开门条件，当 ATP 系统给出开门命令时，可以按照事先设定由 ATO 系统自动打开车门，也可由驾驶员手动打开正确一侧的车门。车门的关闭只能由驾驶员完成。

车门打开功能的输入来自 ATP 功能的车门释放、运行方向和打开车门数据，以及来自 ATS 的目的地号。当列车空车运行时，从 ATS 接收到的指定目的地号阻止车门的打开。

四、列车自动驾驶系统基本操作

在驾驶室内，列车的状态显示单元上，有“ATO 模式指示灯”。驾驶员将列车驾驶模式选择开关置于 ATO 挡位，系统正常运行情况下，ATO 模式指示灯会点亮。列车在车站完成停站，关好车门后，根据系统的设置，驾驶员可以按“发车按钮”或直接由系统自动发车，列车自动驾驶系统对列车进行控制，自动运行到下一运营车站。

列车在自动驾驶模式下运行，列车驾驶员需要观察列车的运行状态，如果出现列车控制系统故障情况，需及时采取措施，如按压紧急停车按钮，使列车及时停止运行以排除故障，保证运营安全。

1. 车站发车

当准备在 ATO 模式下运行时，ATP 通过通信天线接收到关门命令，ATP 点亮状态显示单元上的停站时间结束指示灯。如果门是人工操作，驾驶员必须关好车门（否则，ATP 将不允许发车）。门一旦关好，驾驶员必须按压并释放发车按钮来让列车出发运行到下一车站。在车站停车结束之后，驾驶员必须关好车门再按压并释放发车按钮以继续运行到下一车站。一旦发车按钮被按压，ATP 发给 ATO 一个控制速度。

在自动驾驶模式下，必须具备下列条件，列车才能从车站出发。

1）与 ATP 有效的通信（即无连接故障）。

2）有效的目的地 ID。

3）有效的轨道电路 ID（来自 ATP）。

4）有效的驾驶员 ID。

5）非零速限制（来自 ATP）。

6）有效的车辆方向——东/西（来自 ATP）。

7）在出发测试期间没有检测到故障。

8）列车必须位于车站轨道电路、折返轨道电路、车辆段转换轨电路或试车线。

2. 车门控制和停站

车载 ATO 系统通过轨旁通信环线从轨旁 ATC 系统接收到传送给车辆的开门指令，通过要求车载 ATP 系统开启车门来启动开门程序。驾驶员按下开门按钮打开车门。

轨旁 ATC 系统累计停站时间。在正常情况下，停站时间结束后轨旁 ATC 系统会传送一个关门命令。车载 ATO 系统接收到命令后及时励磁关门列车线。驾驶员按下关门按钮关门。当从本地或中心接收到指令时，轨旁 ATC 系统会向车辆传送一个停放制动命令。在这种情况下，车载 ATO 系统通过从车地通信子系统传来的命令控制车门开闭，但在相应的停放制动缓解以及从轨旁接收到命令之前不允许列车从该站发车。

车载 ATO 系统通过车地通信子系统向轨旁传送车门状态。

3. 折返

在运营终点车站，当驾驶员按下发车按钮，ATO 将自动地驱动列车进入折返轨并在折返点执行精确停车。驾驶员必须关闭本端驾驶室的钥匙(司控器)，并启动离去端的驾驶室，打开司控器开关，建立 ATO 模式。轨旁进路开放后，驾驶员按下发车按钮，ATO 将驱动列车进入第一个运营车站并精确停车。

4. 跳停

车载 ATO 系统从轨旁 ATC 系统接收跳停指令。跳停指令通常应在被跳停站的前一站或更早收到。车地通信子系统还能够在完成计划停站之前告知列车中央 ATC 已经发出了一个跳停该车站的命令。在被跳停车站，车载 ATO 系统也能接收并响应轨旁产生的跳停指令。如果在车站停车过程中收到跳停该车站的命令，ATO 将会点亮状态显示单元上的跳停指示灯来告知驾驶员列车不能在站台停车。在这种情况下，列车继续以 ATP 控制速度进行速度调节。跳停命令可以在跳停的车站之前的任何有轨旁通信环线的车站取消。但是，一旦列车处于要跳停的车站的环线内时，跳停本站的命令就不能取消。

五、列车自动驾驶系统基本原理

1. 列车自动驾驶

ATO 系统存储了轨道布局和坡度信息，能够优化列车控制命令，保证列车在 ATP 监督下按照最大允许速度运行。

ATO 通过地面 ATP 设备传来的编码确定前方空闲轨道电路数目或前行列车位置，根据本次列车位置，列车在综合考虑安全因素的前提下可尽量全速行驶至本次列车的停车点。

ATO 系统的自动驾驶功能是通过 ATO 车载设备控制列车牵引和制动系统实现的。所需的 ATP 数据包括：从 ATP 轨旁单元接收到的全部 ATP 运行命令、测速单元提供的当前列车位置和实际速度信息、位置识别和定位系统的信息、列车长度、ATS 通过 ATP 轨旁单元发送的出站命令和达到下一车站的计划时间。

由 ATO 系统执行的自动驾驶过程是一个闭环反馈控制过程，反馈回路从 ATP 数据和运营数据得出基准输入，测速单元通过 ATP 向 ATO 发送列车实际位置信息，ATO 向牵引和制动控制设备提供数据输出。到达计算速度时，系统根据速度曲线控制列车运行，接近制动启动点时，ATO 设备自动控制常用制动使列车运行跟随制动曲线。

2. 车站程序停车

正线上的车站都有预先确定的停站时间间隔。控制中心 ATS 监督列车时刻表，计算需要的停站时间以保证列车正点到达下一个车站。

控制中心通过集中站 ATS 缩短或延长车站停站时间，数据由集中站 ATS 通过 ATO 环线传送给 ATO 车载设备。如果控制中心离线，集中站 ATS 预置一个默认的停站时间。集中站 ATS 还可向列车传送跳停命令。

3. 车站定位停车

车站精确停车通过在车站区域内的轨道电路标识、分界过渡和 ATO 环线变换来进行。轨道电路标识被用来确定停车特征的合适起始点，为轨道电路分界过渡和轨旁 ATO 环线变换提供了距离分界。该距离分界用于达到所要求的位置精度。

停车特征启动后，ATO 基于列车速度、预先确定的制动率和距停止点的距离计算制动特征。制动率调整值通过轨旁 ATO 获得，并且可以从 OCC 或 SCR（车站控制室）中进行选择。

列车停车后，ATO 会保持制动，避免列车运动。

4. 车门控制

ATO 只有在自动模式下才执行车门开启，在手动模式下由驾驶员进行车门操作。

列车的定位天线连接至车辆定位器和接收器，车站站台定位环线位于线路中央，连接站台定位发送器和接收器。列车停站过程如下：

1）当列车停于定位停车的允许精度范围内，车辆定位接收器通过列车定位天线接收到站台定位发送器发送的列车停站信号，ATO 系统确认列车到达确定的定位区域后向 ATP 系统发出“列车停站”信号确保列车制动。

2）ATP 系统检测到零速度，通过列车定位发送器向地面站台定位接收器发送 ATP 列车停车信号，站台接收器检测到此信号进行译码，使地面“列车停站”继电器开始工作。

3）车站轨道电路 ATP 发送器发送允许开门（左车门或右车门）的信号。

4）车辆收到允许开门信号，使相应门控继电器工作，并提供相应广播和允许开门的信号显示。

5）此时驾驶员按压与此信号显示相一致的门控按钮才能打开规定的车门。

6）车辆定位发送器改发打开屏蔽门信号，当站台定位接收器收到此信号后，打开屏蔽门继电器吸起，使与列车车门相对应的屏蔽门打开。

7）列车停站时间结束，地面停站控制单元启动车站 ATP 模块，轨道电路停发开门信号，使门控继电器落下。

8）驾驶员按压关门按钮，关闭车门，同时车辆停发打开屏蔽门信号。

9）车站检查屏蔽门已关闭并锁好后，允许 ATP 系统向轨道电路发送运行速度命令信息。

10）车辆收到速度命令，并检查车门已关闭并锁好，ATP 发车表示灯点亮，列车按照车载 ATP 收到的速度命令进行出发控制。

5. 地—车数据交换

列车与轨旁设备的通信是非安全的，轨旁设备是控制中心与列车通信时的数据交换接口。

列车发至轨旁的数据包括：分配列车号、目的地、车门状态、车轮磨损表示、接近车站时制动所产生的过量车轮滑动、紧急情况或异常情况（如不正确的开门）。

轨旁发至列车的数据包括：车辆车门开启命令、列车号的确认、列车长度、性能修改数据、出发测试命令、车门循环测试、主时钟参考信号、跳停指令、搁置命令、申请车载系统和报警状态。

六、某城市轨道交通 ATO 应用举例

以车站程序对位停车控制为例介绍 ATO 的工作。

城市轨道交通列车运行时保证列车在车站的对位停车是很重要的作业之一，在设置有站台屏蔽门的车站尤为重要。对位停车控制方式，一般采用“距离控制”方式，即根据制动

动作点到对位停车点的距离，以及列车实际速度，列车重量、天气情况、空走时间、线路条件等算出其制动曲线，并在对位停车点的附近进行阶段缓解，以不断修正与对位停车点之间的误差，阶段缓解点为制动中的列车速度与新的制动模式曲线的交叉点。

在采用数字编码轨道电路的城市轨道交通中，一般采用曲线制动模式实现程序停车对位控制。

为了实现车—地间的信息交换和对位停车控制，在站台区域的两根钢轨间，设置了车—地信息通信环线。站台区段轨道电路的两端“S Bond”的中心，正好对准站台的两个边缘。例如轨道电路的长度为186m，那么环线的长度为186m+(2×2)m=190m。为了实现双向运行和车站对位停车的需要，环线以站台中心为基准，两侧完全对称地敷设，并且按长度1m、6m、7m、11m等，两边对称和有规则地交叉敷设。

通过轨道电路，当以检测到列车由区间进入站台区域前方的接近区段，地面“车—地通信控制器”通过站台区域的环线送出控制中心 ATS 的调度控制信息；列车本身也能检测到已经进入站台前方的轨道区段，列车的车载“车—地通信控制器”开始向地面发送列车状态信息。此时由于列车还在站台轨道区段的接近区段，车—地之间没有进入信息交换的阶段，双方都处于信息交换的“准备”阶段。

当列车进入站台前方轨道电路，地面环线停止向列车传送信息，但是列车仍向地面发送车载信息，直至列车尾部离开站台区域轨道电路。

列车进入站台轨道区段后，车载 ATP 子系统收到列车已经进入站台区段的 ATP 控制信息，车载“车—地通信控制器”开始连续地接收地面环线送来的调度信息，车载 ATO 子系统启动程序停车控制。列车通过接收到地面环线各个交叉点的信息精确地测算出到达停车点的距离，连续地修正制动曲线，车载计算机计算出到对位停车的距离，并通过环线交叉点校正。地面的车—地通信控制器，通过 TWC 环线连续向列车传送，包括车站停车制动率、“跳停”当前站、环线边界等各种数据信息。

当列车尾部出清站台接近区段，说明列车已到达对位停车点，列车与地面开始进行双向交换信息。车载通信控制器，向地面送出列车停站(零速)信息，地面收到“列车停站”信息后，开始停站计时，并通过站台区段轨道电路，送出“停站(开门)”信息，允许驾驶员打开车门，并由车载计算机根据列车运行方向和车站站台布置判别打开左、右侧车门。列车 ATP 接收线圈收到上述信息，驾驶员可以打开车门，车载通信控制器通过 TWC 环线将“开门”信息送至地面。

列车在车站的停站计时结束，轨道电路停发“停站(开门)”信息，地面通信控制器通过 TWC 环线向列车送出“关闭车门”信息。列车收到上述信息后驾驶员可关闭车门。车载通信控制器，通过 TWC 环线向地面送出关门信息，地面收到此信息证实车门已关闭。站台区段轨道电路，向列车送出“目标速度”信息，列车 ATP 子系统收到“目标速度”等数据信息后，驾驶室显示单元的“机车信号”表示灯亮绿灯，“停车结束”表示灯亮绿灯，“运行方向”表示灯亮黄灯，驾驶员按压“列车出发”按钮，“自动 ATO”表示灯亮绿灯，表示 ATC 系统以自动(ATO)模式工作实施列车自动运行，同时 ATP 实施自动超速防护。

当列车进入站台前方轨道电路，地面环线停止向列车传送信息，列车这时仍向地面发送车载信息，直至列车尾部离开站台区域轨道电路停止发送 TWC 信息。

曲线式制动模式是基于数字编码轨道电路发展的，其对位停车的起动点离对位停车点更

近，利用地面环线交叉点作为车载系统里程计算的定位校正，使得距离定位信息能够不断地校准，制动曲线的修正主要取决于车载计算机的运算，不再依赖地面发送的点式信号，从而使制动性能更好，也使对位停车精度更高。

项目实施

任务一　认识列车自动驾驶系统车载设备

1. 目标

1）熟悉列车自动驾驶系统车载设备的安装位置。

2）掌握列车自动驾驶系统车载各个设备的功能。

3）掌握驾驶员显示单元的使用方法。

2. 设备

一列完整的车辆编组。

3. 实作内容

1）转动列车模式开关，置于 ATO 挡位。

2）输入正确的目的地号和驾驶员号。

3）启动车载信号系统，观察“ATO 指示灯”点亮。

4）按压“发车按钮”，观察列车运行过程中速度的变化。

任务二　认识列车自动驾驶系统实现车站精确停车

1. 目标

1）了解列车自动驾驶系统对列车速度的控制。

2）了解列车自动驾驶系统的精确停车功能。

2. 设备

一列完整的车辆编组、轨道环线、便携计算机、示波器、电源等。

3. 实作步骤

1）安装连接地面设备。

2）在列车上将便携式计算机与车载自动驾驶系统相连。

3）启动列车车载信号系统和便携式计算机。

4）列车运行到某站台停车。

5）观察便携式计算机上所显示的列车停车过程中的速度距离曲线。

拓展与提高

某城市轨道交通公司列车运行驾驶员操纵程序

1. 列车出库

1）列车整备完毕，列车状态符合正线服务后，与车厂信号值班员报告列车整备完毕。

2）确认出厂信号开放，按该列车出车厂时刻以 RM 模式驾驶列车出库，整列车离开库门前限速 5km/h。在车库大门前、平交道口一度停车，确认线路状况良好后动车。

3）列车运行到转换轨一度停车。

① 待显示屏收到速度码，“ATO”灯亮后，驾驶员确认进入始发站方向进路防护信号开放，以 ATO 模式运行至始发站。

② 当收不到速度码或有需要从另一站出发时报告行车调度员。

2. 正线运行

1）列车“ATO”驾驶模式下，驾驶员工作状态应保持：不间断瞭望，坐姿端坐，左手置鸣笛按钮处，右手置于主控手柄(不按压警惕按钮)。

2）列车运行期间，驾驶员要注意观察列车显示屏信息、各指示灯和仪表显示、自动开关状态。区间发生故障，尽可能维持进站处理。遇故障列车需维持运行至终点站时，驾驶员必须时刻确认列车运行状态，防止列车故障的进一步扩大。

3）列车运行中坚持不间断瞭望前方进路状态，发现线路、弓网故障及其他轨旁设备损坏或超限时，及时采取紧急措施，并报告行车调度员。

4）列车接近进站时，密切观察站台乘客状况，遇乘客较多或有越出站台黄色安全线，应及早鸣笛示警，遇危及列车运行或人身安全时，立即采取紧急措施。

5）列车故障或其他原因需临时停车，驾驶员可通过列车紧急广播或人工广播安抚乘客。在车站如已知前方受阻延误等候开车时间较长，驾驶员开启客室门，并配合站务人员作好宣传解释，减少不必要的乘客投诉。

6）列车本身原因或信号故障，造成列车未对标停车，驾驶员立即手动对标停车。

7）列车“ATO”驾驶模式下发生紧急制动，需要“SM”或“RM”驾驶模式运行时，驾驶员严格遵循进路防护信号显示、“ATP”允许速度及列车运行速度。

8）雨天线路湿滑时，在地面线路，驾驶员转为“SM”驾驶模式，严格控制运行速度，谨防列车打滑空转而造成紧急制动或越出停车标。

9）采用 URM 驾驶模式起动列车时，主控手柄置于牵引区不低于 40% 处，运行中注意人工报站点播，严格控制速度，防止越出停车标。

10）值乘驾驶员遇身体不适，应及时转告派班员或车长，请求协助，避免影响正线服务。

3. 站台作业(开关车门)

1）ATO 模式下，列车进站自动对标停车后，列车显示屏出现相应侧车门释放信息，车门自动打开，无特殊情况下(列车无故障或无接听行车调度员电话)乘务员须在 7s 以内于驾驶室侧门旁立岗，监视站台乘客上下车情况。

2）SM、RM、URM 模式及折返对标停车后，列车显示屏无相应侧车门释放信息，需人工打开时，必须严格执行“确认、呼唤、跨半步、开门”四步作业程序，即先确认停靠站台和需要打开的车门，执行车门呼唤制度，再跨出站台一脚(另一脚在驾驶室)，按压一次“强行开门”按钮，最后打开相应侧站台车门，谨防错开门。

3）关门前观察 DTI 倒计时显示，对照运营时刻表发车时刻，提前约 10s 侧转身体，按压“关”按钮，回转身体，立正面向列车尾部瞭望，待车门全部关好，所有车门黄色指示灯和运行状态黄色灯灭，确认安全后(原则上不得使用重开门按钮来防止夹人)，进入驾驶室，在起动客车之前通过侧望监视镜确认车门无夹人夹物后，按照规定程序起动列车。

4）大客流情况下，驾驶员注意气压表显示状态，超过 0.28MPa 以上时，关门作业加强“重开门”按钮的运用(防止夹人夹物)，同时报告行车调度员。

5）车门发生故障后，原则上运行方向前三节车组由驾驶员负责处理，后三节车组由站台岗负责处理。

① 当后三节车组车门发生故障，经驾驶员重开门简单尝试，未能恢复而需切除该故障车门时，驾驶员面向列车尾部高举手臂轻拍车体，示意站台岗进行车门切除程序。

② 驾驶员确认该故障车门黄色指示灯及该车组运行状态灯黄色灯灭、车门控制盘“关”按钮绿灯亮和驾驶室设备柜无继电器响声，车门切除成功，进入驾驶室按照规定起动列车。

4. 终点站折返

1）到达列车进入终点站接近停车标处，显示屏出现折返图标，AR 黄灯亮，列车停稳，左、右侧车门相继打开。

2）到达列车驾驶员按压“AR”按钮，显示屏上的折返图标由蓝色变为黄色背景，“AR”黄灯灭，关闭主控钥匙，锁好驾驶室侧门，折返上行端驾驶室。

3）终点站有折返驾驶员时，与之对口交接列车运行状态及行车安全事项等，完毕后在换乘亭等候转为下一趟折返驾驶员；无折返驾驶员时，本务驾驶员应抓紧时间激活上行端驾驶室，确认列车状态良好。

4）到达列车停稳后，折返驾驶员进入上行端驾驶室，确认“AR”折返按钮黄灯闪烁，“RM”指示红色灯亮（表示折返成功）。闭合主控钥匙确认显示屏显示正确，注册无线电，改变车次号，按规定在驾驶室侧立岗。

5）URM 模式下折返时，如无折返驾驶员，本务驾驶员应先开左边门下客（右边门不开），清客完毕关左门，折返上行端驾驶室激活操纵台开左门上客。如有折返驾驶员，应待列车停稳后进入上行端驾驶室，与本务驾驶员交接后，激活操纵台开左门上客（如需切除ATP 应在激活操纵台前完成）

5. 列车进入停车场

1）运营列车结束服务到达终点站后，使用标准用语告知乘客，确认全部乘客下车后，按站务人员给的关门信号关门。

2）完成驾驶室折返，步行至另一端驾驶室。

3）确认进路防护信号开放正确后，以 ATO 模式或 RM 模式（该模式可自行转换）驾驶列车至转换轨一度停车。

4）确认入场信号黄灯后驾驶列车入场。待列车无线电转为“停车场”模式时，信号员即与驾驶员联系告知该列车停放股道，驾驶员需原文复诵。

5）库门前一度停车标或平交道口前一度停车。

6）列车停稳后，清洁驾驶室卫生，检查灭火器、列车备品，确认是否齐全良好，与公里数一起填写在《列车状态卡》上。

7）列车停在规定的位置后，方向手柄回零，分主断，施加停制动，分空调，分照明，空压机停止工作后，鸣笛降弓，关蓄电池，下车锁好驾驶室侧门。

复习思考题

1. 列车自动驾驶系统的基本原理是什么？
2. 列车自动驾驶系统的车载天线接收和发送的信息有哪些？
3. 列车自动驾驶系统的主要功能有哪些？

项目十一　列车自动监控系统

知识要点

1. 掌握列车自动监控系统设备的基本组成。
2. 掌握列车自动监控系统的基本功能。
3. 掌握列车自动监控系统基本操作。

相关理论知识

列车自动监控系统是城市轨道交通信号系统的一个重要组成部分，英文称为 Automatic Train Supervision System，简称 ATS 系统。

列车自动监控系统利用可靠的网络结构，与列车自动防护系统和列车自动驾驶系统一起完成对全线列车运营的管理和监控功能。列车自动监控系统的功能包括监督和控制两部分。

列车自动监控系统的监督功能则是将列车运营的状态和信息，通过控制中心或各车站的调度终端，实时显示出来，控制中心或各车站的调度员可以通过这些调度终端屏幕，实时了解和掌握列车的实际运行情况，以便及时对行车作业进行分析和调整，保证全线运营安全高效有序进行。列车自动监控系统可以显示全线列车的动态运行情况，在线路上出现故障或紧急情况时，可以通过列车自动监控系统对事故进行全面指挥和处理，调配资源，及时排除故障，恢复正常运营作业，提高工作效率。

列车自动监控系统的控制功能，是由列车自动监控系统向列车自动防护系统和列车自动驾驶系统，发出指令办理列车进路，指挥控制列车按照列车运行图来运行。列车自动监控系统可以绘制列车实迹运行图，并动态地对偏离运行图的列车进行调整。

列车自动监控系统为非故障-安全系统，列车安全运行由列车自动防护系统来保证。

一、列车自动监控系统设备组成

列车自动监控系统为多层体系结构，如图 11-1 所示，位于控制中心的 ATS 监控设备处于结构的最高层，位于车站的 ATS 监控设备处于结构的低层。列车自动监控系统通过专门的数据传输系统，实现控制中心 ATS 设备与各车站 ATS 设备之间的通信和数据交换。

1. 控制中心 ATS 设备

列车自动监控系统在控制中心的设备，主要有网络设备、服务器、存储设备、显示设备、打印设备等，可以分为系统硬件和系统软件两部分。

（1）控制中心 ATS 设备硬件　控制中心 ATS 系统硬件主要包括以下部分：

① 调度工作站。调度工作站用于调度员完成调度和运营作业，是控制中心的重要设备。调度员通过调度终端屏幕，实时了解和掌握列车的实际运行情况，可以在调度工作站上发出指令，用于直接指挥列车运行。

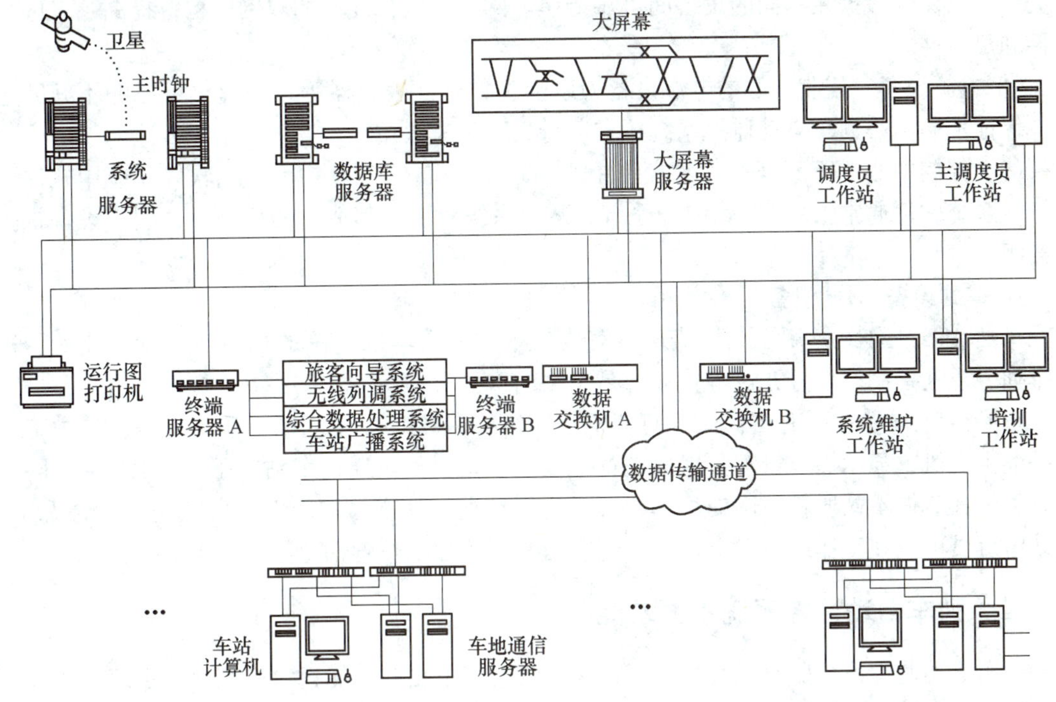

图 11-1　列车自动监控系统设置组成结构图

每套调度工作站一般都有主机、显示器、键盘、鼠标、网络接口等。调度工作站主机数据处理能力强，一般为工作站级别；配置高分辨率的显示器，以便清晰地观看屏幕上线路和运行列车的状态信息。

调度工作站根据运营需求，可以设置多个。调度主任和普通调度员分别在不同的调度工作台上操作，调度台的硬件结构配置完全相同，但管理权限不同，因而软件配置不同。

② 培训工作站。培训工作站，用于培训作业，其硬件结构和组成与调度工作站相同，但软件配置不同。

③ 维护工作站。维护工作站用于设备维护和检修人员，对全线信号系统设备和列车进行监督，对信号系统中所检测到的故障及时处理，以保证信号系统设备稳定可靠运行。

维护工作站的硬件结构和组成与调度工作站相同，但维护工作站上的作业一般不允许对列车进行控制，主要发挥维护工作站的监督和故障诊断作用。

④ 列车运行计划工作站。列车运行计划工作站用于编辑某天或某一时段内所有运营列车的运营计划。列车运行计划编辑完成后，列车自动监控系统将控制列车按照所确定的运行计划运行。

列车运行计划工作站的硬件结构和组成与调度工作站相同。

⑤ 系统服务器。系统服务器是列车自动监控系统的核心设备，由主机、显示器、键盘、鼠标、网络接口等组成，系统服务器装有系统软件和应用软件。

系统服务器通过数据传输系统与网络上的其他设备实现数据交换。

⑥ 数据库服务器。数据库服务器用来存储列车运行的相关数据，可以为磁盘或光盘。

⑦ 网络通信设备。网络通信设备，指数据传输系统的数据传输和交换设备，如通道、网关等，以保证数据在不同的设备间可靠传递。网络一般为冗余的双网结构，提高系统的可靠性和可用性。

⑧ 电源设备。控制中心的电源设备为以上工作站、服务器等设备提供可靠的不间断电源，保证控制中心列车自动监控系统可靠运行，不丢失数据。

（2）控制中心 ATS 设备软件　控制中心 ATS 设备软件一般包括系统软件和应用软件两部分。系统软件通常采用 UNXI 操作系统，减少系统对设备制造商的依赖性，利于设备维护和升级。

2. 车站设备 ATS 设备

车站 ATS 工作站，用于车站值班员完成对本站所管辖的范围的列车运行状态监督、进路排列、道岔控制、信号开放等作业，是车站的重要设备。

车站 ATS 设备包括有工作站、打印机、网络接口和 UPS 不间断电源等设备，其中工作站一般由主机、显示器、键盘、鼠标设备组成，车站值班员通过车站 ATS 工作站终端屏幕，实时了解和掌握本站所辖范围内列车的实际运行情况，在本站取得对车站控制权的情况下，车站值班员可以在工作站上发出指令，直接指挥列车在本站管辖范围内安全运行。

二、列车自动监控系统主要功能

列车自动监控系统监控全线列车运行，它具有以下主要功能：集中监视和跟踪全线列车运行情况；自动记录列车运行过程；自动生成、显示、修改和优化列车运行图；自动排列进路；自动调整列车运行追踪间隔；信号系统设备状态报警；记录调度员操作；运营计划管理和统计处理；列车运行情况模拟及培训；与其他系统接口等。

1. 列车监视和跟踪功能

列车自动监控对在线所有运行列车进行实时监视和跟踪。列车监视和追踪功能包括：

1）系统自动识别、读取列车车次号。

2）列车运行计划时刻表自动产生车次号。

3）人工输入车次号。

4）列车运行的识别。

5）列车运行的跟踪。

6）在调度员台、维护台及大屏幕上显示列车位置。

7）记录车次号。

8）删除车次号。

9）变更车次号。

10）报告列车信息。

下面重点说明车次号的输入、跟踪、记录和删除。

每列车进入轨道开始运营前，都会被赋予一个唯一对应的号码，称为列车车次号。

列车车次号一般由两部分信息组成：列车车组编号和列车目的地编号。列车车组编号反映列车出厂时，标在列车车体上的编号信息，如车体上标有的 101 号，表示第 101 号车，这

个信息在列车出厂后，固定不变。列车运营都有一个起点和终点，终点就是列车运行的目的地点，把运营所有目的地点编号，用数字代码对应，这些编号就是列车运行的目的地编号。根据列车运营计划，给运营列车赋予一个目的地点编号，这个信息根据列车运营计划是可变的。

① 车次号输入和修改。当列车由车辆段或其他地点进入正线开始运行时，列车自动监控系统将根据列车运营计划时刻表由列车自动监控系统赋予运营列车一个列车车次号。

列车驾驶员也可以人工输入列车车次号，修改和确认列车车次号号码。在控制中心大屏幕及调度员的工作站终端显示屏上，列车车次号随着列车运行位置不断变化，跟随列车显示。

当列车自动监控系统监测到运营列车丢失车次号，或车次号发生错误，需要由列车驾驶员人工办理输入、修改或删除车次号作业。

列车自动监控系统删除某列车的车次号，意味着将该列车的车次号从列车自动监控系统的车次号记录表中清除。车次号可以被系统自动删除，也可以人工删除。

② 列车运行识别。列车在轨道上运行，信号系统通常将轨道划分为分段的轨道电路，可以用机械绝缘或电气绝缘来分割不同的轨道电路。系统监测到轨道电路的状态由“空闲”变为“占用”时，可以监测到列车在运行。列车自动监控系统根据列车车次号的目的地信息，为列车排列进路。

③ 车次号的集中显示。控制中心的调度终端显示屏上，或专门设置的大屏幕上，可以直观地显示全线和沿线各站的信号设备的布置和工作情况，以及全线列车运行状况，如列车所处位置及车次号、信号机显示状态、道岔位置、轨道电路状态、进路办理和开通状态，车站控制级别(本站控制或中央控制)、行车闭塞方式、车站扣车作业、信号设备状态报警等信息，以及根据调度员的需要显示车辆段内列车运用状况及各种报告等。

2. 列车自动排列进路功能

列车自动监控系统的列车自动排列进路功能，能够对轨道电路、信号机、道岔实现集中控制，根据列车的运行情况，在适当时机向车站联锁设备发送排列进路命令，转换道岔，开放信号，保证列车的安全运行。列车自动排列进路功能，通过捕获列车的车次号信息，来获取列车的运行任务，由车站设备最终完成进路自动排列作业。

列车自动排列进路功能，取代人工办理进路作业，进路的办理由系统自动完成，可以有效地降低控制中心中调度员和车站值班员的工作强度，消除人工办理进路过程中出现的失误和错误，提高系统的运营效率，保证运营作业安全高效地进行。

控制中心调度员或车站值班员，在必要时，遵照管理程序和规章制度，可以进行人工干预，包括人工建立及取消正线各种进路等。调度员和值班员的人工控制命令，在被系统执行前，列车自动监控系统会检查其合理性，并给出相应提示，提醒调度员和值班员注意。

3. 列车追踪间隔调整功能

(1) 列车追踪间隔调整功能分类　线路上有多列车在运行，列车自动监控系统对前后列车之间的运行间隔，进行实时监测和调整，保证列车在线路上安全、有序、高效地运行。列车追踪调整，可以有两种方式来实现，间隔调整方式和列车时刻表调整方式，下面我们对两种调整方式作简要介绍。

间隔调整方式要求列车调整功能自动控制列车运行，均衡列车到达每个车站站台的间隔。在间隔调整模式下，列车一般在线路上循环连续运行。

在时刻表调整方式下，列车自动监控系统在控制中心监控正线运行的所有列车，并对列车的运行进行调整。列车将按照预定的列车运行计划时刻表，开展运营作业，所有列车的位置和运行状况都被自动监控，以确定每列车的运行是否偏离计划时刻表的要求。如果列车运行偏离计划时刻表要求，系统会给出报警提示调度员。系统能够根据计划时刻表的要求改变列车目的地号和跟踪车次号。

列车追踪调整功能负责自动排列进路，开放信号，调整列车运行等级，控制列车的停站时间。

（2）列车间隔调整功能的实现方式　列车间隔调整功能通过两种方式调整列车的运行，来最小化列车偏离计划时刻表运行的趋势，或按照间隔调整方式行车。

① 修改列车运行等级。城市轨道交通，根据线路的使用情况，可以将列车运行分为不同的运行等级。在不同的情况下，列车运行在不同的速度范围内。如在正常情况下，列车可以运行至线路允许最高速度，这时列车运行等级最高；而在轨道湿滑的不稳定条件下，列车运行最高速度应适当降低，这时列车运行等级较低。根据运营的实际需要，列车运行等级不同。运行等级越低，对应的列车允许运行的速度值越低。

当列车运行情况比列车计划时刻表晚时，系统可以提高列车运行等级；若列车运行情况比列车计划时刻表早，系统可以适当降低列车运行等级。通过这样调整运行等级，使实际的列车运行图与计划的列车时间表尽量接近，减小偏差，保证运营作业按计划实施。

② 自动调整车站停站时间。列车运行间隔，还可以通过调整列车在车站的停车时间来实现。根据列车运营计划，前后列车的相对位置大小，通过适当调整列车在车站的停车时间，来逐步调整列车间隔，实现列车间隔调整。

（3）人工干预列车间隔调整　控制中心调度员可以通过人机界面，修改车站最大、最小停站时间，或为站台设定确定的停车时间，从而改变“列车调整功能”中关于站台停车时间的有关数据。

有些情况下，列车调整功能将受到影响，例如：

1）列车在到达下一停车站发生故障抛锚。

2）调度员对前方列车或下一停站列车实施了扣车命令。

3）列车间隔调整功能延长了停在下一站的列车的停站时间。

4）在下一停站作业或之前对列车实施了紧急停车。

5）下一停站的车站出现紧急情况，站台上的紧急停车按钮被按下等。

4. 列车运行模拟仿真功能

列车自动监控系统提供模拟仿真功能，可以训练操作员和维护人员。模拟仿真是通过仿真手段，离线模拟列车的在线运行，主要用于系统的调试、演示以及人员培训。模拟仿真功能与在线控制模式功能相同，主要的差别在于是列车的信息不是实际获取，而是根据列车车次号位置来模拟实际列车。仿真模拟运行能够模拟在线控制中的系统功能，但它与实际的现场设备之间没有任何信号设备表示信息和控制命令的信息交换。

根据列车自动监控系统仿真系统要求，它一般具有如下功能：

1）列车时刻表管理仿真功能。

2）列车速度仿真功能。

3）信号机逻辑功能模拟。

4）轨道电路、道岔逻辑功能模拟。

5）列车自动防护功能模拟。

6）数据库维护模拟。

7）调度操作和故障仿真功能。

5. 列车运行重放功能

列车在实际运行时，列车自动监控系统的数据库服务器会储存列车运行的各种信息，包括调度员发布的调度命令，以及线路信号设备的实际工作状态信息等。

列车运行重放功能允许用户查看一段时间内的列车运行数据，再现过去某一时间段内线路上信号设备状况、列车运行情况以及调度员操作等信息。

执行重放功能时需要确定存档文件的位置，存档文件按照一定程序载入系统中后，系统处理这些数据文件，启动并执行重放功能。

列车运行重放功能对于分析事故和故障原因，有很大的作用；还可以用来分析评估列车运营计划，优化运营管理程序，提高调度作业效率。

6. 事件记录、报告和报表生成、打印功能

列车自动监控系统能够记录大量与运行有关的数据，如列车运行里程数、实迹列车运行图、列车运行与计划时间的偏差、重大运行事件、操作命令及其执行结果、信号设备的状态信息、设备的故障信息等。

列车自动监控系统可提供多种报告，帮助控制中心调度员了解列车运行情况和系统工作情况。系统可根据用户的要求提供各种统计功能，生成各种统计报表（如日报表、周报表、月报表等）。调度员可调用列车运用计划，对它进行修改，发布新的运行计划。列车自动监控系统所记录的事件都有备份，以防止损坏后无法恢复。这些数据可以通过服务器进行访问、编辑，在需要时可以进行检索、打印。具体记录内容包括以下几个方面：

1）列车运行数据。

2）列车运行间隔调整情况。

3）实迹列车运行图。

4）计划列车运行偏差。

5）ATS 系统报告的重大事件。

6）调度员操作命令。

7）ATS 操作的开始和结束时间。

8）设备故障信息。

9）日期和时间信息。

10）列车情况报告等。

7. 报警功能

列车自动监控系统能及时记录被监测对象的状态，有以下功能：

1）故障的预警、诊断和定位。

2）监测列车防护系统是否正常工作。

3）监测信号设备和其他系统设备的接口状态。

4）在线监测与报警。

5）监测过程不影响被监测设备的正常工作。

在列车自动监控系统相应工作站的显示终端上，有一个报警窗口，显示所出现的故障信息，严重的故障还用音响报警提示，以提醒调度员以及维护人员及时处理，直到恢复正常状态为止。

列车自动监控系统的报警内容包括有：

1）线路上信号设备故障。

2）轨道电路故障。

3）车站控制故障。

4）列车车载系统故障。

5）车辆故障。

6）列车自动监控系统设备故障。

7）接口故障等。

所出现的报警信息按照类别、优先权、时间等顺序显示在报警窗口的相应栏目中。如果不同的报警同时发生，优先级最高的报警将首先显示。调度员必须对系统发出的严重报警信息进行处理和响应，其过程将被系统记录。

8. 接口功能

列车自动监控系统除了以上所述的基本功能外，还可以与其他控制系统进行数据交换，这些系统包括有：

1）主时钟系统。

2）车站旅客向导系统。

3）车站广播系统。

4）无线列车调度系统。

5）综合数据处理系统等。

列车自动监控系统与这些系统之间的接口，遵循一定的通信协议和格式，具体接口情况因不同的设备而定。

三、列车自动监控系统基本操作

在控制中心，调度员在列车自动监控系统的调度终端上进行操作，开展列车调度作业，执行运营任务；在车站，车站值班员取得控制权限后，利用车站的计算机终端控制所管辖范围内列车运行。

列车自动监控系统提供人机界面，控制中心调度员和车站值班员利用人机界面，对列车进行控制和监督。人机界面一般有多个窗口，包括命令执行窗口、命令执行情况信息显示窗口和报警窗口。

列车自动监控系统人机界面上对列车的控制作业很多，下面介绍其中一些基本作业，包括访问控制、车站控制方式选择、道岔控制作业等。

1. 访问控制

（1）访问控制用户分类　列车自动监控系统人机界面上，不同的用户进行操作时，其作业和职责不一样，因此在进入系统前明确操作人员的身份和权限，对不同的人员，设置账号和口令进行管理。

列车自动监控系统人机界面的使用人员可以分为以下几种：

1）系统管理员。系统管理员对列车自动监控系统内的硬件和软件进行维护和管理，保证系统正常工作。一般来说，这类用户基本没有任何权限的限制。

2）控制中心调度员。控制中心调度员通过调度终端监督全线列车运行，控制中心调度员可以具有与系统操作相关的功能。

3）车站值班员。车站值班员监督列车在车站管辖范围的运行情况，在车站取得控制权限后，车站值班员通过车站计算机人机界面可以具有车站管辖范围内各种操作功能。

4）维护人员。维护人员通过维护终端监督系统运行，分析调查系统出现的各种问题。维护人员允许访问系统，对系统进行分析测试。

5）列车运行计划时刻表编制人员。列车运行计划时刻表编制人员编制、修改和发布每天或某段时间内全线列车运营作业。

6）培训人员。培训人员在培训终端上进行各种作业的操作培训，熟悉和掌握列车自动监控系统各种作业。

（2）系统登录　访问控制不同的用户登录系统的基本步骤如下：

1）从主菜单中选择“访问控制”，如图 11-2 所示。

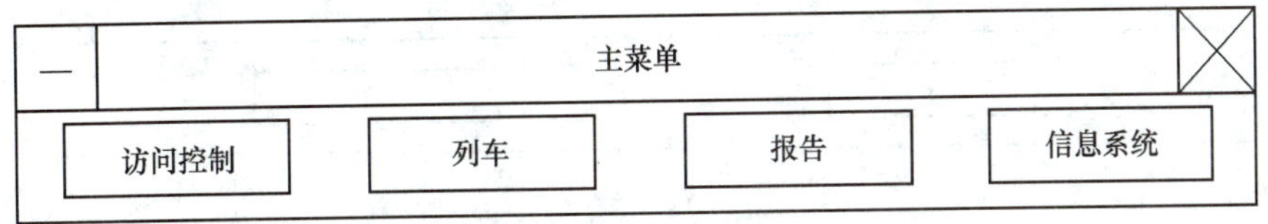

图 11-2　登录窗口主菜单

2）从访问控制下拉菜单中选择“登录”。显示登录窗口，如图 11-3 所示。

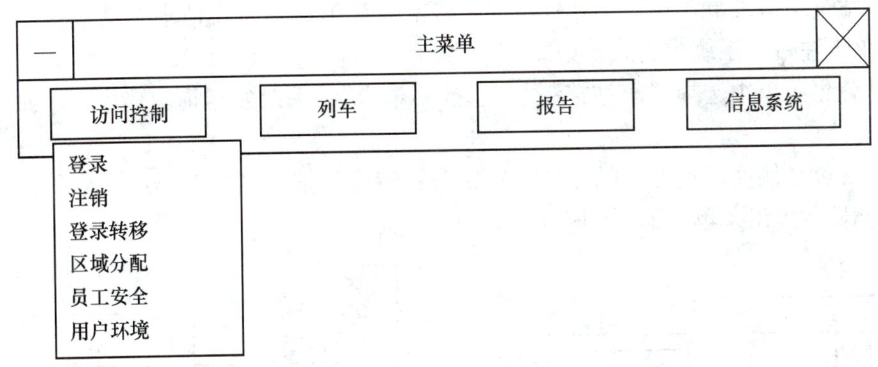

图 11-3　登录窗口 1

登录窗口出现的同时，会把操作员向屏幕上其他任务窗口输入的功能关闭，通过对话框式的视窗完成。这使得操作员在登录完成之前不能执行任何系统控制功能。

3）在登录视窗中用键盘输入“员工号”和“密码”，如图 11-4 所示。

4）用鼠标点击“执行”。如果输入有误，或中止登录作业，用鼠标点击“取消”，如图 11-5 所示。

（3）系统注销　从访问控制菜单选择注销选项，如图 11-3 所示，当前的用户退出系统。若想重新登录，用户重新选择登录选项。

2. 系统控制权限

列车自动监控系统可以由控制中心直接对全线列车和设备进行自动控制，也可以授权给沿线车站，由各车站对列车运行进行控制。通常情况下控制中心拥有最高管理权限，车站需要向控制中心申请才能取得对本站的控制权限，控制中心可以收回对车站的控制权。下面简述控制中心和各站对列车和设备的控制权转移和交接操作过程。

（1）车站向控制中心请求取得对本站的控制权 在正常情况下，车站值班员首先向控制中心提出申请，请求由车站实施控制，控制中心收到车站请求后，给出回复，同意该请求，这样车站就取得了对本站设备和列车的控制权。

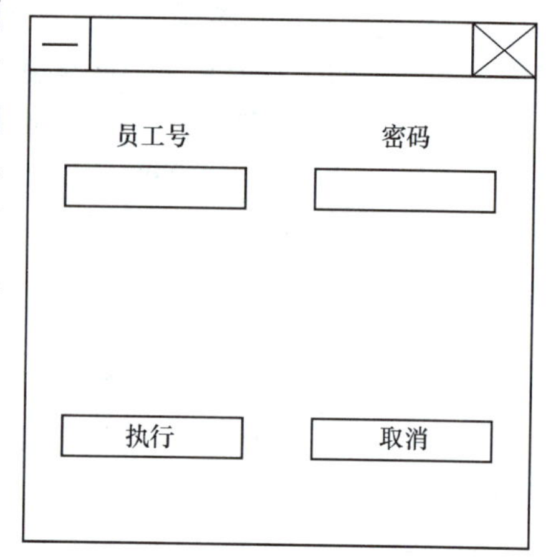

图 11-4 登录窗口 2

车站取得对本站的控制权另一种方式是，首先由控制中心给出同意，允许车站取得控制，然后车站值班员发出请求，完成控制权的交接。

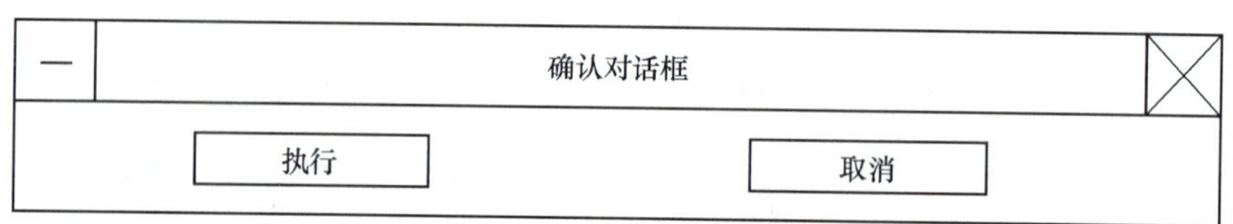

图 11-5 登录窗口 3

操作步骤如下：

1）A 站车站值班员在车站计算机终端上将鼠标箭头移到需要请求本站控制的车站站名处，然后单击左键。系统弹出菜单如图 11-6 所示。

2）从弹出菜单中选择“车站控制”，选择“请求”，系统发送请求命令，车站完成了向控制中心的请求。

3）调度员在调度终端上将鼠标箭头移到需要转换车站控制权的车站站名处，然后单击左键。系统显示弹出菜单，如图 11-7 所示。

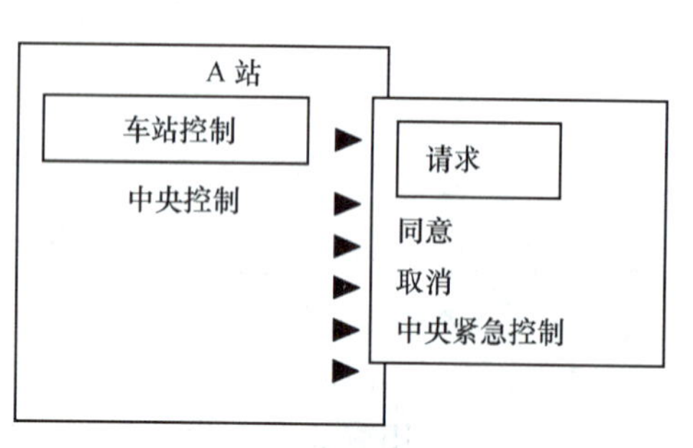

图 11-6 系统控制权操作 1

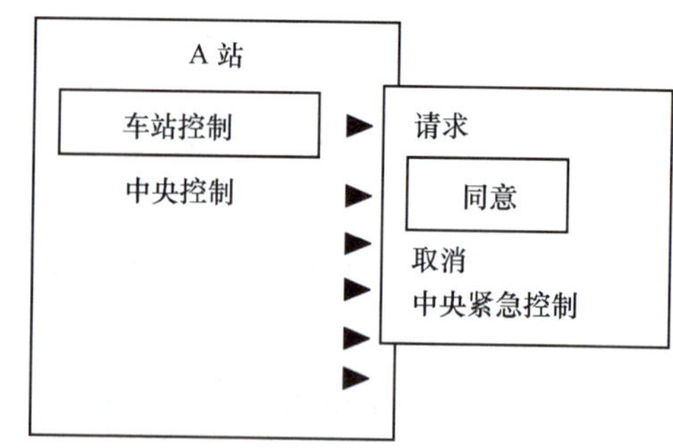

图 11-7 系统控制权操作 2

4）车站计算机终端上，在收到控制中心的同意后，车站即取得了对车站的控制权。

（2）中心控制 中心控制功能允许调度员将某个车站的控制权从本车站转移到中心。

1）控制中心调度员发出中央控制请求，车站值班员收到后，同意中央控制请求。

2）在紧急情况下，中心操作者可以不需本车站的允许而直接将控制权转换至中心。

在正常情况下，控制中心调度员首先请求对某车站实施中央控制，然后该车站值班员同意该请求，这样控制转换就完成了。另一种控制权转移方式是，车站首先同意允许本车站控制权转换至控制中心，然后当控制中心调度员请求中心控制时即完成控制权的转换。

正常操作步骤如下：

① 在控制中心调度终端上，调度员将鼠标箭头移到需要请求中心控制的车站站名，然后单击左键。系统弹出菜单，如图 11-8 所示。

② 从弹出菜单中选择“中央控制”。

③ 从层叠菜单中选择“请求”。系统将指令发送给对应的车站计算机。

④ 在车站计算机上，值班员将鼠标箭头移到需要请求中心控制的车站，然后单击左键。系统弹出菜单，如图 11-9 所示。

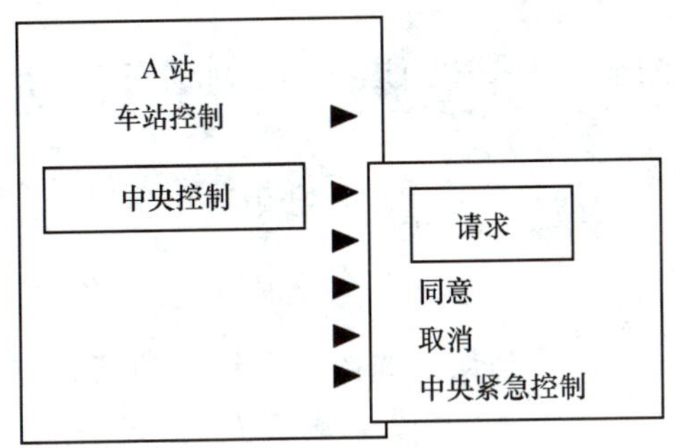

图 11-8　系统控制权操作 3

A 站
车站控制
中央控制
请求
同意
取消
中央紧急控制

图 11-9　系统控制权操作 4

⑤ 从弹出菜单中选择“中央控制”。

⑥ 从层叠菜单中选择“同意”。控制中心调度终端收到同意后，取得对该车站的控制权。

3. 道岔控制

（1）道岔定位操纵、反位操纵　道岔操纵功能可以使调度员对道岔进行单独操纵。定位操纵使道岔转到定位，反位操纵使道岔转到反位，操作步骤如下：

1）移动鼠标指针到需要执行操纵作业的道岔处，单击鼠标右键，屏幕会弹出道岔菜单，如图 11-10 所示。

2）选择弹出菜单中的“定操”菜单项操作。命令成功执行后，系统在提示窗口会显示“道岔 NN 定操命令请求成功”。

如果执行道岔反位操纵作业，选择菜单中的“反操”项来完成。

图 11-10　道岔操作窗口 1

如果有以下某种原因，道岔定操和反操菜单不能被激活：

① 道岔已经锁闭。

② 道岔已经单锁。

③ 已经排列经过该道岔的进路。

④ 道岔不在控制管辖范围内。

⑤ 用户没有执行该功能的权力。

⑥ 道岔故障不能被操作等。

（2）道岔单独锁闭　道岔单独锁闭功能允许调度员把道岔锁在当前位置，防止道岔被操纵，操作步骤如下：

1）移动鼠标指针到需要被单锁的道岔处，单击鼠标右键，屏幕会弹出道岔菜单，如图 11-11 所示。

道岔 : NN
定操
反操
单锁
单解

图 11-11　道岔操作窗口 2

2）选择弹出菜单中的“单锁”菜单项，命令成功执行后，系统在操作提示窗口会显示“道岔 NN 单锁命令请求成功”。

如果有以下某种原因，道岔单锁菜单不能被激活：

① 道岔已经单锁。

② 道岔不在控制管辖范围内。

③ 道岔故障不能被操作。

④ 用户没有执行该功能的权力。

（3）道岔单独解锁　单解操作可以把已单锁的道岔解锁，当道岔单独解锁完成后，道岔就可以被操纵，操作步骤如下：

1）移动鼠标指针到需要被单解的道岔处，单击鼠标右键，屏幕会弹出道岔菜单，如图 11-12 所示。

2）选择弹出菜单中的“单解”菜单项操作。

3）单独解锁功能，涉及行车安全，系统要求进一步确认，选择“允许”执行，如图 11-13 所示。

道岔 : NN
定操
反操
单锁
单解

图 11-12　道岔操作窗口 3

图 11-13　道岔操作窗口 4

四、某地铁 ATS 系统举例

1. 中心 ATS（CATS）

（1）用户等级　根据需要 CATS 系统可设置系统管理员、系统维护员、调度长、调度员、时刻表管理员和车辆调度员等用户等级。

系统管理员：负责整个系统的正常运行，它能选择任何一种用户等级，并能执行所有的功能，在用户等级中级别最高。

系统维护员：负责整个系统软、硬件设备的维护，所以其用户等级及执行的功能都类同于系统管理员。

调度长、调度员、时刻表管理员以及车辆段管理员，这四类用户都是系统的使用者，以控制列车的运行。根据其担负职责的不同，其功能配置也有所不同。

（2）CATS 系统运行模式　CATS 系统主要有三种运行模式：在线控制、模拟运行和运行复示。

① 在线控制模式。在线控制模式是 CATS 系统的主要运行模式，它监督与控制实际的列车运行，该模式下系统的主、备控制服务器及通信前置服务器等，都处于工作状态。

② 模拟运行模式。该模式运行于模拟在线运行状态，主要用于系统调试、演示和培训，它模拟在线控制运行的所有功能，但与现场设备没有联系，也即不能向现场发送控制命令，也不接收现场的设备状态信息。模式运行时，至少需占用一台工作站和一台系统控制服务器，因此该模式的运行，会影响在线控制模式中备机的运行。

③ 运行复示模式。运行复示模式下，系统可以重新回访 72 小时之内的全部运行记录，再现系统的运行情况，也可选择其中任一小时和当前时刻的前一小时的运行记录，其速度可以调整，也可按事件回访，或按秒回访。对在线运行和模拟运行的运行记录，均可以回访。运行复示模式只占用一台工作站，所以不会影响在线运行的控制。

2. 联锁集中站 ATS（LATS）

在全线各联锁集中站的信号设备室都设有 ATS 设备，一般称其为 LATS。它不仅在控制中心授权下，完成进路控制等功能，也是控制中心与列车之间信息交换的中介，控制中心通过数据通信系统与 LATS 系统进行数据交换。

控制中心与全线联锁集中站信号设备室之间通过光纤网络交换数据。信号设备室内，设有两台非安全逻辑服务器（NVLE），在相应的车站控制室内，设有车站控制工作站，作为车站值班员的操作终端。两台 NVLE 服务器为一主一备，每台服务器都设有控制终端和键盘，NVLE 服务器连接对象包括：

1）与控制中心连接，以接收控制中心的遥控指令和传送现场信号设备的状态信息。

2）与联锁逻辑处理服务器（联锁 MICROLOK）连接，以控制相关的信号设备（道岔、信号机等）。

3）与相邻集中站的 NVLE 连接，以提高 ATS 系统的可靠性和控制的灵活性。

4）与车—地信息交换系统（TWC）相连，以完成车—地的信息交换，将控制中心的 ATS 指令，传给列车，并将列车的运行状态信息，经 NVLE 服务器传给控制中心。

车站控制工作站，实际为 NVLE 提供用户界面，通常在遥控情况下，车站值班员通过 CRT，监视被控车站的线路及运行状态，在 CATS 授权下，车站值班员可以控制被控车站的信号设备，指挥列车运行。在特殊情况下也可以“紧急站控”。当需要“站控”时，NVLE 向控制中心发出请求，调度员同意的情况下，CATS 系统可设置“站控”模式。车站值班员得到“站控”指令后，可执行车站控制功能，其中包括进路的排列和信号的开放、临时限速命令控制、站台紧急停车控制、道岔的单独操纵、扣车和催发、引导进路的锁闭、引导信号的开放控制、终端折返站的折返模式控制以及改变运行方向控制等。这里要指出的是道岔的单独操纵和引导信号的控制，只允许在站控的情况下完成。

3. 列车与地面通信（TWC）系统

列车与地面的信息交换系统（简称 TWC 系统），是列车与地面之间的半双工 ATS 信息交换系统。TWC 系统与 DTS 系统相结合，完成控制中心、联锁集中站与列车这三者的信息交换，使三者有机地结合，构成一个完整的系统。TWC 系统交换的信息，是“非安全”调度信息和列车状态信息，是 ATS 系统的重要组成部分。

不同的 ATC 制式，采用不同的 TWC 系统，其传输方式和内容也不相同。这里重点介绍“站内轨道电路”和“站内轨道区段敷设环线”这两种典型的 TWC 系统。

（1）以“站内轨道电路”为载体的 TWC 系统　以“站内轨道电路”为载体的 TWC 系统由车站 TWC 模块、阻抗联接器、TWC 车载设备三部分组成。

联锁集中站的信号设备室内，对应所管辖车站的每个站台，分别设置与其相对应的 TWC 模块。以对车—地交换的数据信息进行处理。

在每个站台的两端、车辆段的出库线及折返站的折返线、存车线，设置能发送 TWC 信息的阻抗联接器。阻抗联接器与室内 TWC 模块通过电缆相连，其输出连接至钢轨，钢轨中的 TWC 电流信息通过感应，由运行于站台区域的列车 TWC 接收线圈接收，从而将控制中心的调度信息传送给列车。

地面发送的信息内容为：信息字头、列车目的地号、车号、ATS 运行等级、“跳停”、保护信息、信息字尾。

在列车（A 型车）导轮的前正对钢轨的上方，设置 TWC 两个接收线圈（它与 ATP 接收线圈共用），用于接收由地面发送的 TWC 电流信息；另外，在列车头部（A 型车）的底部，还设有车载 TWC 信息发送天线，用于列车向地面发送 TWC 信息；在车载 ATC 系统机柜内，设有相应的 TWC 接收、发送模块，用于处理（调制、解调）TWC 数据信息；车载 TWC 信息，即列车状态信息，经 TWC 发送天线，传至地面的阻抗联接器（设于站台区域），然后传至信号设备室内相应的 TWC 模块，经处理后传送至控制中心。

列车发送“短信息”的内容为：信息字头、列车目的地号、保护信息、信息字尾。

列车发送“长信息”内容为：信息字头、列车目的地号、车号、车长、列车对位、列车准备就绪、列车车门打开（关闭）、列车移动检测、驾驶模式（人工/自动）、ATS 运行等级、ATP 切除、保护信息、信息字尾。

（2）以环线为载体的 TWC 系统　利用敷设于钢轨之间的环线作为 TWC 信息传输通道，该环线不仅是车—地信息交换媒介，也作为车站程序对位停车的定位校正设备。

每个车站的站台区域、折返线以及出库线等处，需要与列车交换信息的区域，其钢轨之间都铺设用于信息交换的交叉环线，如图 11-14 所示，环线离两边钢轨 0.4295m，环线宽度为 0.6m，这样使车载 TWC 接收线圈的接收信号强度最强。环线的长度覆盖整个站台区域，站台两端轨道电路“S Band”中心之间的距离，即站台的长度，为 186m，再加 4m，总长约

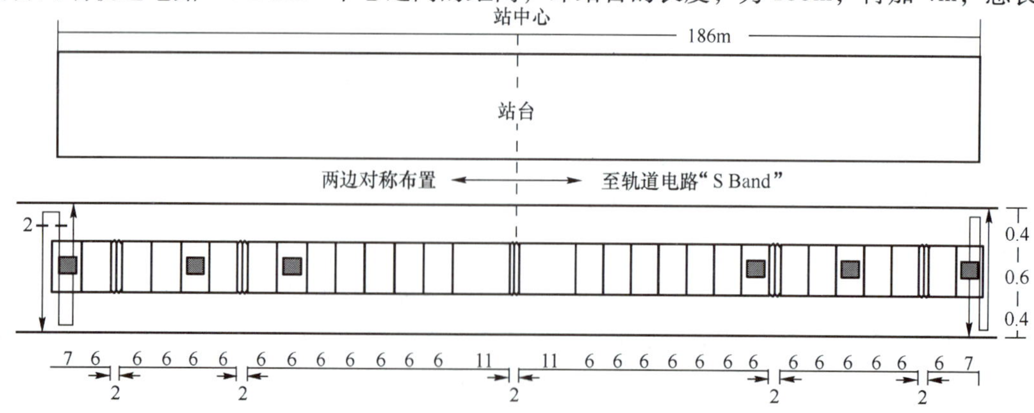

图 11-14　车—地通信环线示意图

为 190m。整个环线设奇数次交叉，以站台中心为基准以 11m、7m、6m、1m 等有规则地两边对称设置，以利于双向运行的对位停车控制。在环线的接入口，设有耦合单元使传输线与环线之间的阻抗得以匹配。传输线的另一端连至联锁集中站信号设备室的“车—地通信控制器”，每个“车—地通信控制器”都有唯一的地址，对应于某个站台。

为了与地面进行无线数据通信，列车(A 型车)的 ATC 机柜内都配置有车载“车—地通信控制器”，在其车底还设有 TWC 接/发天线。

4. ATS 系统的在线控制功能

在线控制功能是 CATS 的主要控制功能，它主要有五个控制内容：即信号控制、列车描述、列车运行调整、时刻表控制和列车运行图。

（1）信号控制功能　信号控制功能是指对全线所有车站(车辆段除外)信号设备的控制，其主要内容如下：

1）设置控制模式。控制模式是指遥控，也是站控。它的设定是系统控制的关键，遥控是指由控制中心对全线各联锁集中站进行控制，站控是由控制中心授权，相应的联锁集中站才具有控制权。

控制模式的转换，由控制中心和车站双方配合完成，紧急情况下，可由集中站直接执行紧急站控，它也属于站控模式。站控模式要转换至遥控模式，必须将该联锁集中站的信号系统“复原”，经控制中心同意后，才可返回遥控模式。

2）设置终端模式。线路两端的折返站以及具有折返功能的中间站，都可以设置终端折返模式。终端折返站设有三种终端模式：

模式 1，用折返线 1 进行列车折返。

模式 2，用折返线 2 进行列车折返。

模式 3，用空闲的折返线，进行列车折返；优先为折返线 1。

其中模式 3 为最常用的终端折返模式，也是默认模式。当终端折返模式设定以后，车站信号设备根据列车运行的目的地号，自动地排列进路，并开放相应的信号。

3）进路控制和信号机控制。进路的建立和取消，以及信号机的开放和关闭，是信号控制功能中涉及行车安全的重要内容。

为了确保行车安全，控制中心不能直接单独操纵现场的某个道岔，也不能直接操纵某个信号机的开放和关闭。ATS 系统在控制中心设有人工进路控制功能，调度员可以采用进路操纵方式，通过工作站的显示屏，操纵鼠标，单击进路的始端和终端，建立或取消进路；信号机随着进路的建立而开放，并根据列车占用进路的情况而自动关闭。控制中心可以对全线所有车站的信号机或某个联锁集中站的信号机，设置成“连续通过”信号或“自动”信号的信号机工作模式，“连续通过”信号和“自动”信号，其进路的排列以及相应信号机的开放，都由车站联锁设备完成。所谓连续通过信号，是指以该信号机为始端的进路是连续的通过进路，列车通过该进路以后，进路将再次自动排列，该信号机会自动开放。自动信号是指该信号机为始端的进路为自动进路，车站信号设备将根据列车的目的地号自动地排列列车进路，并当列车到达该信号机的接近区段时，自动地开放信号。

4）呼叫车站。当控制中心调度员要与车站值班员联系时，若电话联系不上，可使用“呼叫车站”功能，使该车站控制台上的铃声响，提醒车站值班员与调度员联系。

（2）列车描述功能　列车描述包括三部分内容：即车次号、驾驶员号和列车号，它们各有五位数组成，其中车次号的前三位为运行号，后二位为目的地号，运行号是运行列车的标识，是系统把列车和时刻表相联系的基础，也是系统控制和表示列车的基础。目的地号指明列车运行的终点站，它是系统触发车站信号控制的重要参数，据此可以为列车自动排列进路。

在运行过程中，车次号是列车描述中很重要的部分，系统将各次列车的目的地号传送给车站信号设备以控制列车进路。

目的地号可以先由驾驶员人工设定，只要列车经过车—地信息交换点(设于停车场出库线、各个车站的站台区域、折返线等处)，列车可以通过 ATS 子系统自动得到正确的目的地号，以后列车在每个车站都会自动得到更新的目的地号信息。

驾驶员号由驾驶员在车上人工输入并通知调度人员，说明哪一位驾驶员在操纵哪一列车。

列车号的设置，是为了使系统跟踪列车的运行，从而产生车辆运行里程报告。

上述列车运行的车次号、目的地号、驾驶员号及列车号可以设置、修改和删除。在控制中心表示盘的车号窗中自动地跟踪相应的车号信息。运行管理人员可以根据各地不同线路情况自行设定，但是同一个控制中心的不同线路其设置应相同。

(3) 列车运行调整功能　列车运行调整功能的作用是：调度和调整列车的运行。

1) 系统调度模式的设置。不同的线路其系统调度模式不尽相同，一般有四种模式：自动调整模式、人工调整模式、人工调度模式和全人工模式，不同的调度模式反映了系统自动控制的程度。

全人工模式，系统的自动控制功能不起作用，所有的控制、调度、调整均依赖于调度员指挥。

人工调度模式，是指列车的调度和运行的调整依赖于调度员指挥，但系统具有自动进路功能，也具有时刻表和车号自动管理功能。

人工调整模式，指运行调整要依赖于调度员，系统除具备人工调度模式的自动控制功能，还具有自动调度功能，即根据时刻表和调度模式，按时自动地调度列车从折返站(或车辆段)出发。

自动调整模式，是调度自动控制最高级别，系统除具有人工调整模式的全部功能外，还具有自动调整功能，能根据时刻表，自动地调整列车停站时间及运行等级，以保证列车的安全、正点运行。

2) 列车调度方式的设置。当车站两列车都在终端折返线时，在自动调整模式中有两种列车调度方式以决定折返线 1 的列车折返；还是折返线 2 的列车出发，一种是按列车运行顺序来调度列车的方式；另一种是按列车的车号来调度列车的方式。

3) 列车运行控制。

① 列车进入系统的自动控制。列车由停车场出库线出发后进入正线运行前，为了使列车受系统的自动控制，列车必须在停车场出库线的车—地信息交换点，自动设置正确的列车号(包括运行号和目的地号)。与时刻表相对应的列车，进入正线就成了时刻表列车，必须接受系统对其的自动控制。若取消对列车的自动控制，则该列车成为非时刻表列车，当恢复自动控制后，该列车又成为时刻表列车，系统也恢复对它的自动控制。

② 站台控制。站台控制包括：列车的停站时间设置、列车运行等级设置、扣车和终止

停站设置、“跳停”设置等。

在自动调度模式下，由系统根据时刻表和列车运行的正点误差值，自动调整停站时间。在人工调度模式下，人工设定车站的停站时间，各个车站的停站时间。在系统设计时已经根据该车站的客流量等因素进行设定，一般设有20、25、30、35、40s；当然，也可以根据线路情况进行调整。

在自动调度模式下，系统根据列车运行时刻表和列车运行正点误差值，自动调整该列车的运行等级。人工调度模式下，可选择四种运行等级的任意一种，作为列车新的运行等级，其中：等级1和等级2对应的速度较高，而等级3和等级4对应的速度较低。在调度员工作站上，可以显示已经设置，并正在执行的停站时间和运行等级。

在特殊情况下，将列车扣于某站，从而使该站的发车表示器不亮，列车不按时刻表规定的时间出发，所以扣车功能使原来设定的停站时间不起作用。反之终止停站功能，使该站的发车表示器立即点亮，列车随之出发。

③ 跳停。“跳停”是列车在该站不停车的功能。

“跳停”功能可以对单个列车，也可以对全部列车，也可以设定于某个时间段的某个站，一般用于空车或晚点较多的列车。要实行某站“跳停”功能时，必须在“跳停”站的前一站发车前，将此信息告知列车，并在进入“跳停”站的站台区域时，再次得到确认。

④ 下一车号的设定。一般情况下终端折返站下一趟列车的列车号是由系统根据时刻表自动设定，即依据始发站的列车调度和发车数据，系统自动地把时刻表中下一个车号按序推进。

当自动功能发生错误时，可人工设定下一趟列车的车号，并在调度员工作站上显示。

4）时刻表控制功能。时刻表控制功能仅供调度员使用，以管理和调整在线时刻表和计划时刻表。计划时刻表是指准备投入在线控制的时刻表，在线时刻表是指正投入在线控制的时刻表。

调度员选择时刻表管理员所创建的某一种基本时刻表以进行必要的调整。调度员可根据基本时刻表建立计划时刻表，进而建立在线时刻表；也可以从系统中删除计划时刻表或在线时刻表，以增加或删减车次；也可以进行时间偏移调整。

5）列车运行图的绘制功能。系统在“在线控制”情况下，能绘制当天和前一天的列车运行图，也可绘制其中某一段时间的运行图。列车运行图有计划运行图（即计划时刻表的运行图的形式）、实际运行图（记录列车运行轨迹）以及合二为一的复合运行图。

任务一　认识列车自动监控系统在控制中心的设备

1. 目标

1）掌握列车自动监控系统在控制中心的设备组成。

2）掌握列车自动监控系统的基本功能。

3）掌握列车自动监控系统的基本操作。

2. 设备

调度主机、培训终端、大屏幕、网络服务器、网络数据存储设备、调度电话、电源等。

3. 操作步骤

1）闭合列车自动监控系统调度主机电源，启动系统。

2）输入用户号和密码，登录进入系统。

3）在显示器和大屏幕上，监督全线所用列车实际的运行情况，观察列车追踪、停站和运行过程中，设备的工作状态变化情况。

4）在调度终端上操作，实施取得对某车站的控制权。

5）在控制中心办理该车站的进路作业，观察设备的动作和响应情况。

6）退出系统。

任务二 认识列车自动监控系统在车站的设备

1. 目标

1）掌握列车自动监控系统在车站的设备组成。

2）分析对道岔实施操作不成功的原因。

3）掌握在列车自动监控的车站计算机上的基本操作。

2. 设备

车站计算机、网络接口、调度电话、电源等。

3. 操作步骤

1）闭合车站计算机主机电源，启动系统。

2）输入用户号和密码，登录进入系统。

3）在终端显示器上，监督本站范围内列车实际的运行情况。

4）在终端人机界面上操作，向控制中心申请取得本车站的控制权。

5）对本站的道岔进行单独操纵，锁闭和解锁作业。

6）退出系统。

拓展与提高

列车自动监控系统设备的日常巡检和定期检修

列车自动监控系统在控制中心的设备，需要定期进行维护和检修，保证系统连续稳定正常工作。维护和检修内容根据不同的运营需求，可以包括日常巡检和定期检修。

1. 日常巡检

列车自动监控系统设备维护人员对放在控制中心不同地方的设备，进行设备巡视检查。

（1）在列车自动监控系统设备室的设备　列车自动监控系统在设备室内的设备一般包括有网络服务器、系统服务器、数据存储设备和电源设备等。设备巡视检查的内容有：

1）检查室内环境、温度和湿度。

2）依次查看各机柜内有无异常气味、声响，机柜内风扇运转是否良好。

3）检查防雷单元指示灯显示是否正常。

4）电源屏各设备有无损坏、过热现象、不正常噪声、异味等。确认Ⅰ、Ⅱ路电源有电指示灯显示正常，无声光报警指示，确认各电源开关位置正确。

5）观察不间断电源的指示灯显示是否正常，查看工作模式以及有无报警信息。观察电

池端子有无渗液，电池外壳有无过热现象。

6）观察各数据库服务器、系统服务器、磁盘阵列机箱、光盘刻录机、交换机、终端服务器、打印管理计算机、post server 以及各个232/485转换器的指示灯显示是否正常。对异常情况进行记录。

7）清洁各个设备表面灰尘。

（2）在中央控制室内的设备　列车自动监控系统在中央控制室内的设备一般包括有多个调度工作站和大屏幕等。设备巡视检查的内容有：

1）观察各调度员工作台、大屏幕显示工作站以及打印机的工作状况，询问使用是否正常。对异常情况进行记录。

2）清洁各设备表面灰尘。

（3）列车自动监控系统维修间内的设备　维修间内的设备包括有维修工作站，设备巡视检查的内容有：

1）观察维护工作台显示情况，使用是否正常，清洁设备表面灰尘。

2）通过维护工作台的网络通信状态监视器，观察各站的工作情况。

3）利用网络命令查看系统内各个设备的网络连接情况。

4）登录或远程登录到各个设备，查看所有进程的运行情况，并对不工作或运行错误的进程进行处理；对数据库服务器还要查看数据的存储情况，以及磁光盘的使用情况，并及时翻转或更换磁光盘。

（4）运行图室的设备　运行图室工作站设备巡视检查的内容主要是观察打印管理计算机以及各台打印机的工作情况，清洁设备表面灰尘。

2. 定期检修

列车自动监控系统的设备需定期检修，重点对工作站和服务器进行定期检修。检修内容包括：

1）清洁设备外部环境和外观。

2）检查线缆的连接情况，并紧固。

3）服务器主机和备机之间切换。

4）工作站、服务器运行情况检查。

5）从维护台远程登录到目标设备，进行检查。

6）下载有关列车运行数据文件，进行文件整理和备份。

根据设备的实际使用情况，可以针对具体设备的应用，调整检修内容，保证设备处于良好的运行状态，系统稳定运行。

复习思考题

1. 列车自动监控系统在控制中心的设备有哪些？
2. 列车自动监控系统在车站的设备有哪些？
3. 列车自动监控系统一般有哪些用户？
4. 列车自动监控系统对道岔进行操纵、锁闭和解锁作业不成功的因素有哪些？
5. 列车自动监控系统调整列车追踪间隔有哪两种方式？
6. 列车自动监控系统的基本功能有哪些？

项目十二　通信系统概述

知识要点

1. 了解一般的通信系统如何组网。
2. 了解城市轨道交通通信网如何组网，如何搭建传输平台。
3. 了解通信网中的电缆、光缆以及无线微波等传输介质各有什么特点。

相关理论知识

城市轨道交通专用通信网是指专用于组织、指挥城市轨道交通运营行车的专用通信系统。这些设备专用于接收/发送语音、数据、图像、多媒体等信息，为指定的用户提供服务。城市轨道交通专用通信系统一般由数据传输、公务电话、专用有线调度电话、无线列车调度、闭路电视监控、车站广播、时钟、旅客信息引导显示、防雷、光纤在线监测、动力环境监测和 UPS 不间断电源等系统组成。

通信系统是城市轨道交通运营生产的基础，是保证行车安全、提高运营效率、提升运营服务质量的重要设施。在科学技术迅速发展的时代，具有现代化特征的专业通信网，是城市轨道交通的重要标志之一。

一、通信系统的基本知识

1. 通信系统的模型

通信系统将信息从发信者传递给在另一个时空点的收信者，由于完成这一信息传递的通信系统的种类繁多，因此它们的具体设备和业务功能可能各不相同，通信系统可抽象概括为图 12-1 所示的基本模型图。整个流程是由信源、发送变换器、信道（或传输介质）、接收变换器和信宿（收信者）等五部分组成。

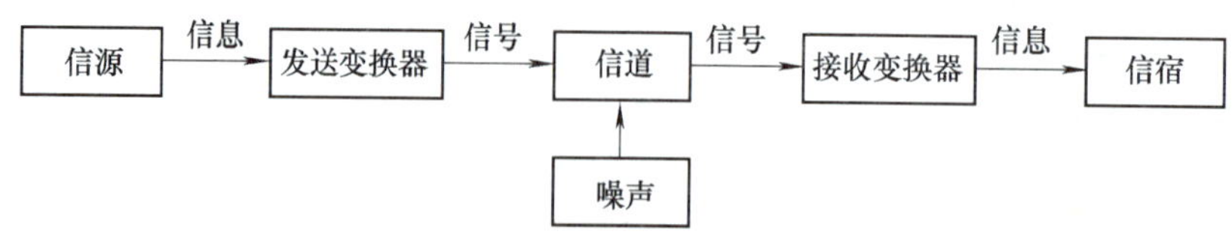

图 12-1　通信系统的基本模型图

（1）信源、信宿　信源是信息的产生或信息的形成者，信宿是信息的接收者。根据信源所产生信号的性质不同可分为模拟信源和离散信源。模拟信源（如电话机和电视摄像机等）输出幅度连续的模拟信号；离散信源（如电传机、计算机等）输出离散符号序列或文字。

模拟信源可通过抽样和量化转换成离散的信源。

(2) 发送变换器　发送变换器的基本功能是将信源和传输介质匹配起来，将信源产生的消息信号变换为利于传送的信号形式，送往传输介质。发送变换器为满足某些特殊需求对信源进行处理，如多路复用、保密处理和纠错编码处理等。

(3) 信道　信道是指信号的传输通道，目前有狭义信道和广义信道两种定义方法。

狭义信道是指信号的传输介质，其范围包括从发送设备到接收设备之间的介质，如架空明线、电缆、光导纤维以及传输电磁波的自由空间等，本书所提及的信道一般指狭义信道。

广义信道指消息的传输介质。除包括上述信号的传输介质外，还包括各种信号的转换设备，如发送、接收设备，调制、解调设备等。

信号经过信道传送到接收变换器。传输介质既可以是有线，也可以是无线，二者都有多种物理传输介质。在信号传输过程中，必然会引入发送变换器、接收变换器和传输介质的热噪声及各种干扰和衰落，即信号在信道中传输时，会产生信道噪声。

传输介质的固有特性和干扰特性会直接影响变换方式的选取，如通过电导体传播的有线信道和通过自由空间传播的无线信道，其信号变换方式不同。不同频段的无线电波在空间传播的途径、性能和衰减(衰落)也不同。

(4) 接收变换器　接收变换器的主要作用是将来自信道的带有干扰的发送信号加以处理，并从中提取原始信息，完成发送变换过程的逆变换，如解调和译码等。

上述的模型是点对点的单向通信系统。对于双向通信，通信双方都要有发送和接收变换器。对于多个用户之间的双向通信，为了能实现信息的有效传输，必须要进行信息的交换和分发，由传输系统和交换系统组成一个完整的通信系统或通信网络来实现。其中交换系统完成不同地址信息的交换，因此交换系统中的每一台交换机组成了通信网中的各个节点。

2. 通信系统的组成

通信系统是实现信息传输、交换的所有通信设备连接起来的整体。通信系统由终端设备、传输设备、交换设备三大要素构成。

(1) 终端设备　终端设备是通信网的外围设备，一般供用户使用，其主要的功能是将用户(信源)发出的各种信息(如声音、数据、图像等)变换为适合在信道上传输的电信号，以完成发送信息的功能。或者反之，把对方经信道送来的电信号变换为用户可识别的信息，完成接收信息的功能。

终端设备的种类有很多，如普通电话机、移动电话机、电报终端、计算机终端、数据终端、传真机、可视图文终端等。

(2) 传输设备　传输设备是传输信息的通道，也称为通信链路。传输设备包括传输介质和延长传输距离及改善传输质量的相关设备，其功能是将携带信息的电磁波信号从发出地点传送到目的地点。传输设备将终端设备和交换设备连接起来，形成网络。

按传输介质的不同，传输设备可分为有线传输和无线传输两大类。有线传输系统包括明线、电缆、光缆传输等几种类型；无线传输设备又包括长波、短波、超短波和微波(地面微波、卫星通信)等几种类型。

(3) 交换设备　交换设备是通信网络的核心，起着组网的关键作用。交换设备的基本功能是对所接入的链路进行汇集、接续和分配。不同的业务，如话音、数据、图像通信等对交换设备的要求各不相同。例如，电话业务网要求交换设备的性能实时性强，因此目前电话业务网主要采用直接接续通话电路的电路交换方式；计算机通信的数据业务，由于数据终端或计算机可有各种不同的速率，为了提高链路利用率，可将流入信息流进行分组、存储，然后再转发到所需链路上去，这种方式叫做分组交换方式，例如分组数据交换机就按这种方式进行交换，这种方式可以比较高效地利用传输链路。

3. 通信网的分类

通信网的分类方法很多，可以按用途来分，也可以按传输信号的特征来分，还可以按工作方式来分，下面介绍几种常用的分类方法。

（1）按信源物理特征分类　按照信源发出消息的物理特征不同可分为电话、电报、数据和图像等通信系统。其中电话通信目前最发达，其他通信常借助于公共电话通信系统传递信息，如电报通信一般采用公共电话系统中的一个话路或从话路中一部分频带进行传送；电视信号或图像信号可使用多个话路合并为一个信道进行传送。

（2）按传输介质分类　通信系统模型中的信道是指传输信息的介质或信号的通道。按传输介质分类，通信系统可分为有线和无线两大类。有线又包括双绞线、同轴电缆、光缆等；无线包括微波、卫星、红外线、激光等。

（3）按传输信号的特征分类　根据传输信号的特征，通信系统可分为模拟通信系统和数字通信系统两大类。

在模拟通信系统中传输的是模拟信号，如图 12-2 所示是模拟通信系统的基本组成。在图中用调制器取代通信系统模型图 12-1 中的发送变换器，用解调器取代了通信系统模型图 12-1 中的接收变换器。这里的调制器和解调器对信号的变换起着决定性的作用，直接关系着通信质量的优劣。

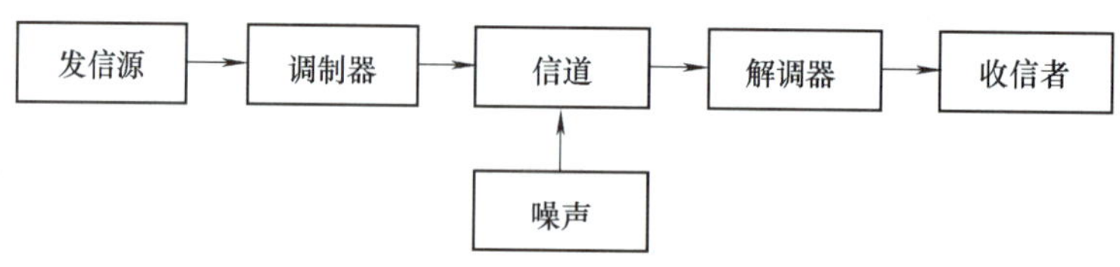

图 12-2　模拟通信系统基本组成图

在数字通信系统中传输的是数字信号。数字通信系统的基本组成如图 12-3 所示。数字通信系统除包括调制解调器外，还包括信源编码器、信道编码器、信道译码器、信源译码器和同步系统等。

1）信源编码器的主要作用是提高数字信号传输的有效性。如果信息源是数据处理设备，还要进行并/串变换，以便进行数据传输。通常数字加密也可归并到信源编码器中。接收端的信源译码是信源编码的逆变换。

2）信道编码器可以提高数字信号传输的可靠性。由于传输信道内噪声的存在和信道特性不理想造成的码元间干扰，通信系统容易产生传输差错，而信道的线性畸变所造成的码间干扰可通过均衡办法基本消除，因此信道中的噪声是导致传输差错的主要原因。减小这种差错的基本方法是在信码组中按一定规则附加上若干监视码元（或称冗余度码元），使原来不相关的数字信息序列变为相关的新的序列，然后在接收端根据这种相关的规律性来检测或纠正接收序列码组中的误码，以提高可靠性，因此信道编码器又称差错控制编码器。接收端的

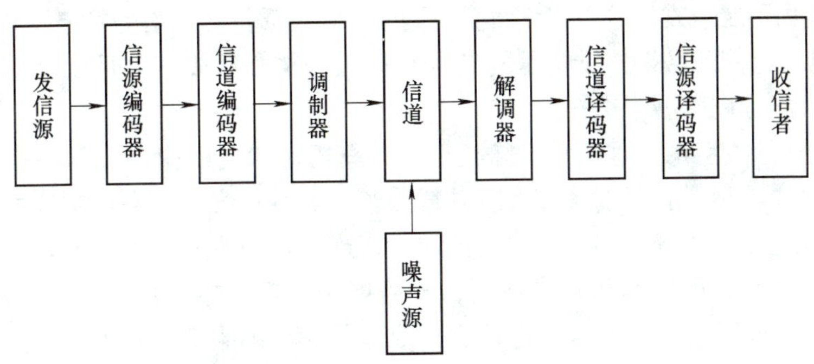

图 12-3 数字通信系统基本组成图

信道译码器是信道编码器的逆过程。

3）同步系统用于建立通信系统接收和发送一致的时间关系。只有这样，接收端才能确定每位码的起止时间，并确定接收码组与发送码组的正确对应关系，否则接收端无法恢复发送端的信息。因此同步是数字通信系统正常工作的前提，通信系统能否有效地、可靠地工作，很大程度上依赖于同步系统性能的好坏。同步可分为载波同步、位同步、帧同步和网同步四大类。

模拟通信系统与数字通信系统各有特点，但从总体上看，数字通信系统与模拟通信系统相比，其具有以下优点：

① 抗干扰能力强，数字通信系统可通过再生中继器消除噪声积累。

② 可采用差错控制技术，提高数字信号传输的可靠性。

③ 便于进行各种数字信号处理，如计算机存储处理，使数字通信和计算机技术相结合，从而组成综合化、智能化的数字通信网。

④ 数字通信系统可使传输与交换相结合，电话、数据和图像传输相结合，有利于实现综合业务数字网。

⑤ 数字通信系统的器件和设备易于实现集成化及微型化。

（4）按通信网的拓扑结构分类　通信网的拓扑结构主要有下列五种，其结构形式如图 12-4 所示。

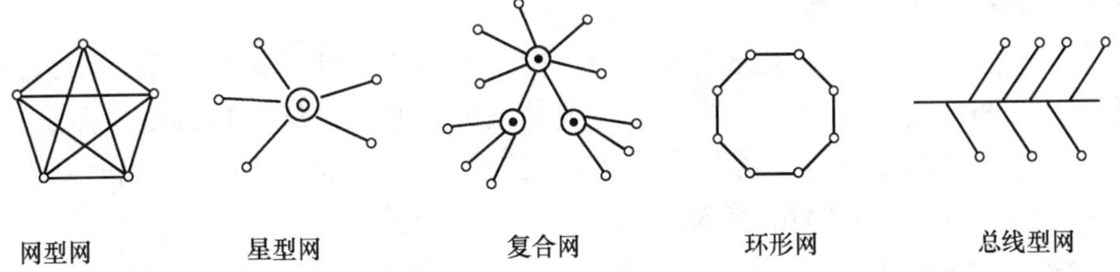

图 12-4 通信网拓扑结构

1）网型网。较有代表性的网型网是完全互联网。具有 N 个节点的完全互联网有 N(N－1)/2 条传输线路。因此 N 值越大，传输线路数就越大，传输线路的利用率越低，这是一种不经济的网络结构。但这种网络的冗余度较大，因此其接续质量和网络稳定性较好。

2）星型网。具有 N 个节点的星型网共有(N－1)条传输线路。当 N 值较大时，相对网型网其可节省大量的传输线路，但需花一定费用设置转接中心。在这种结构中，当转接中心的交换设备的转接能力不足或发生故障时，将会对网络的接续质量和网络的稳定性产生影响。

3）复合网。这种网络拓扑结构是网型网和星型网复合而成。它是以星型为基础，并在通信量较大的区间构成网型网结构。

4）环形网和总线型网。这两种网络类型在计算机通信网中应用较广，在这两种网中一般传输的信息速率较高，它要求各节点或总线终端节点有较强的信息识别和处理能力。

（5）按使用范围分类　按使用范围通信网可分为本地网、长途网和国际网。本地网包括大城市、中等城市、小城市和县本地网；长途网是指负责本地网之间长途电话业务的网络；国际网是国际电话通信通过国际电话局完成，每一个国家都设有国际电话局，国际局之间形成国际电话网。

（6）按业务类型分类　通信网按业务划分可分为电话网、电报网、数据网、传真网、移动通信网和综合业务数字网(ISDN)等。电话网包括市内电话网、农村电话网、本地电话网和长途电话网；电报网包括公众电报网、用户电报网和智能用户电报网；数据网包括公众数据网和专用数据网；传真网包括本地传真网、地区性传真网和全国性传真网；移动通信网包括本地移动通信网和漫游移动通信网；综合业务数字网包括本地 ISDN 和全国性 ISDN。

（7）按运营方式分类　通信网按运营方式不同可以划分为公用网和专用网。公用通信网即公众网，是向全社会开放的通信网。专用通信网是相对于公用通信网而言的，它是国防、军事或国民经济的某一专业部门(如城市轨道交通、铁道、石油、水利电力等部门)自建或向通信服务运营商租用电路，专供本部门内部业务使用的通信网。

二、城市轨道交通通信系统组成及功能

城市轨道交通专用通信系统一般由传输、公务电话、专用有线调度电话、无线列车调度、闭路电视监控、车站广播、时钟、旅客信息引导显示、防雷、光纤在线监测、动力环境监测、UPS 不间断电源等系统组成。

1. 通信系统各子系统的功能

通信系统的服务范围包括运营控制中心、车站、车辆段、停车场、维修中心、车站内等城市轨道交通运营服务区域。通信系统不是单一的子系统，而是多个相对独立的子系统的组合。这些子系统在不同的运营环境下协调工作。各子系统能对各自的故障进行检测和报警，从而确保整个通信系统的可靠性。

（1）传输系统功能　传输系统是整个通信网络的纽带，它给通信各子系统以及电力系统、信号系统、AFC 自动售检票系统、消防报警系统、办公网络等提供传输通道，将各车站、车辆段、停车场的设备与控制中心的设备连接起来。在城市轨道交通中传输设备之间一般采用光纤连接，构成双环路拓扑结构网络。

（2）公务电话系统功能　公务电话系统为轨道交通运营提供办公电话、传真等业务，同时在控制中心、车站、段厂等也设置公务电话，既可作为办公电话使用，也可以作为有线调度电话的备份，一旦调度电话故障，临时应急使用。

（3）专用有线调度系统功能　专用有线调度电话是为行车指挥、维修、抢险等设置的专用通信系统。根据列车运行组织和业务管理、指挥的需要，城市轨道交通一般设置四种调度电话系统：行车调度电话系统、电力调度电话系统、防灾调度电话系统、维修调度电话系统，四种调度电话系统均包含调度台和各自的调度分机。

行车(或电力、防灾、维修)调度员可通过调度操作台直接控制调度专用交换设备进行个别呼叫、分组呼叫或全部呼叫各站、段的行车(或电力、防灾、维修)值班员；各站、段的行车(或电力、防灾环控、维修)值班员可通过调度电话分机直接呼叫调度员，但分机之间不能相互呼叫通话。

(4) 无线列车调度系统功能　无线调度系统主要是用于解决固定人员(调度员、值班员)与流动人员(驾驶员、维修人员与列检人员等)之间的通话。该系统由无线控制设备、无线基站、调度台、车站固定台、车载台和便携移动台等设备组成。

(5) 闭路电视监控系统功能　闭路电视监控系统是轨道交通运营管理及保证运输安全的重要手段，它给控制中心的调度员、各车站值班员、公安值班人员等提供有关列车运行、旅客疏导、防灾救火、突发事件等情况下的现场视频信息。电视监控系统其主要由中央控制室监视控制设备、车站监控设备、车站硬盘录像设备、云台摄像机和固定摄像机等设备组成。

(6) 广播系统功能　广播系统为乘客提供列车到发时间、安全提示信息的同时，还能在紧急情况或突发事件时为乘客提供疏散信息。广播系统主要由中央控制设备、车站、段厂控制设备、站厅、站台声场设备等组成。

(7) 时钟系统功能　时钟主要是为行车组织提供统一的标准时间，并向其他系统提供标准时间信号。时钟系统由中心母钟、监控终端、二级母钟、子钟及传输通道等设备构成。

(8) 旅客引导显示系统　旅客引导显示系统主要功能是为旅客提供关于行车时刻表、安全提示、视频等的文字或多媒体视频信息。旅客引导显示系统由中心控制终端、车站控制设备、LED(发光二极管)显示屏、PDP(等离子)或液晶显示屏组成。

(9) 防雷系统功能　防雷系统为其他通信子系统提供防雷保护，当设备遭到雷击或强电干扰后防雷系统通过隔离保护、均压、屏蔽、分流、接地等方法减少雷电对设备的损害。

(10) 光纤在线监测系统功能　光纤在线监测系统主要为光缆传输通道进行实时在线监测，维护人员可以通过网管监控设备监测光缆状态，并能在故障时判断故障点。光纤在线监测系统主要由恒定光源模块、光功率监测模块、光纤测试模块、处理控制模块以及监控处理设备等组成。

(11) 动力环境监测系统功能　动力环境监测系统对通信机房的温湿度、烟雾、空调等工作环境进行监测以及对通信系统 UPS 电源设备的工作参数进行监控，通过传输设备将车站内通信机房的信息传至控制中心网络管理终端，以便维护工作人员能够实时监测车站状况。

(12) UPS 不间断电源系统功能　UPS 不间断电源系统主要为其他通信子系统提供稳定的电源，当市电或 UPS 主机故障时，通过电池组为设备供电，保证通信设备正常运行。UPS 不间断电源系统包括主机、蓄电池组、配电设备等。

2. 城市轨道交通通信传输系统设备

传输系统是整个通信网络的纽带，通过它将各通信子系统车站信息传送到控制中心，同时为电力系统、信号系统、AFC 自动售检票系统、消防报警系统、办公网络等提供传输通道。传输设备包括车站设备和控制中心设备，不同的厂家有不同的组网模式。

(1) 通信传输系统需要传送的信号形式　通信传输系统需要将各子系统的信号上传到控制中心，同时控制中心也需要通过传输系统将控制信息送到车站，这些信号通过物理接口进行转换，其信号转换接口形式包括：

公务及专用电话系统：话音信号，一般为64k语音接口及E1(2MPCM)接口。

视频系统：视频接口和控制接口，一般为E1接口和RS-422接口。

无线系统：话音信号、基站链路控制信号、远端调度台信号，一般为E1接口、RS-422接口和以太网接口。

时钟系统：传送控制信号，一般为RS-422接口。

广播系统：控制信号、高保真语音信号，一般为RS-422接口和高保真语音接口。

旅客引导显示系统：控制信号、视频信号、语音信号，一般为RS-422接口和E1接口。

电力系统：控制信号、视频信号，一般为RS-422接口和E1接口。

信号系统：控制信号和网络信号，一般为RS-485接口和以太网接口。

AFC自动售检票系统：网络信号，一般为以太网接口。

综上所述，需要传输系统传送的信号形式包括：E1接口、RS-422接口、RS-485接口、高保真语音接口、以太网接口等。

（2）传输系统组网模式　通信传输系统组网模式示意图如图12-5所示。

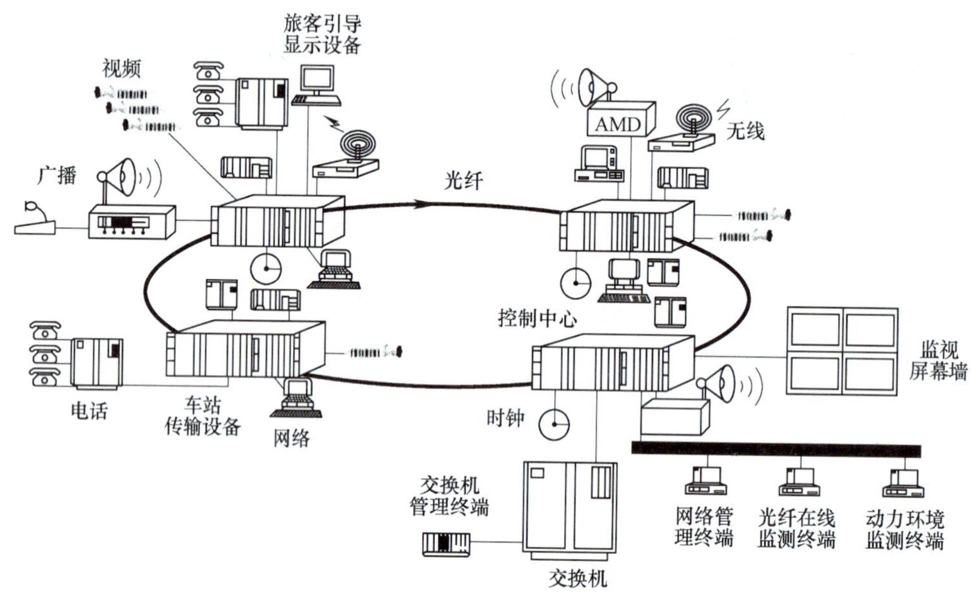

图12-5　通信传输系统组网模式示意图

整个传输系统一般由车站设备、控制中心设备和传输线路三部分组成。车站设备用来将车站各系统需要上传的电信号转换成光信号，通过光缆线路传输到控制中心；控制中心设备是将车站上传的光信号转换成各通信子系统或其他系统需要的电信号。控制中心设备一般包括网络管理系统，用来监测整个网络设备运行状态，同时还具有系统参数设置、故障统计、报表输出、系统用户权限设置等功能。

（3）传输系统的组网类型与比较　随着城市轨道交通的发展，通信传输技术在此领域得到了广泛的应用和发展。目前城市轨道交通传输系统承载的业务主要有：2M中继业务、计算机以太网业务、视频业务、旅客信息多媒体业务、高清晰广播语言业务、各种控制接口业务等。

根据城市轨道交通传输系统业务的特点，适合各种业务传输的技术主要有：开放式传输

网络(OTN)系统、基于SDH(同步数字传输序列)的多业务传输平台(MSTP)、异步传输模式(ATM)以及RPR(弹性分组环)技术。

1）OTN系统。OTN(开放式传输网络)是德国西门子公司开发的光纤传输系统。它采用了TDM时分复用技术，属于同步传输体系。OTN系统提供丰富的接口板卡业务，对于轨道交通传输系统承载的业务无需再加接口转换设备，直接接入即可连接组网，网络设备简单。

OTN系统开发了与SDH相连的接口节点设备，使OTN设备与标准通用传输设备的互连互通成为可能。

由于OTN系统能够提供丰富的业务接口，使其在专用网络中应用很多，在城市轨道交通中的应用案例也很多，如北京地铁、天津轻轨、广州地铁、上海地铁、深圳地铁、重庆轻轨等。

2）基于SDH的多业务传输平台MSTP。MSTP技术源于同步数字传输体系SDH，经过近几年的不断发展，已经将PDH(准同步数字传输)、SDH、POS(基于SDH的数据包)、以太网、ATM异步传输模式、RPR弹性分组环、SHDSL(对称高速数据用户线)、DDN(数字数据网)等技术融为一体。现在的MSTP已经能为以太网业务提供业务接口，能够提供多点到多点的连接，具有用户隔离和带宽共享等功能。

MSTP是基于TDM的技术，不能动态分配信道带宽，不适合具有“突发业务”特点的数据业务。因此，MSTP的主要用途仍然是提供TDM电路。因此，MSTP技术的传送业务是以TDM业务为主，以数据业务为辅。MSTP技术在城市轨道交通中应用较多，如广州地铁的3号线、5号线。

3）异步传输模式(ATM)。ATM(异步传输模式)是在20世纪80年代为B-ISDN(宽带综合业务数据网)定义的传输技术，是一种基于统计复用的面向连接的技术。

ATM的技术特点是能根据业务的需求分配网络带宽，使得网络带宽的利用率提高：具有严格的服务质量保障，有良好的流量控制均衡能力及故障恢复能力，网络可靠性高。

ATM技术的不足之处在于：对信息传输存在一定的时延、抖动及丢包等现象；在话音通信方面，主要采用电路仿真方式；在LAN(局域网)领域由于千兆位以太网的崛起，ATM的优势不复存在；在广域网领域，ATM受到来自IP(网间互连协议)技术的竞争。

ATM在城市轨道中也有应用案例，在北京八通线中，传输系统采用SDH和ATM两种技术，SDH用于传统的2M电路业务，ATM用于承载以太网数据以及视频图像业务。

4）RPR技术。RPR综合了SDH、以太网、MPLS(多协议标签交换)、ATM、WDM(波分复用)等协议和技术的优点，为数据业务提供了一种优化的解决方案。RPR组网方案可保证语音、数据、视频等业务在统一的平台上传输。

由于RPR是一种较新的技术，目前在国内城市轨道交通领域已有应用案例，如广州地铁公安通信传输系统一直采用RPR技术。由于RPR在支持数据及视频业务方面的优势，使其在网络及各种运营商领域广泛运用。

项目实施

任务　了解城市轨道交通通信系统组成

1. 目标

1）了解城市轨道交通通信网的各个组成部分及相关设备。

2）了解如何实现控制中心调度与车站之间的通话。

2. 设备

1）城市轨道交通控制中心和通信设备间，以及车站和列车通信设备。

2）控制中心视频系统、控制中心调度电话、列车车载台、车站调度电话。

3. 实作内容

1）参观城市轨道交通控制中心和通信设备间，以及车站和列车通信设备。

2）利用控制中心调度电话与列车车载台进行通信。

3）利用控制中心视频系统监督某站站台客流情况。

拓展与提高

一、传输介质

传输介质是连接通信网络发送方和接收方的物理通路。共有三种类型的传输介质，每一种类型都有许多品种。第一种类型是金属导体介质，包括对称电缆(双绞线是较常见的一种)、同轴电缆等。第二种类型是光导纤维介质，包括多模光纤、单模光纤等。第三种类型是无线介质，包括微波、红外线、激光等。

1. 双绞线

双绞线由按规则螺旋状扭在一起的两根绝缘导线组成，如图 12-6 所示。线对扭在一起可以减少相互间的辐射电磁干扰。双绞线是最常用的传输媒体，用于电话通信中的模拟信号传输，也可用于数字信号的传输。

（1）物理特性　双绞线芯一般是铜质的，能提供良好的传导率。

图 12-6　双绞线的基本结构

（2）传输特性　双绞线既可以用于传输模拟信号，也可以用于传输数字信号，其数据传输率的高低与传输距离有密切关系。

（3）连通性　双绞线普遍用于点到点的连接，也可以用于多点的连接。作为多点介质使用时，双绞线比同轴电缆的价格低，但性能较差，而且只能支持很少几个站。

（4）地理范围　双绞线可以很容易地在几十米或更大范围内提供数据传输。局域网的双绞线主要用于一个建筑物内或几个建筑物间的通信，在 100kbit/s 速率下传输距离可达 1km，但 10Mbit/s 和 100Mbit/s 传输速率传输距离一般不超过 100m。

（5）抗干扰性　在低频传输时，双绞线的抗干扰性相当于或高于同轴电缆，但在超过 10 ~ 100kHz 时，同轴电缆就比双绞线明显优越。

（6）使用特性　双绞线的优点是价格便宜、使用方便、安装容易。因此常作为用户与本地中心站及中心站与中心站间的连线。

（7）常见分类　为了提高双绞线的抗干扰能力，可以在双绞线的外面增加金属屏蔽层。双绞线根据有无屏蔽层可以分为：非屏蔽双绞线(UTP)和屏蔽双绞线(STP)。

2. 同轴电缆

同轴电缆是按“同轴”形式构成线对，如图 12-7 所示，最里层的内芯是铜质或铝质导体，向外依次为绝缘层、由网状导体构成的屏蔽层，最外层则是起保护作用的塑料外套，内芯和屏蔽层构成一对导体。闭路电视所使用的电缆就是宽带同轴电缆。

(1) 物理特性　单根同轴电缆的直径约为1.02～2.54cm，可在较宽的频率范围内工作。

(2) 传输特性　基带同轴电缆仅用于数字传输，数据传输速率最高可达10Mbps。宽带同轴电缆既可用于模拟信号传输又可用于数字信号传输，对于模拟信号发送带宽可达300～450MHz。

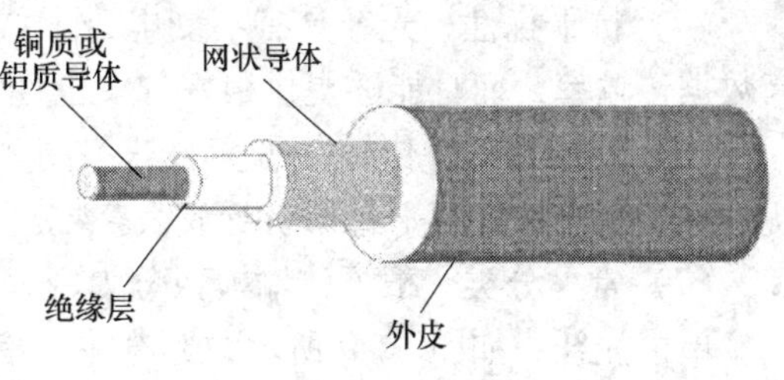

图12-7　同轴电缆

(3) 连通性　同轴电缆适用于点到点和多点连接。基带50Ω电缆每段可支持几百台设备，在大系统中还可以用转接器将各段连接起来；宽带75Ω电缆可以支持数千台设备，但在高速数据传输率下(50Mbps)使用宽带电缆时，设备数目限制在20～30台。

(4) 地理范围　传输距离取决于传输的信号形式和传输的速率，典型基带电缆的最大距离限制在几公里，在同样数据速率条件下，粗缆的传输距离较细缆的远。宽带电缆的传输距离可达几十公里。

(5) 抗干扰性　同轴电缆的抗干扰性能比双绞线强。

(6) 使用特性　寿命长、通信容量大、质量稳定、外界干扰小、可靠性高和维护便利等优点，在有线通信中占有很大比重。

(7) 常见分类　按其阻抗特性来分主要有两大类，即50Ω、75Ω。在早期的局域网中，传输介质几乎全部采用的是50Ω基带同轴电缆(又叫基带电缆)和75Ω宽带同轴电缆(又叫宽带电缆)。

3. 光导纤维

光导纤维的简称是光纤，通常由非常透明的石英玻璃拉成细丝状，是一根很细的且能传导光束的介质。

(1) 物理特性　光纤是一种细小(50～100μm)柔软并能传导光波的介质。目前通信用的光纤是石英玻璃制成的横截面很小的双层同心圆柱体，未经涂覆和套塑的光纤称为裸光纤，由纤芯和包层所组成。

在实际应用中，为使光纤耐拉伸并不益受损伤，一般将光纤制成不同结构的光缆，使其具有一定的结构强度，不仅能在各种环境下使用，而且能保证传输的稳定性和可靠性。光缆的基本结构包括：纤芯、缓冲层、加强层和外表皮层，如图12-8所示。

(2) 传输特性　光纤通过内部的全反射来传输一束经过编码的光信号，内部的全反射可以在任何折射指数高于包层媒体折射指数的透明媒体中进行。实际上光纤作为波导管，其频率范围从10^{14}～10^{15}Hz，覆盖了可见光谱和部分红外光谱。

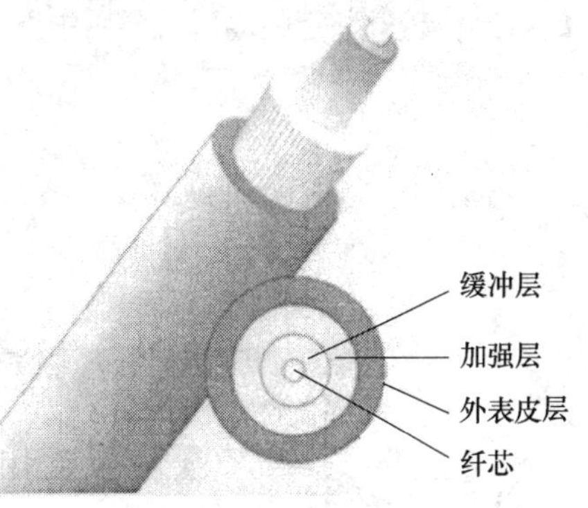

图12-8　单芯光缆的结构

(3) 连通性　光纤普遍用于点到点的链路。因为光纤功率损失小、衰减少并具有较大的带宽潜力，因此一段光纤能够支持的分接头数比双绞线或同轴电缆多得多。

(4) 地理范围　光纤可以在几公里的距离内不用中继器传输，因此光纤适合于在几个建筑物之间通过点到点的链路连接网络或长距离的骨干传输网。

（5）抗干扰性 光纤具有不受电磁干扰或噪声影响的独有特征，适宜在长距离内保持高数据传输率，而且能够提供很好的安全性。

（6）使用特性 传输频带宽、速率高、传输损耗低、传输距离远、抗雷电和电磁的干扰性好、保密性好、不易被窃听或截获数据、传输的误码率很低、可靠性高。

（7）常见分类 根据传输模数分为两大类，单模光纤和多模光纤。

单模光纤：如图 12-9 所示，光纤中只有一种波长的光波传输，其特点是纤芯细、色散小，效率高、价格贵，适于长距离与高速场合。

多模光纤：如图 12-10 所示，光纤中有不同种波长的光波传输，其特点是纤芯粗、色散大、效率较低、价格较便宜，用于短距离与低速场合。

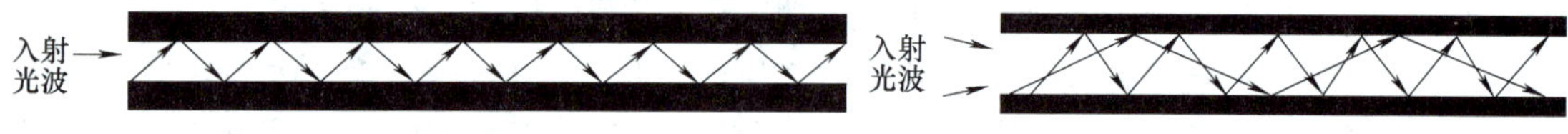

图 12-9 单模光纤　　图 12-10 多模光纤

光纤的工作波长可以分为三大类：多模通信所用的 0.8 ~ 0.9μm 短波段，单模或多模通信应用的 1.25 ~ 1.35μm 长波段和单模通信所用的 1.53 ~ 1.58μm 长波段。

4. 无线传输介质

无线传输介质通过空间传输，不需要架设或铺埋电缆或光纤，目前常用的技术有：无线电波、微波、红外线和激光。便携式计算机的出现，以及在军事、野外等特殊场合下移动式通信联网的需要，促进了数字化无线移动通信的发展，现在无线移动个人网络和无线局域网产品已经得到广泛应用。

微波通信的载波频率为 2 ~ 40GHz 范围，因为频率很高，所以可同时传送大量信息。微波通信的工作频率很高，与通常的无线电波不一样，它是沿直线传播的，如图 12-11 所示。由于地球表面是曲面，微波在地面的传播距离有限。直接传播的距离与天线的高度有关，天线越高传播距离越远，超过一定距离后就要用中继站来接力传输信号。微波通信一般用于长距离的骨干网。

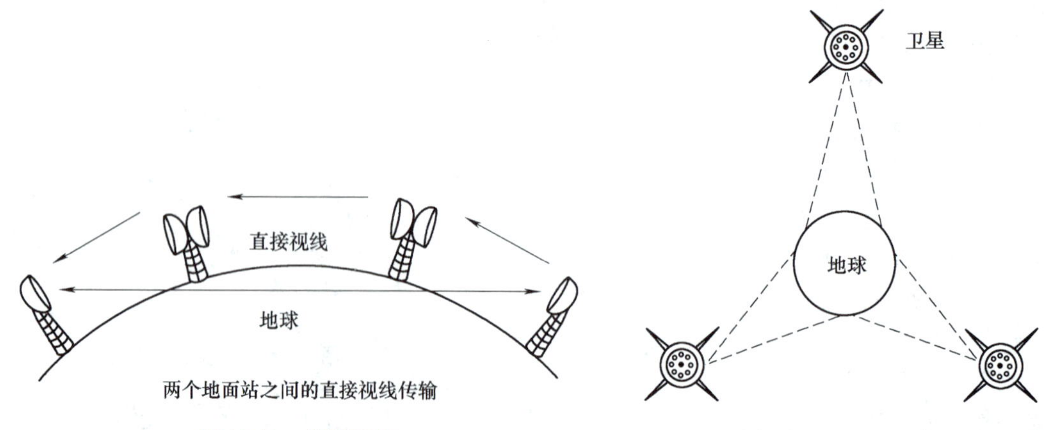

图 12-11 微波通信　　图 12-12 卫星通信

卫星通信是微波通信中的特殊形式，卫星通信利用地球同步卫星做中继来转发微波信号。卫星通信可以克服地面微波通信距离的限制，一个同步卫星可以覆盖地球的 1/3 以上表面，三个这样的卫星就可以覆盖地球上全部通信区域，如图 12-12 所示，这样，地球上的各

个地面站之间都可互相通信。卫星通信的优点是容量大，传输距离远；缺点是传播延迟时间长，对于数万公里高度的卫星来说，从发送站通过卫星转发到接收站的传播延迟时间约要花数百毫秒(ms)，这相对于地面电缆的传播延迟时间来说，两者要相差几个数量级。卫星通信一般用于船舶通信和军事通信。

红外通信和激光通信也像微波通信一样，有很强的方向性，都是沿直线传播的。这三种技术都需要在发送方和接收方之间有一条视线通路，故它们统称为视线介质。所不同的是红外通信和激光通信把要传输的信号分别转换为红外光信号和激光信号，直接在空间传播。这三种视线媒体由于都不需要铺设电缆，对于连接不同建筑物内的网络特别有用。这三种技术对环境气候较为敏感，例如雨、雾和雷电。相对来说，微波对一般雨和雾的敏感度较低。

二、传输介质的选择

传输介质的选择取决于以下因素：网络拓扑的结构、实际需要的通信容量、可靠性要求、环境因素、投资价格等。

双绞线的显著特点是价格便宜，但与同轴电缆相比，其带宽受到限制。对于单个建筑物内的低通信容量的网络来说，双绞线的性能价格比可能是最好的。

同轴电缆的价格要比双绞线贵一些，对于大多数的网络来说，需要连接较多设备而且通信容量相当大时可以选择同轴电缆。

光纤作为传输媒体，与同轴电缆和双绞线相比具有一系列优点：频带宽、速率高、体积小、重量轻、衰减小、能电磁隔离、误码率低等，因此，在国际和国内骨干传输网，高速数据通信网中得到广泛应用。随着光纤通信技术的发展和成本的降低，光纤作为局域网的传输媒体也得到了普遍采用。

无线介质具有不受地理条件限制，以及建网速度快等优点。个人移动通信手机、卫星通信等发展迅速，普及较广。随着便携式计算机及智能移动终端的发展和普及，可移动的无线综合业务数据网也得到了高速发展。

复习思考题

1. 通信系统模型包括哪几部分？各部分的功能是什么？
2. 模拟通信系统与数字通信系统有哪些区别？
3. 通信网络拓扑结构有哪几种类型？
4. 传输介质一般怎么分类？
5. 双绞线与同轴电缆各有哪些特点？
6. 光纤的基本分类有哪些？
7. 无线传输介质有哪几种？各有什么特点？
8. 在应用中如何选择传输介质？
9. 城市轨道交通通信系统由哪些部分组成？各部分的功能是什么？
10. 城市轨道交通传输系统有哪几种组网模式？各有什么特点？

项目十三　电话系统

知识要点

1. 掌握有线电话系统在城市轨道交通中的作用及分类。
2. 掌握城市轨道交通中哪些工作地点需要配备有线电话。
3. 了解有线电话通信的基本工作原理。

相关理论知识

一、公务电话

1. 公务电话系统选型及性能要求

在城市轨道交通企业中公务电话系统主要是为满足人员办公需求，一般采用程控数字交换机。交换机的选型容量根据用户需求而决定，一般选型容量包括：模拟用户线容量、数字用户线容量、数字中继容量以及将来可扩展的最大容量。

公务交换机主要业务性能包括：

1）完成电话网内本局、出局及入局呼叫。

2）能与市话局各类交换机配合完成对市话的呼叫。

3）完成国内和国际长途全自动的来话去话业务。

4）完成各种特殊呼叫。

5）完成与公网中移动用户的来去话接续。

非话业务包括：

1）向用户提供话路传真和话务数据业务。

2）提供 64k 的数据和传真业务。

3）提供用户线 2B + D 的交换接续。

4）提供用户线 30B + D 的交换接续。

2. 公务电话系统的号码分配及功能

城市轨道交通企业用户的电话号码分配方式有两种：一种方式不与公网联系，号码可根据应用要求自行分配；另一种方式，与外网通过中继连接，需要电信局分配号码段，然后用户内部根据具体需求在此号码段中自行选择分配。

公务电话功能主要包括：缺席用户、服务缩位、拨号热线、服务呼出限制；闹钟服务、转移呼叫、遇忙回叫、免打扰服务；呼叫等待、三方通话、主叫号码显示等功能。

缺席用户服务：当有电话呼入时，可由电话局提供语音服务代答，以避免对方反复拨叫。

缩位拨号：位数较多的电话号码用1~2位自编代码来代替的一种功能。

热线服务：使用该项服务时，只需摘机后在规定时间(几秒钟)内不拨号，系统自动接到被置为“热线”的对方电话号码。

呼出限制：又称“发话限制”，可用于限制呼叫国际和国内长途自动电话，但不能限制市内电话。

闹钟服务：电话机可根据用户预定的时间自动振铃，起到提醒用户的作用。

转移呼叫：可以将所有呼叫本机的电话，自动转移到临时指定的话机上。

遇忙回叫：当拨叫对方电话遇忙时，可以挂机等候，不需再拨号，一旦对方电话空闲，即能自动回叫接通。

免打扰服务：又称“暂不受话服务”，当用户在某一段时间里不希望有来话干扰时，可以使用该项服务。

呼叫等待：当A用户正与B用户通话，而C用户又呼叫A用户时，A用户在受话器中会听到一个呼叫等待音，表示另有用户等待通话。这时，A用户可以请B用户稍等而转与C用户通话，也可以请C用户稍等而继续与B用户通话。

三方通话：使用此项服务，当用户通话时如需要另一方加入通话，可在不中断当前通话的情况下，拨叫另一方，实现三方共同通话或分别与两方通话。

主叫号码显示：该项业务可为被叫用户提供主叫用户的电话号码。

3. 城市轨道交通组网模式

(1) 通过远端模块与交换机相连模式　一般本地用户可直接与交换机相连，不需要外加设备。但对于轨道交通企业来说，公务交换系统服务于整个企业的沿线车站、段厂、控制中心等，覆盖范围一般在几公里到几十公里。各车站一般采用加装远端模块的方式，如图13-1所示。通过E1中继链路将远端模块与交换机连接，车站电话再与远端模块相连。

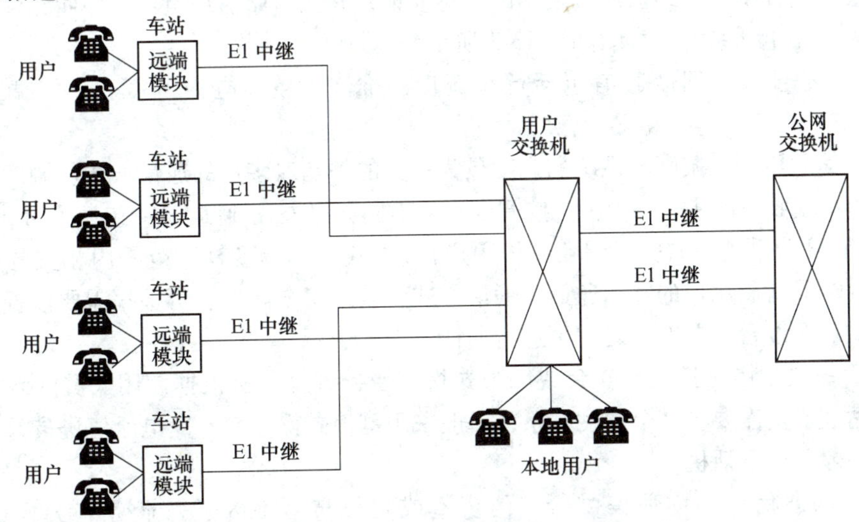

图13-1　远端用户连接模式示意图

（2）通过 OTN 板卡传输连接模式　OTN 系统采用由西门子公司提供的开放式传输模式，包括与交换机连接的电话板卡 P 卡和与用户话机连接的 T 卡。利用这种传输系统车站电话用户直接接入 T 卡，在交换机一侧连接到相应的 P 卡即可实现。此方式维护简单，无需外加其他设备。系统示意图如图 13-2 所示。

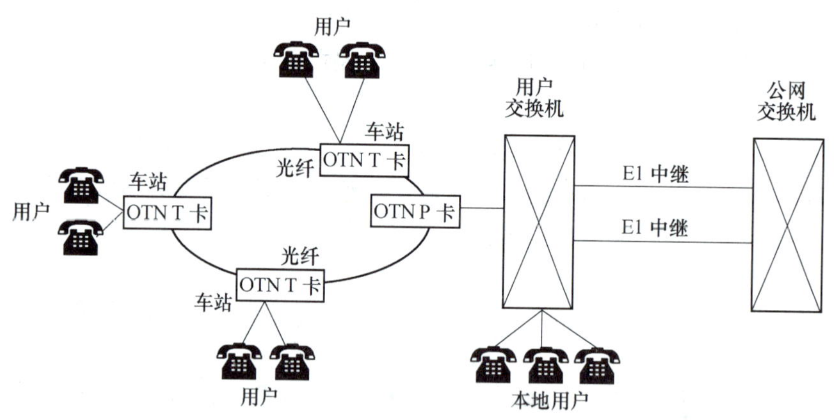

图 13-2　OTN 系统连接模式示意图

二、专用电话

专用电话系统主要为轨道交通运营及维修服务，是行车调度员和车站（车辆段）值班员指挥列车运行和维护人员指导使用人员操作设备的重要通信工具，是为列车运营、电力供应、日常维修、防灾救护提供指挥手段的专用有线通信系统。

1. 专用电话系统结构

城市轨道交通专用电话系统包括调度通信、站场通信、站间通信、区间通信等。系统可为控制中心指挥人员，如行车调度员、维修调度员、电力调度员、环境报警调度员、防灾调度员等提供专用直达通信，并且具有单呼、组呼、全呼、紧急呼叫和录音等功能，同时可为站内各有关部门提供与车站值班员之间的直达通话，并且车站值班员可以呼叫相邻车站的车站值班员。专用电话系统示意图如图 13-3 所示。

（1）调度通信　调度通信包括行车调度、维修调度、电力调度、环境调度、防灾调度等。

调度通信采用以各调度子系统的调度员为中心的一点对多点的通信方式。调度员可按个别呼叫（呼叫单独一个用户）、组呼（按调度台的不同分组方式，呼叫某一组调度分机用户）或全呼（呼叫调度台系统中的所有调度分机用户）等方式呼叫调度辖区范围内相关的所属用户并通话，并接受所属用户的呼叫通话。通话方式为全双工方式，也可根据需要设置为单呼定位通话方式。调度台与调度台之间可进行通话。

调度员一般使用键控式操作台或触摸式操作台，调度分机根据使用人员的具体需求配置，如车站值班员需要与多个调度联系，一般采用键控式操作台；变电所值班员只与电力调度联系，一般采用电话机。

（2）站场通信　站内通信供行车值班室或站长与本站内运营业务有关人员进行通话联系。

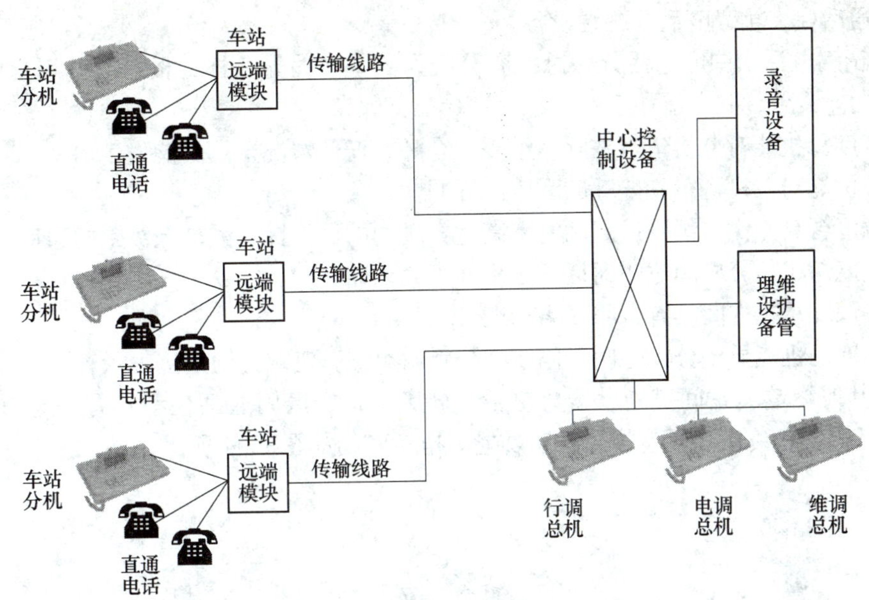

图 13-3　专用电话系统示意图

站场通信一般采用直通电话，室内作业人员设置普通分机，室外或在站台上设置紧急电话。紧急电话机选用单键式、外置扬声器话机，在紧急情况下只要按下按键即可与值班室通话。

场内通信主要是解决车辆段、停车场内行车指挥、乘务运转、段内调度指挥和车辆检修人员之间的专用通信。每个车辆段或停车场设置专用的调度电话，其上与行车调动联系，下与段场内专用调动电话分机联系。其通话方式与调度通信方式相同。

站场直通电话为一点对多点的辐射式集中连接方式，应能满足车站值班员、车辆段和停车场信号楼值班员、车辆段运转值班员、列检值班员、信号维修值班员等与本站场相关部门构成直通电话，并且只允许值班员与分机相互呼叫通话，分机间不允许通话。

（3）站间通信　站间通信是指相邻两个车站值班员之间进行通话联络的点对点通信方式。

站间通信电话是为相邻两站（包括上行和下行）值班员办理行车有关业务使用，车站值班员一般使用按键式操作台作为值班台，站间通话单键操作即可接通。

（4）区间通信　区间通信主要是指区间电话，其主要作用是供驾驶员、区间维修人员与邻站值班员及相关部门联系通话。

区间电话是在轨道线路沿线每隔一段距离设置的通话装置，其设置形式有两种：一种是区间通话柱，一种是轨旁电话。由于区间通话设施在室外或隧道内，环境较差，其设备需要具有防潮、防火、防爆、防尘、防冻、防破坏性等特殊要求。

区间电话业务一般分为区间专用电话和区间直通两种模式。在区间专用自动方式上，用户摘机后需要拨号呼叫，由车站分机根据所播号码进行转接；在区间直通方式上，用户选择通话的用户，一般包括上下行车站、行调、电调、信号、通信、线路桥梁等，摘机后直接接通。

2. 城市轨道交通专用电话的功能

城市轨道交通专用电话系统一般包括：调度总机、调度分机、站间直通电话机、紧急电话、区间通话柱、轨旁电话等终端设备。

（1）调度电话　调度电话分为总机和分机，其基本功能一样，根据不同用户的需求进行不同的功能设置，其功能如下：

1）调度总机能对分机进行选呼、组呼、全呼，任何情况下均不能发生阻塞。

2）分机能对总机进行一般呼叫和紧急呼叫。

3）调度台具有优先级别设置功能，高优先级别的可强拆、强插低级别的通话。

4）调度总机与分机间呼叫通话，分机间不允许通话。

5）各调度总机之间具有台间联络功能。

6）调度总机能显示分机呼叫号码，区分呼叫类别，对双方通话进行录音。

（2）其他终端　站间直通、紧急电话、轨旁电话、区间通话柱都具有一键直通功能，除紧急电话外其他终端还具有拨号呼叫功能。电话实物如图 13-4 所示。

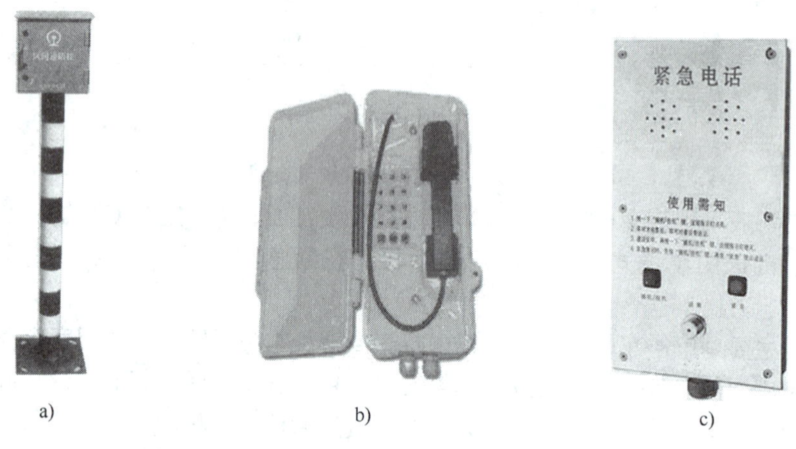

a)　　b)　　c)

图 13-4　电话实物图

a）区间通话柱　b）轨旁电话　c）紧急电话

3. 专用电话通信系统的组网方式

（1）程控数字交换机组网　利用公务通信系统设置的数字程控交换机独立实现城市轨道交通专用通信功能。

城市轨道交通中公务电话通信系统的数字程控交换机具有强大的功能，能提供丰富的业务。在公务交换机基础上增加部分板卡并对软件进行必要修改，可实现轨道交通专用通信的大部分功能。

采用数字程控交换机加远端模块的方式，在控制中心设置数字程控交换机，在车站、车辆段、停车场处设置远端模块。中心各调度台直接接入中心数字程控交换机，各站段调度分机、站段内直通电话、站间行车电话及区间电话均接入相应的远端模块。各调度分机与其所属调度总机设置为热线电话，调度分机摘机即可与调度总机通话。为了满足调度需要，调度总机需采用数字话机。站段内各直通电话分机、区间电话与站段值班员处直通电话总机间也设置为热线电话，直通电话分机及区间电话摘机即可与直通电话总机通话。站间行车电话采用数字话机，通过按键可以选择与相邻的车站中的任意一个通话，或者也采用模拟电话设置热线功能实现站间直通功能。

这种方案利用一套交换机可实现公务办公电话与专用电话的融合，组网简单，实现容

易，但由于车站值班员利用电话机来实现各种直通业务，每一路业务就要设置一部电话机，操作人员应用不方便，而且系统容错性差，一旦交换机瘫痪，专用调度通信功能就无法实现，系统运行存在一定风险。

（2）专用数字调度通信系统组网　专用通信采用专用数字调度通信系统来组网，公务与专用通信系统分离。

这种方案功能全面，可完成调度通话、站间行车电话、站内局部电话以及区间电话功能，系统可靠性高，采用环状 2Mb/s 通道连接，实现通道迂回保护，而且节省传输通道资源，一条城市轨道交通线一般仅需 2 个 2Mb/s 通道。

利用专用数字调度通信系统组网，系统的容错性好，可靠性高，在专用通信系统瘫痪的情况下还可以利用公务通信系统临时替代专用通信系统实现组织行车的功能。

三、程控交换技术简介

电话交换伴随着电话通信的出现而同时产生，随着电话通信技术的飞速发展，交换系统经历了人工交换、步进制交换、纵横制交换、电子交换等阶段。

新一代的电子交换系统利用预先编制好的计算机程序来控制整个交换系统的运行，以代替用布线方式连接起来的逻辑电路控制整个系统的运行，所以这种新型的交换系统叫做存储程序控制交换系统，简称程控交换系统。早期的程控交换机在话路系统方面与机电式交换机并无本质区别，仍然使用了空间分割的话路交换网络，所交换的信息也都是模拟信号，因而这一类交换机叫做模拟程控交换机。随着脉冲编码调制技术（PCM）的应用，PCM 传输系统得到发展，促使程控交换向采用时间分割的数字交换机发展。数字交换机所交换的信息是数字信号，所以这类交换机称为数字程控交换机。

1. 程控交换机分类

（1）按交换方式分　电路交换、报文交换和分组交换三种方式。

电路交换技术：采用面向连接的方式，在双方进行通信之前，需要为通信双方分配一条固定的通信电路，通信双方在通信过程中将一直占用所分配的资源，直到通信结束，并且在电路的建立和释放过程中都需要利用相关的信令协议。这种方式的优点是在通信过程中可以保证为用户提供足够的链路，并且实时性强，时延小，交换设备成本较低；但同时带来的缺点是网络的利用率不高，一旦电路被建立，不管通信双方是否处于通话状态，分配的电路都一直被占用。

报文交换技术：以报文为数据交换的单位，报文携带有目标地址、源地址等信息，在交换节点采用存储转发的传输方式。由于报文长度差异很大，长报文可能导致很大的时延，并且对每个节点来说缓冲区的分配也比较困难，为了满足各种长度报文的需要并且达到高效的目的，节点需要分配不同大小的缓冲区，否则就有可能造成数据传送的失败。

分组交换技术：在报文交换的基础上，将报文分割成组进行传输，然后把这些分组（携带源地址、目的地址和编号信息）逐个地发送出去，在传输时延和传输效率上进行了平衡，从而得到广泛的应用。采用分组交换技术，在通信之前不需要建立连接，每个节点首先将前一节点送来的分组收下并保存在缓冲区中，然后根据分组头部中的地址信息选择适当的链路将其发送至下一个节点，这样在通信过程中可以根据用户的要求和网络的能力来动态分配带宽。分组交换比电路交换的电路利用率高，但时延较大。

（2）按控制方式分　集中控制、分级控制、全分散控制三种方式。

集中控制方式：交换机的全部控制工作均由一台处理机（中央处理机）来承担，早期的交换机多采用这种控制方式。此方式的优点是处理机对整个交换机的工作状态有全面的了解，程序是一个整体，修改调试较容易；缺点是软件庞大，所有处理工作都由一台处理机完成，故处理机负担太重，系统比较脆弱。

分级控制方式：程控交换机中配备若干个区域处理机，来完成监视用户线、中继线状态及接收拨号脉冲等较简单而频繁的工作，中央处理机仅负责智能化程度较高的工作。此方式的优点是由于区域处理机的设立而减少了中央处理机的工作量，使得中央处理机可以采用微处理机，系统可靠性比集中控制式高。

全分散控制方式：在程控交换机中取消了中央处理机，在终端设备的接口部分配置微处理机来完成信号控制（如：用户摘、挂机和拨号脉冲识别等）及网络控制功能（通路选择及接续），设立专用微处理机来完成呼叫控制功能。此方式的优点是处理机发生故障时影响面较小，处理机数量可随交换机容量平滑地增长；缺点是处理机数量多，处理机之间通信较频繁，降低了处理机的呼叫处理能力和交换网络的有效信息通过能力。

（3）按交换信息的类型分　模拟交换机和程控数字交换机两种方式。

模拟交换机：在交换网络中交换的信息是模拟信号（即为0.3～3.4kHz的模拟话音信号），故称为程控模拟交换机。模拟交换机所采用的交换网络通常是空分方式。

程控数字交换机：在话路部分和交换网络中传送和交换的是数字信号，故称为程控数字交换机。这种交换网络通常采用时分交换方式。

2. 程控交换机基本结构

程控数字交换机实质上是一种通过计算机存储程序控制的交换机，由程序软件实现各种电路的接续、信息交换及接口等设备管理、维护、控制功能。虽然不同类型、不同型号的数字交换机具体结构各不相同，但它们的基本结构均可由图13-5所示的框图来描述。

程控交换系统是由硬件和软件两大部分组成，硬件可分为两个系统：话路系统和中央控制系统。

（1）话路系统　话路系统由交换网络和外围电路组成，其中外围电路包括用户电路、中继器、扫描器、网络驱动器和话路接口等几部分。

交换网络的作用是为音频信号（模拟交换）或话音信号的PCM数字信号（数字交换）提供接续通路。

用户电路是交换网络和用户线间的接口电路，它的作用一方面把语音信息（模拟或数字）传送给交换网络，另一方面把用户线上的其他信号，如铃流等与交换网络隔离开来，以免损坏交换网络。

中继器是数字程控交换机与其他交换机的接口电路。所谓中继线是该系统与其他系统或远距离传输设备的连接线。根据连接的中继线的类型，中继器可分成模拟中继器和数字中继器两大类，中继器还有出局中继和入局中继之分。

扫描器用来收集用户信息，用户状态（包括中继线状态）的变化通过扫描器可送到控制部分。

网络驱动器是在中央处理系统的控制下，具体地执行交换网络中通路的建立和释放。

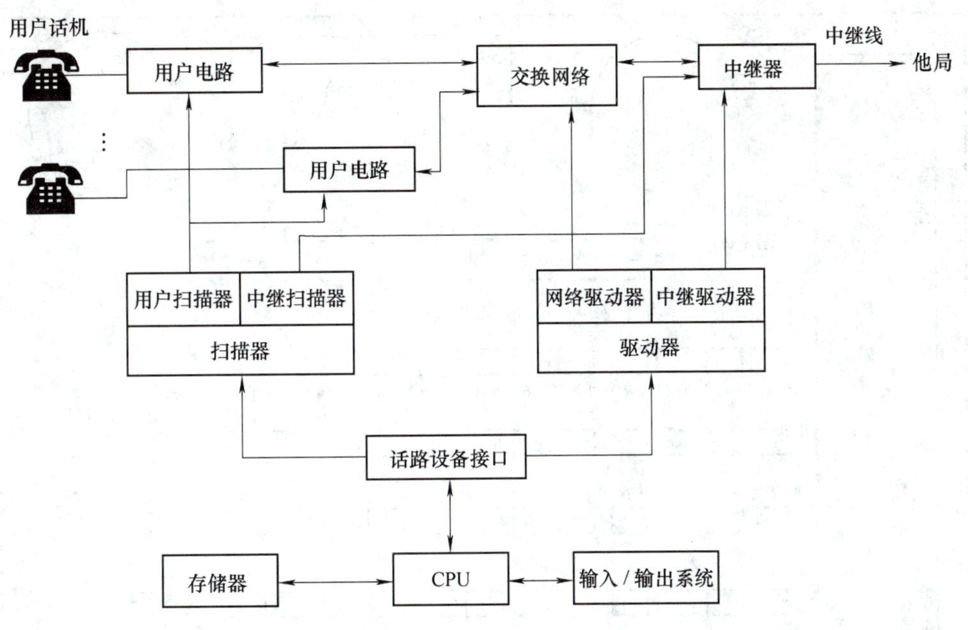

图 13-5 程控交换机系统基本结构图

话路设备接口，又称信号接收分配器，统一协调信号的接收、传送和分配。

（2）中央控制系统 控制系统的功能包括两个方面：一方面是对呼叫进行处理；另一方面对整个交换系统的运行进行管理、监测和维护。

控制系统硬件由三部分组成：一个是中央处理芯片（CPU），它可以是一般数字计算机的中央处理芯片，也可以是交换系统专用芯片；二是存储器（内存储器），它存储交换系统常用程序、正在执行的程序和执行数据；三是输入输出系统，包括键盘、打印机，可根据指令或定时打印出系统数据，外存储器存储常用运行程序，机器运行时调入内存储器。

四、调度电话应用简介

调度电话在城市轨道交通系统中发挥重要作用，OCC 设四门调度电话，为中心调度员，如行调、电调、环调、维调等进行运营组织、电力供应、设备维修和救灾防护的指挥提供有效通信手段。

1. 盘面介绍

调度电话盘面如图 13-6 所示。

（1）显示屏 中文显示呼叫车站、来电号码、日期、时间和通话的状态。

（2）“1 ~ 8#” 分组 组呼已储存的组，每组可储存不多于 30 个调度电话。

（3）会议 可以同时选定多个号码（通过固定车站键选定）进行电话会议，调度员可控制调度分机能否发话，并可对各调度分机送话。

（4）保留 正在通话中，有另一方呼叫，用该键后，不挂断前者，即可与另一方通话。

（5）重拨 重复拨号。

（6）免提 用扩音器通话。

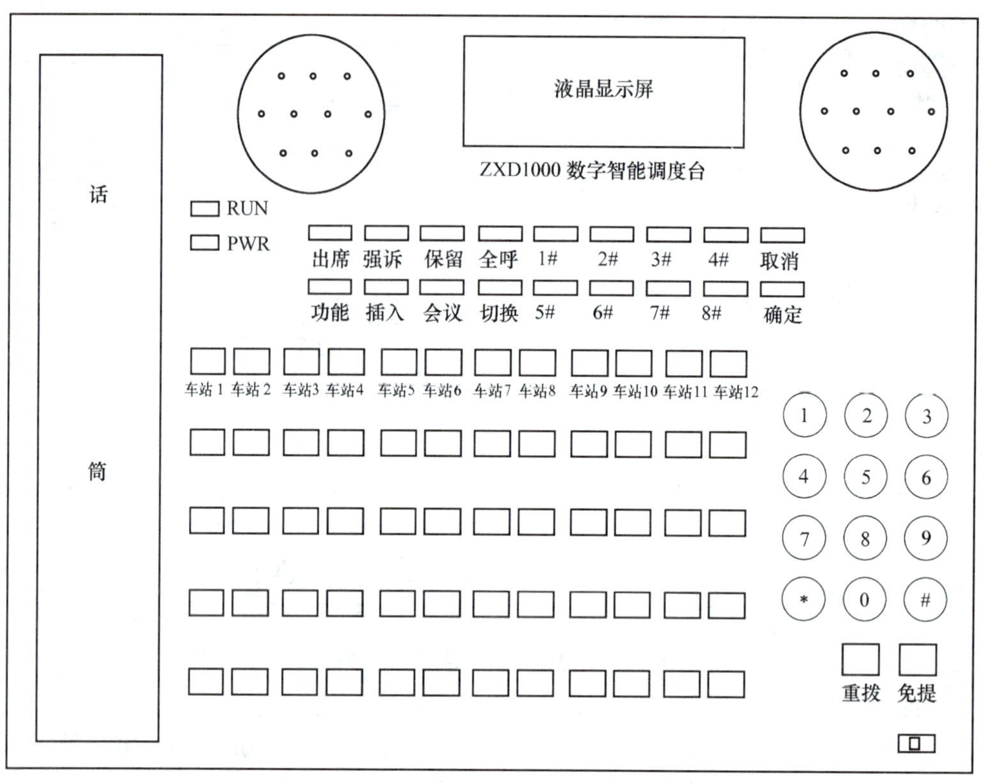

图 13-6 调度电话盘面图

（7）取消 中断通话、取消拨号(每按一下取消一位所拨的号码)。

（8）固定车站键 每个车站固定一个按键，需要与该站通话时，直接按该按键。

（9）两路分机 每一门调度电话都有两路分机，两路分机可以进行切换并能同时通话，互不干扰。

（10）分机 1 分机 1 使用话筒进行通话，能够使用所有的通话功能。

（11）分机 2 分机 2 使用免提进行通话，能够使用所有的通话功能。分机 2 和分机 1 不能同时与同一个车站进行通话。

调度电话外接一个麦克风，可以当话筒使用。

2. 主要操作

调度电话已固定各车站的号码，可进行单呼、组呼和全呼。

（1）单个呼叫 直接按固定车站号码键即可接通，也可通过拨号按键呼叫，呼叫前先拿起话筒或按免提键。

（2）组呼 可以选固定组，按相关固定键。不同调度台根据日常工作需要将各自通话对象分组。组呼还可以自由选组，即自由选定需要通话的车站，操作方法是：先按“会议”键，然后按“固定车站键”选择需要加入会议的车站。

（3）全呼 按全呼键，可以接通全部车站调度电话分机。

（4）切换 用分机 1 在与一组车站进行通话时，如果需要再和另外的一组车站通话可以按切换键，将通话切换到分机 2，切换后无需再按其他键即可使用免提进行通话。

(5) 呼入　当有电话呼入时，该站固定按键上方的红色指示灯会闪亮，按一下该键即可接听，接听时无需断开其他通话，自动保持通话连接。

任务　认识城市轨道交通电话网组成和功能

1. 目标

1）掌握有线电话系统在城市轨道交通中的作用。

2）了解有线电话通信的基本工作原理。

2. 设备

程控交换机、控制中心和车站调度电话若干。

3. 实作内容

1）启动程控交换机。

2）在控制中心用调度电话与某车站进行呼叫。

3）车站与车站间用调度电话进行呼叫。

一、模拟信号数字化基本原理

模拟信号数字化必须经过三个过程，即抽样、量化和编码，以实现话音数字化的脉冲编码调制(PCM,Pulse Coding Modulation)技术。

1. 抽样(Sampling)

抽样就是每隔一定的时间间隔(T)来抽取模拟信号的瞬时电压值，称为抽样值，抽样后的信号称为抽样信号，它是一种幅度连续、时间离散的脉冲信号，对一个正弦信号进行抽样获得的抽样信号是一个脉冲幅度调制(PAM)信号，如图13-7所示，为模拟正弦信号的抽样。对抽样信号进行检波和平滑滤波，即可还原出原来的模拟信号。

抽样一般要满足抽样定理的要求，即把模拟信号以其信号频率2倍以上的频率提取样值，变为在时间轴上离散的抽样信号的过程。例如，话音信号带宽被限制在0.3～3.4kHz内，用8kHz的抽样频率，就可获得能取代原来连续话音信号的抽样信号。

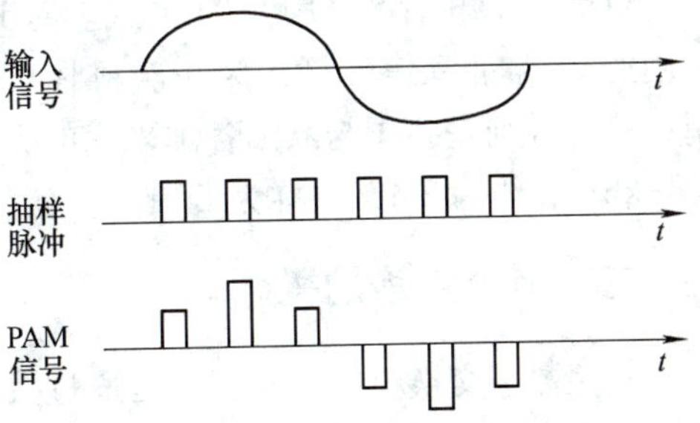

图13-7　模拟正弦信号抽样

2. 量化(Quantizing)

抽样信号虽然是时间轴上离散的信号，但仍然是模拟信号，其样值在一定的取值范围内，可有无限多个值。对无限多个抽样数值给出一一对应的数字码组是不可能的。为了实现以数字码表示样值，必须采用“四舍五入”的方法把样值分级“取整”，使一定取值范围内的抽样值由无限多个值变为有限个值，这一过程称为量化，一般用二进制数字来表示。

量化后的抽样信号与量化前的抽样信号相比较，有所失真，且不再是模拟信号。这种量化失真在接收端还原为模拟信号时表现为噪声，并称为量化噪声。量化噪声的大小取决于把样值分级“取整”的方式，分的级数越多，即量化级差或间隔越小，量化噪声也越小。但是量化分的级数越多，所需的二进制码位数就越多，于是要求的传输速率就越高，频带也就越宽，不利传输。在实际中，为使量化噪声尽量小而所需的码位数又不太多，通常采用非均匀量化的方法。非均匀量化根据幅度的不同区间来确定量化间隔，幅度小的区间量化间隔取的小，幅度大的区间量化间隔取的大。

3. 编码(Coding)

经抽样后所得的PAM信号还不是一种二进制数字信号，必须要通过量化和编码才能把PAM信号转换成二进制码。在实际的PCM设备中，量化和编码是紧密结合在一起的。这种把量化的抽样信号变换成给定字长的二进制码流的过程称为编码。

话音PCM的抽样频率为8kHz，每个量化样值对应一个8位二进制码，故话音数字编码信号的速率为8bits×8kHz=64kb/s。

通信中常采用高速编码方式，编码不仅用于话音，还广泛用于计算机、数字式仪表和遥控遥测等领域。

二、时分多路通信概念

从话音模拟信号转换成数字信号的过程中可知，为确保接收端将离散的数字信号还原成连续的模拟信号，抽样频率需采用8000Hz，即每隔125μs抽样一次。因此，就时分通信而言，是把125μs时间分成许多小段落，每一个小段落占一小段时间间隔，将每一路信号的传输时间分配在不同的时间间隔，以达到互相分开的目的(每一路所占用的时间间隔称为时隙)。

根据时分复用的概念，将时间分成若干时隙。第一个时隙TS0，传送第一路信号，第二个时隙传送第二路信号等。这些组合信号则构成了一个帧，在下一帧仍按原规则依次送各路信号。实际上数字复接有两种不同的帧结构，一种是每路分配一个短时隙，每时隙送1个bit码字，因而称这种复接为bit复接；另一种是每路分配一个较长的时隙，每时隙传送由若干bit组成的码字，称这种复接为码组复接。

目前数字电话都采用PCM方式。对PCM系统技术有两种制式，一种是北美、日本等国采用的24路话音信号复接为一次群体(称为基群)的形式，其速率为1554kb/s，也称为T制；另一种则是我国与欧洲各国采用的30/32路话音信号为一次群体的形式，其传输速率为2048kb/s，约为2M，也称为E制，一般将2M接口称为E1接口。

三、时隙交换的概念

程控数字交换机的根本任务是通过数字交换来实现任意两个用户之间的语音交换，即在这两个用户之间建立一条数字话音通道。最简单的数字交换方法是给这两个要求通话的用户之间分配一个公共时隙(时分通路)，两个用户的模拟话音信号经数字化后都进入这个特定的时隙(Time Slot, TS)，这就是动态分配时隙的方法。

在一套PCM传输系统中，欲实现数字信号交换的目的，必须做到在不同话路时隙发送和接收信号。如图13-8所示，在一套PCM系统中，某用户所占TS1时隙发向数字交换设备的一路数字语音信号，经数字交换设备作用后，送给另一占用TS5时隙接收该信号的用户；

同样，占用 TS5 时隙的用户发出的另一路应答语音信号，经数字交换设备转换后送回给占 TS1 时隙接收用户的情况。

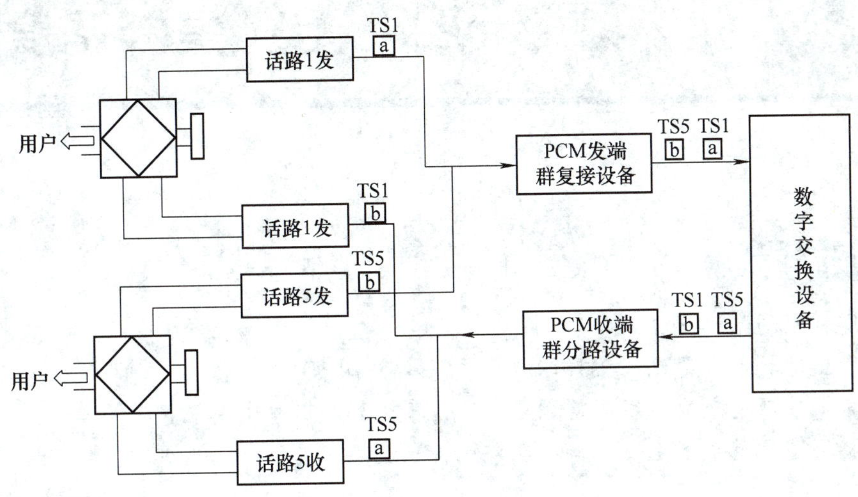

图 13-8　数字交换示意图

由上述分析可知，数字交换实质上就是把 PCM 系统有关的时隙内容在时间位置上进行搬移。因此数字交换也叫时隙交换。

应该注意，欲进行交换的时隙内容代表一路语音信号的 8 位编码的码组，这些码组信息不是固定值，而是每隔 125μs 更新一次，8 位码的具体组合取决于该路语音信号的取样值。所以，图 13-8 中 TS1、TS5 的时隙内容是每秒钟更新 8000 次。数字语音信号的交换就是这样一帧一帧地进行的。

复习思考题

1. 通信系统模型包括哪几部分？各部分的功能是什么？
2. 模拟通信系统与数字通信系统有哪些区别？
3. 通信网络拓扑结构有哪几种类型？
4. 传输介质一般怎么分类？
5. 双绞线与同轴电缆各有哪些特点？
6. 光纤的基本分类有哪些？
7. 无线传输介质有哪几种？各有什么特点？
8. 在应用中如何选择传输介质？
9. 城市轨道交通通信系统由哪些部分组成？各部分的功能是什么？
10. 城市轨道交通传输系统有哪几种组网模式？各有什么特点？

项目十四 无线集群调度系统

知识要点

1. 了解移动通信的分类。
2. 了解城市轨道交通无线集群调度系统基本结构、设备组成。
3. 掌握城市轨道交通无线集群调度系统设备设置及用户组别配置。
4. 掌握城市轨道交通无线集群调度系统特点及操作。

相关理论知识

随着我国城市轨道交通的发展,行车密度的不断增加,行车间隔的不断减小,对行车的组织安全保障提出了更高的要求。行车调度员除了利用有线调度系统与列车驾驶员、车站值班员进行通信联络外,在紧急情况下,还需要通过无线通信直接进行应急抢险和指挥工作。这种以列车运输调度为目的,利用无线电进行传输,完成移动体与固定体之间或移动体与移动体之间信息通信的系统,称为列车无线调度通信系统。这是一种专用的移动通信系统,在城市轨道交通上得到广泛的应用,是调度通信系统的重要组成部分。

一、移动通信的分类

1. 移动通信的分类方法

移动通信有以下多种分类方法:

1)按使用对象可分为民用设备和军用设备。

2)按使用环境可分为陆地通信、海上通信和空中通信。

3)按多址方式可分为频分多址(FDMA)、时分多址(TDMA)和码分多址(CDMA)等。

4) 按覆盖范围可分为宽域网和局域网。

5) 按业务类型可分为电话网、数据网和综合业务网。

6) 按工作方式可分为同频单工、双频单工、双频双工和半双工。

7) 按服务范围可分为专用网和公用网。

8) 按信号形式可分为模拟网和数字网。

9) 按交通工具形式可分为汽车、坦克、火车、船舶、飞机和航天飞行器等的移动通信,还有个人便携移动通信。

10) 按应用系统可分为蜂窝式公用移动通信系统、集群调度移动通信系统、无绳电话系统、无线电寻呼系统、卫星移动通信系统、分组无线网等。

2. 移动通信的工作方式

移动通信有多种工作方式，包括单向信道的单工方式和双向信道的单工、半双工和双工方式等。

(1) 单向单工方式　单向单工即单方向工作，如图 14-1 所示。最典型的是无线寻呼系统，即寻呼发射台用单频发出信息，用户则以此频率接收信息，这是一种单工工作方式。

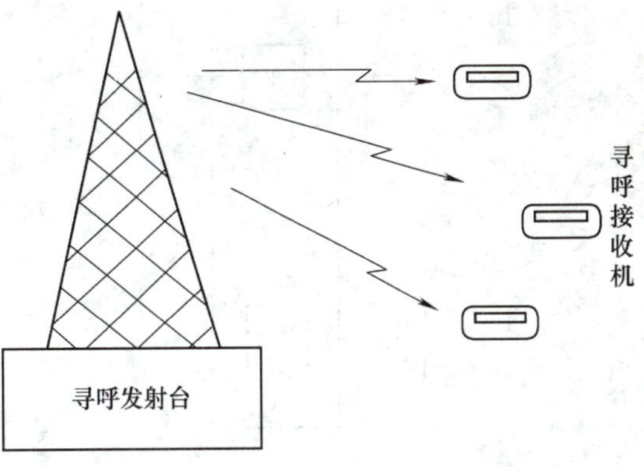

图 14-1　单向单工方式(寻呼系统)

(2) 双向同频单工方式　这种方式是指通信双方使用同一个工作频率，但各方收发设备不同时工作的通信方式，如图14-2所示。通常通信双方都处于此频率点上的接收守候状态。当 A 方讲话时，按下讲话键，此时发射机工作、接收机关闭，B 方处于守候接收状态；A 方讲完 B 方接收后，A 方松开讲话键变成接收状态，B 方按下讲话键，仍在此频率上进行讲话，A 方接收。如此反复交替工作，直到双方信息交换完毕。

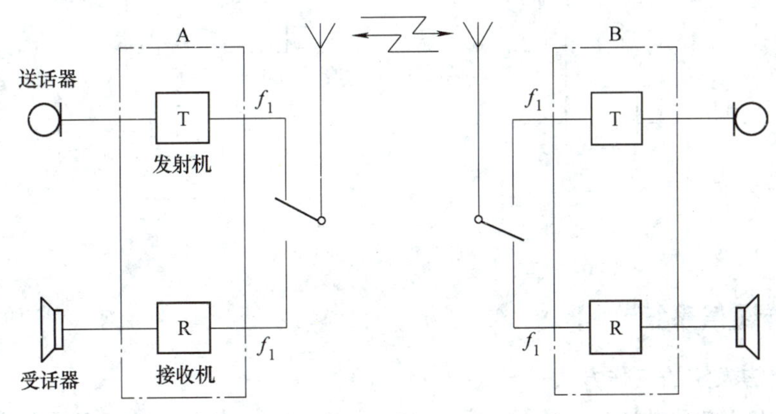

图 14-2　双向同频单工方式

(3) 双向异频(双频)单工方式　通信双方使用两个不同频率，两频率有一定的间隔，以防止发射机对接收机产生干扰。因而一个基地台可同时使用多对频率而不会引起干扰，容量也可扩展。

(4) 双向异频(双频)半双工方式　这种通信方式是通信双方收发信机分别使用两个频率，一方使用双工方式，另一方使用单工方式。基地台是双工方式，即收发信机同时工作，而移动台是按键讲话的异频单工方式，如图 14-3 所示。基地台用两副天线(或采用天线共用器用一副天线)同时工作，移动台通常处于收信守候状态。

(5) 双向异频(双频)双工方式　异频双工方式是指每个方向使用一个频率，通话时无需按下发话键，与普通手机使用情况类似。这种使用方式最受欢迎，使用方便，收发话音可同时进行，如图 14-4 所示。

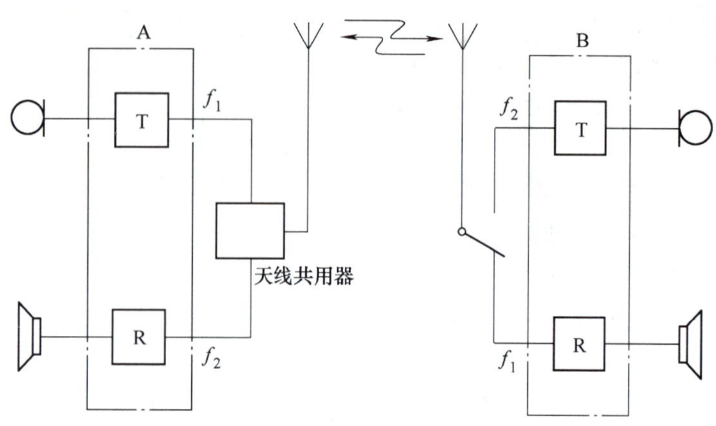

图 14-3　双向异频（双频）半双工方式

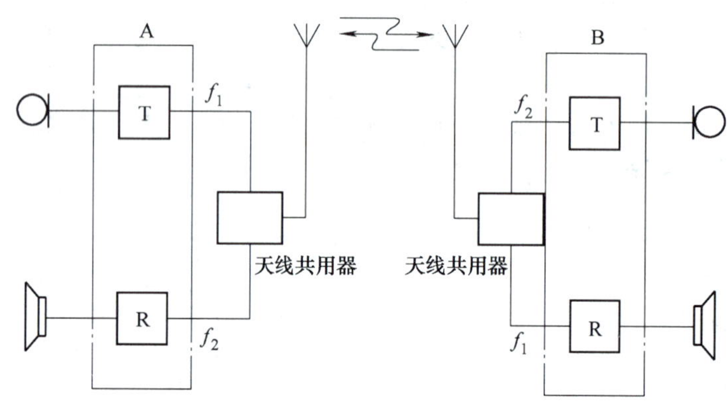

图 14-4　双向异频（双频）双工方式

二、集群通信系统介绍

1. 集群通信系统的工作方式

传统的专用业务移动通信系统使用的频率是固定的，一旦用户选择了某信道，那么它的通话就只能在这一信道上进行，直至通话结束；如果这一信道已被其他用户占用，则它就不能选择其他空闲信道，从而出现拥塞。

集群通信系统的主要业务是调度台的收发信机与一群（组）移动台之间建立一条单工或半双工的无线通信线路，或移动台用户（车载台或手持台）之间建立一条单工或半双工的无线通信线路。在一个多信道调度无线系统中，“集群”是指向正在申请服务的用户自动分配信道，集群系统分配信道的基本技术有以下几种。

（1）信息集群　信息集群称为消息集群，在整个通话期间，给该通话组用户分配一条无线信道。从移动台按键开始，此信道就被占用，只有通话双方结束通话后一定时间，此信道才被释放。这种技术效率低，因为在每次通话结束后所约定的时间内如果没有通话，此信道仍然会被占用。

（2）传输集群　传输集群又称发射集群。当 A、B 双方用户在单工或半双工工作时，A 用户按下讲话键后，就占用一个空闲信道，当 A 用户第一个消息发送完毕松开讲话键时，

就有一个“传输完毕”的信令送到基地台的控制器，这个信令用来指示基地台这个信道可以被别的用户使用。因而在传输集群方式中不会由于通话暂停而仍然占用信道，从而提高信道利用率。

(3) 准传输集群　准传输集群也称为准发射集群，它是相对于传输集群而言的，是为了克服传输集群的缺点而改进的。

准传输集群兼顾信息集群和传输集群的优点，它缩短了信道的保留时间，用户每次发话完毕，松开讲话键后，信道保留约为0.5～1s，而不会使消息中断。

2. 集群通信系统技术

(1) 多址技术　集群通信系统由基地台和移动台组成。一个移动台由一个用户使用，为单路，而基地台是多路的，所以集群通信也是单路和多路混合的一种特殊通信方式。由于有多路工作方式，就存在多路复用即多址方式的选择。

目前多址方式有频分多址(FDMA)、时分多址(TDMA)、码分多址(CDMA)、空分多址(SDMA)、混合多址以及随机多址等方式。传输模拟信号时，仅有频分和码分两种方式；而传输数字信号时，则有频分、时分和码分方式。采用何种多址方式对于移动通信获得高质量、大容量、高抗干扰性和满足使用要求来说，是十分重要的。

(2) 信道控制技术　信道控制技术指的是信道共用的体制。大区制移动通信系统采用多信道共用的技术，多个无线信道同时为多个移动台所共用，网络内大量用户共享若干无线信道，其目的也是为了提高信道利用率。

多信道共用的信道分配方式不是将每个信道固定指配给某些用户使用，而是根据需要实时地将空闲信道分配给申请通话的用户使用，信道的指配是动态的，每个信道可以被任意用户使用。

信道分配模式，大体上分为：固定信道指配模式、动态信道指配模式和混合信道指配模式。

(3) 信令技术　信令是移动台与交换系统之间、交换系统与交换系统之间相互传送的地址信息、管理信息(包括建立通话、信道分配、保持信息、拆线信息以及计费管理信息等)以及其他交换信息。

集群通信就是多个用户共用少数几个无线信道。为了确保通信的保密性和有秩序，保证系统有机协调地工作，系统必须要有完善的控制功能，并遵循某些规定，这样就需要一些用来表示控制和状态的信号及指令。

为了将集群通信系统中用于通话的有用信号区别开来，我们把话音信号以外用于控制系统正常工作的非话音信号及指令系统称为“信令”。各种各样的信令组合成集群通信系统的信令系统，它可以称为集群通信系统的神经。

集群通信系统的信令主要有下列三种分类方式：

1) 按信令的功能分为：控制信令、选呼信令、拨号信令。

2) 按信令的形式分为：模拟信令和数字信令。

3) 按信令的传输方式分为：共路信令和随路信令。

(4) 数字通信技术　数字通信技术是数字集群通信系统中比较重要的部分，这是数字集群系统与模拟集群系统的不同之处。

1) 数字话音编码。在数字通信中，信息的传输是以数字信号形式进行的，因而在通信的发送端和接收端，必须相应地将模拟信号转换为数字信号或将数字信号转换成模拟信号。

在集群移动通信中，使用最多的信息是话音信号，话音编码为信源编码，是将模拟话音信号变成数字信号以便在信道中传输。这是从模拟网到数字网至关重要的一步。

高质量、低速率的话音编码技术与高效率数字调制技术的应用，是数字集群移动通信网优于模拟集群移动通信网的重要保障。话音编码技术通常分为波形编码、声源编码和混合编码三类。

2）数字调制技术。数字调制解调技术是集群移动通信系统中的重要组成部分，在不同的小区半径和应用环境下，移动信道将呈现不同的衰落特性。目前国际上选用的数字蜂窝系统中的调制解调技术有正交振幅调制（QAM）、正交移相键控（QPSK）、高斯最小频移键控（QMSK）、四电平频率调制（4L—FM）、锁相环移相键控（PLL—QPSK）、相关移相键控（COR—PSK）、通用平滑调频（GTFM）等。

3. 集群通信系统的分类

集群通信系统通常有以下几种分类方式。

（1）按信令方式分　有共路信令方式和随路信令方式。共路信令是设定一个专门的控制信道传送信令，这种方式的优点是信令速度快，电路容易实现，但占用信道。随路信令是在一个信道中同时传话音和信令，信令不单独占用信道，可节约信道，缺点是接续速度慢。

（2）按信令占有信道方式分　有固定式和搜索式。在固定式中，消息传送占用固定信道。搜索式发起呼叫时占用随机信道，需不断搜索变化的信令信道，忙时信令信道可作话音信道，新空闲出来的话音信道可接替控制信道。固定式实施简单，搜索式实施复杂。

（3）按通话占用信道分　有信息集群、传输集群和准传输集群，前面已经详细讲述此三种方式的优缺点。

（4）按呼叫处理方式分　有损失制系统和等待制系统。损失制系统中，当话音信道占满时，呼叫申请被示忙，用户需重新呼叫，信道利用率低。在等待制系统中，信道被占满时，对新申请者采取呼叫排队方式处理，采取先来先服务的方式，不必重新申请，信道利用率高。

（5）按控制方式分　有集中控制方式和分散控制方式。集中控制式是指由一个智能终端控制，统一管理系统内话务信道的方式。分散式是指每一信道都有单独的智能控制终端的管理方式。

4. 集群通信系统的基本网络结构

通常人们习惯地按照覆盖区半径大小和服务区的几何形状来对系统的网络结构进行分类。按照覆盖区半径的大小，分为大区网、中区网和小区网；根据服务区的几何形状，可分为带状服务区和面状服务区。

（1）单区、单点、单中心网络　单基站系统是一个基本集群通信系统，它设置一个系统控制器和一个基站，如图 14-5 所示，系统主要包括以下几部分。

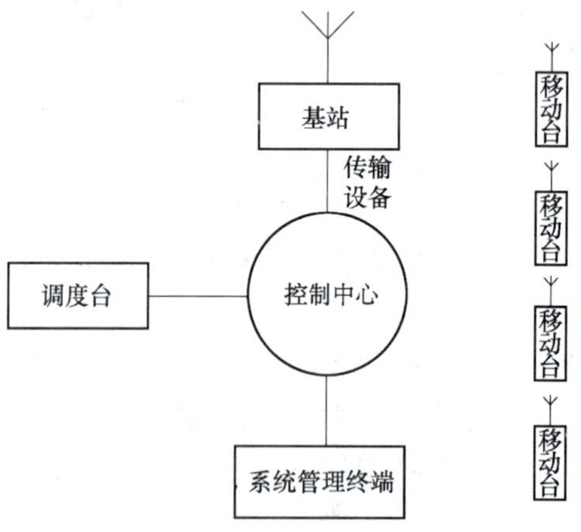

图 14-5　单区、单点、单中心网络

1）基站。它由若干基本无线收发信机、控制部分、天线共用器、天馈线系统和电源等设备组成。天线共用器包括发信合路器和接收多路分路器。天馈线系统包括接收天线、发射天线和馈线。

2）移动台。它是运行中或停留在某未定地点进行通信的用户台，包括车载台、便携的手持台等，由收发信机、控制单元、天馈线(或双工台)和电源组成。

3）调度台。它是能对移动台进行指挥、调度和管理的设备，分有线和无线调度台两种。无线调度台由收发机、控制单元、天馈线(或双工台)、电源和操作台组成；有线调度台包括操作台、电源、与控制中心设备连接的接口转换器等。

4）控制中心。控制中心包括系统控制器、系统交换和电源等设备，它主要控制和管理整个集群通信系统的运行、交换和接续等。它由接口电源、交换矩阵、集群控制逻辑电路、有线接口电路、监控系统、电源和微机组成。

5）系统管理终端。它主要由一台或多台计算机及相应的系统管理软件组成，并与控制中心控制器连接。维护使用人员通过此终端对系统进行管理控制，包括修改运行方式、信道状态报告、用户入网控制、设备状态控制、告警及各种报表打印输出等。

6）传输设备。它是控制中心与基站进行连接的部分，为基站与控制中心之间信息传输提供通道，可采取有线或无线方式来实现此功能。

（2）单区、多点、单中心网络　如图14-6所示，它由一个控制中心、多个基站、有线或无线调度台及网中若干移动台组成。

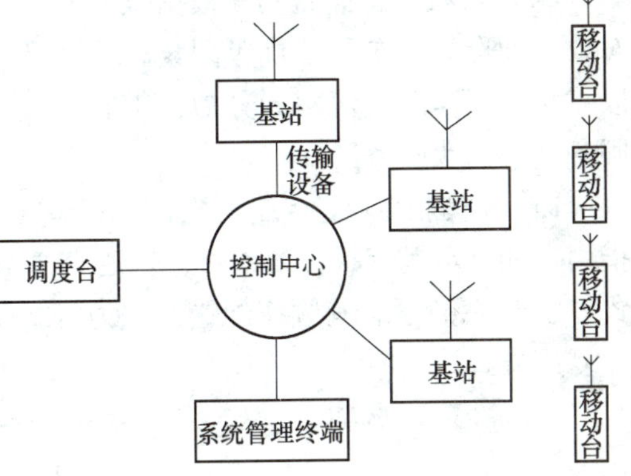

图 14-6　单区、多点、单中心网络

这种网络适用于一个地区内多个部门共同使用的集群移动通信系统，各部门可自己组成系统，共享网内的频率资源。

在整个服务区域内设立了一个控制中心和多个基站，组合形成整个服务区；各基站可通过无线或有线传输链路连接到控制中心。

（3）多区、多中心、多层次网络　如图 14-7 及图 14-8 所示，由多个控制中心和多基站

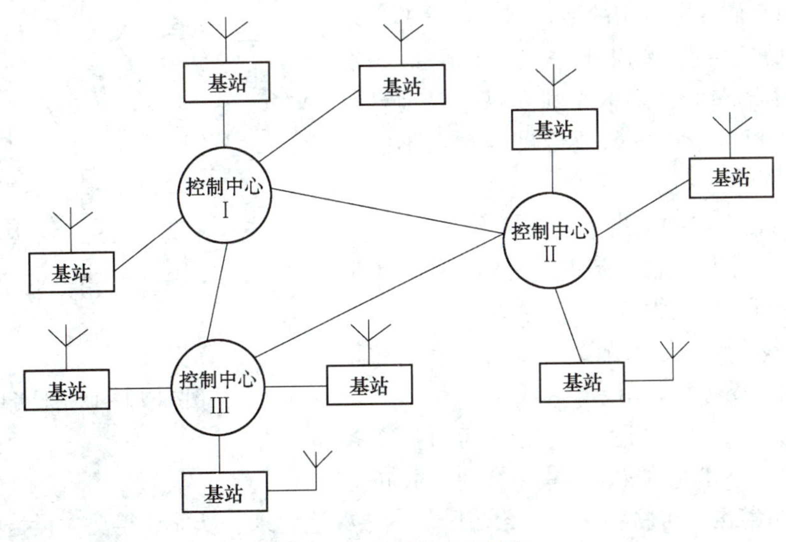

图 14-7　多区多中心网络

组成而形成整个服务区。可以看出，图 14-7 中各控制中心通过有线或无线传输电路连接至区域控制中心，即形成了图 14-8 所示的网络结构。各控制中心将受到上一级的区域控制中心控制及管理。

控制中心主要处理所管辖区内基站和越区至本基站区内移动用户的业务，越区用户识别码的登记、控制频道分配、有线或无线用户寻找越区用户的业务，将由区域控制中心处理。这样就形成了二级管理的区域网。

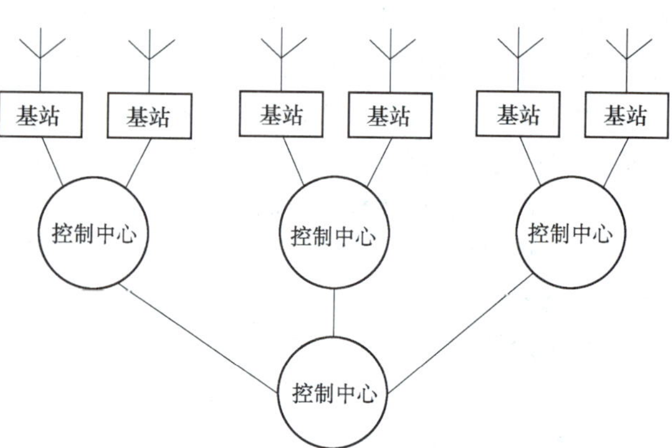

图 14-8 多区多层次多中心网络

（4）带状网、面状网　根据服务对象、地形的分布及干扰等因素，可以将小区制移动通信网划分为：带状服务区、面状服务区。

1）带状服务区。带状服务区是指用户的分布呈带状，如铁路、轨道交通、公路、狭长城市、沿海水域、河流等，其网络形式如图 14-9 所示，其频率配置方式为每个基地台覆盖范围设置一个频点，可进行 A、B 两频点复用方式。

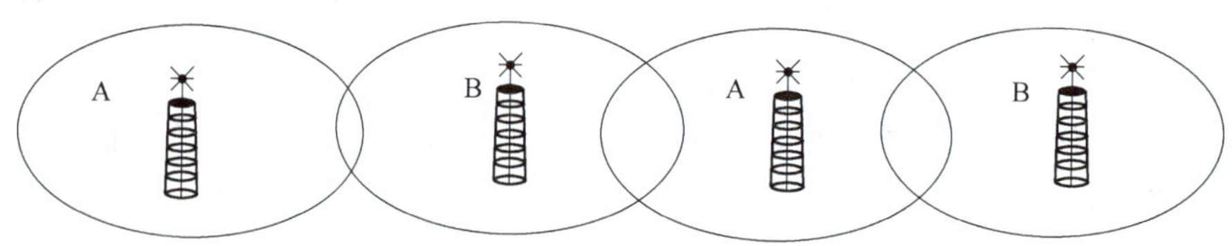

图 14-9 带状服务区及频率配置方式

2）面状服务区。面状服务区是指用户分布成一个宽广的平面，其网络形式类似于蜂窝，故又称为蜂窝网，如我们现在所用的手机、小灵通等在城市中的组网模式一般采用此方式，其网络如图 14-10所示，其频率配置基本原则为每个基地台覆盖范围设置的频点与相邻基地台设置频点不能相同，以免造成同频干扰。

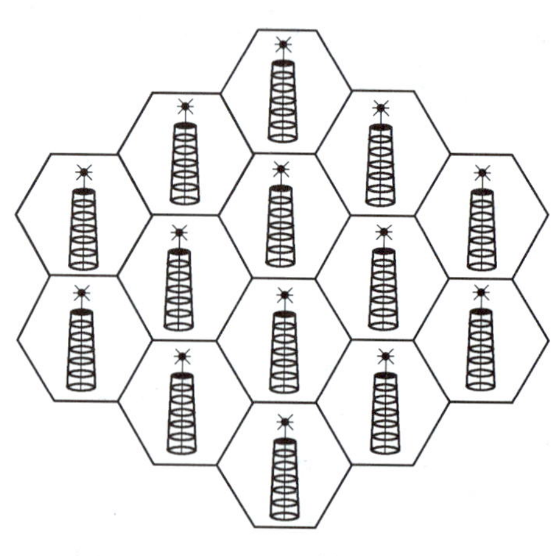
图 14-10 面状服务区

5. 集群通信系统的特点

根据以上对集群通信的基本情况的介绍，集群通信的主要特点可归纳为以下几点：

1）共用频率：将原来配给各部门专有的频率加以集中管理，供各家共用。

2）共用设施：由于频率共用，就有可能将各家分建的控制中心和基站等设施集中合建、共同管理。

3）共享覆盖区：可将各家邻近覆盖区的网络互连起来，从而获得更大覆盖区。

4）共享通信业务：可利用网络有组织地发送各种专业信息为大家服务。

5）改善服务：由于多信道共用，可调剂余缺、集中建网，可加强管理、维修，因此提高了服务等级，增加了系统功能。

6）分担费用：共同建网可以大大降低机房、电源等建网投资，减少运营维护人员，并可分摊费用。

7）具有调度指挥功能。

8）兼容有线通信。

9）智能化，微机软件化，增加了系统功能。

10）具有控制、交换、中继功能。

11）呼叫信道分级管理，高级别优先分配信道工作。

12）具有紧急呼叫功能。

13）可以进行除话音以外的数据、传真等业务通信。

总之，集群通信系统是共享资源，分担费用，向用户提供优良服务的多用途、高效能而又廉价的先进无线调度通信系统。

三、无线集群调度系统在城市轨道交通中的应用

1. 城市轨道交通中无线集群调度通信系统的组成

城市轨道交通中无线集群调度通信系统主要解决固定人员（调度员、值班员）与流动人员（驾驶员、站务、维修人员与列检人员等）及其相互之间的通话及数据传输问题。其网络结构一般为带状网络，如图 14-11 所示。该系统主要包括以下几部分：控制中心交换设备、控制中心网络管理终端、调度台、基站、移动设备（便携式手持台、车载电台、车站用固定台）、传输设备等。

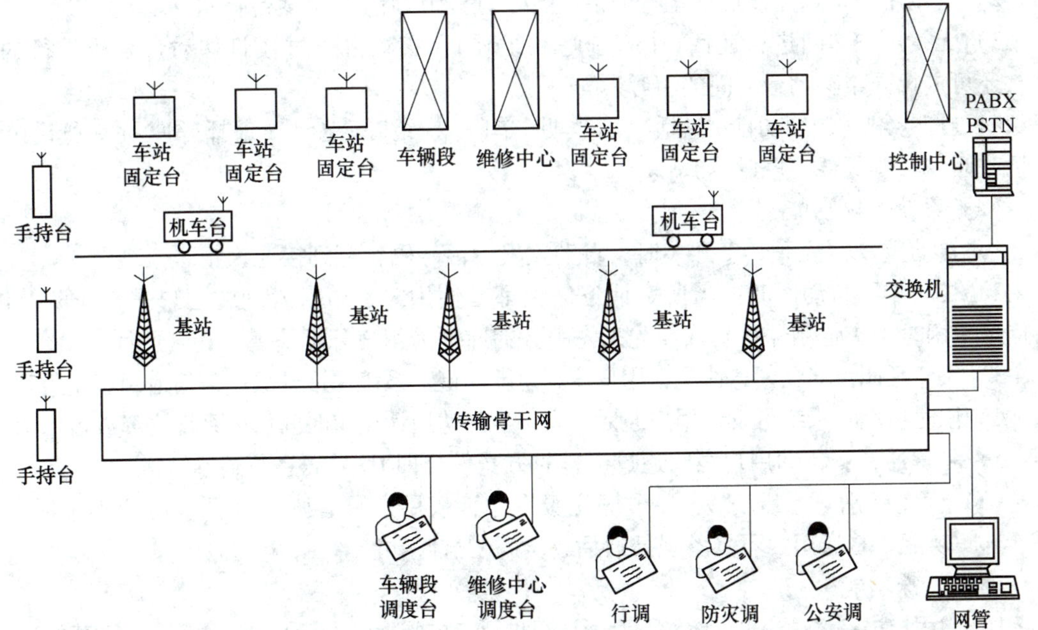

图 14-11　集群调度系统网络结构

城市轨道交通无线集群调度系统在功能组成上一般分为六个无线通信子系统，分别为其六个不同部门提供服务，既可实现不同通信组的相互独立性，使其各自通信操作互不妨碍，又可以实现系统设备和频率资源的共享。这六个无线通信子系统包括：行车调度通信子系统、站务通信子系统、车辆段调度通信子系统、维修调度通信子系统、公安调度通信子系统、防灾调度通信子系统。

行车调度通信子系统负责完成正线行车调度员与机车驾驶员的通信联系，传送行车指挥话音和数据指挥命令。呼叫方式采用选号呼叫，行车调度员通过行车调度台完成对机车驾驶员的一对一个别选呼，并可以发送数据指令和接收列车上传来的信息。

站务通信子系统负责完成车站车控室内勤人员与车站外勤人员及本站控制内列车驾驶员间通话。车站人员与驾驶员间通话由调度派接，在本站采取组呼方式进行通话。

车辆段调度通信子系统负责完成段、厂内的行车调度员与机车驾驶员的通信联系，传送行车指挥话音和数据指挥命令。

维修调度通信子系统提供维修调度、各专业调度员及本专业维修人员的无线调度通信，一般采取组呼方式。不同专业各自分组，专业之间如要进行通话，可由维修调度临时派接通话。

公安调度通信子系统、防灾调度通信子系统提供公安、防灾调度员、沿线指挥人员和抢险救灾人员之间的调度通信（采用组呼方式）。此系统在突发事件情况下才启用，由网络调度员通过动态重组功能设置临时通话小组，将应急指挥人员、各专业的抢修人员、车站值班人员等组成一组以适应现场抢险应急需要。

2. 城市轨道交通中无线集群调度通信系统的功能

（1）通话功能

1）无线用户可与有线用户进行通话，移动台呼叫调度台。

2）有线用户可与无线用户选址通话（个人直呼和组呼），调度台呼叫移动台。

3）无线用户之间进行通话（个人选呼和组呼），移动台通过拨打移动台号码进行的选呼，还可进行同组移动台之间的组呼。

4）呼叫类型（调度功能）包括个别呼叫（单呼）、组呼、全呼（通播呼叫所有通话组）、电话呼叫（有线、无线互联呼叫）等。

（2）系统入网功能

1）自动重发：按下PTT开关时，自动重发电话号码，直到接通为止。

2）忙时排队自动回叫：当所有话务信道都在使用时，请求入网的用户进入排队等候。当信道空闲时中央控制器自动依照先来先服务的原则为用户分配信道，让其通话。

3）紧急呼叫：遇到紧急情况，用户按紧急呼叫键，系统保证开放一条信道用于紧急呼叫。

4）限时通话：系统可设置用户通话时间，当到达通话设定时间后，系统将释放占用信道。

5）私密通话：移动用户之间通过拨打对方身份号即ID号码进行通话。

（3）优先级别　系统有5～8个优先级别，特权用户具有强插通话、通话不限时、全呼、选呼功能；普通用户不具备强插通话、全呼、选呼功能。

（4）特殊功能

1）常用扫描：移动台可设置对几个通话组进行扫描监听，当某一组有通话时自动建立通话。

2）自动多站选择：移动台可根据接收信号的强弱选择注册的基地台。

3）无线电禁止：又称遥毙，系统可以将遗失或有问题的电台关机，使其失去正常通话

功能，可以防止非法用户进入系统工作。

4）动态重组：中央控制器通过控制信道发送指令，更改移动台的组别。

（5）系统可靠性能

1）多信道：按申请分配，一个信道故障，其他信道仍正常工作。

2）接收机干扰关闭：当接收机受干扰或故障时自动关闭。

3）发射机故障关闭：当发射机故障时系统自动将其关闭。

4）系统自我诊断：系统可进行各种参数的自我诊断，出现软故障时可自动重新修复，出现硬件故障时提供报警或将其自动关闭。

5）故障弱化：系统中央控制器出现故障后，系统保持常规通信状态，不能进行跨区漫游通信。

（6）系统维护管理功能

1）系统参数配置功能：基站及中央控制器系统参数设置、更改、更新等可由系统维护终端远程控制实现。

2）统计报表功能：计算机管理软件自动统计各信道话务量、移动台话务量、调度台话务量等，并具有显示、数据分析、按用户需求输出打印报表的功能。

3）网络维护用户管理功能：系统管理员可根据不同用户的管理需要设置用户的权限，级别较低的管理员权限只能查看系统参数、较高的可以对移动用户参数进行设置，更高权限的管理员可以修改系统参数。

4）故障报警功能：系统故障管理软件实时监控整个系统设备运行状态，具有声、光显示方式同时报警功能。

5）基站无人值守：基站信息全部由中央管理软件监控，不需要现场人员监控基站信息。

项目实施

任务一　无线集群系统终端设备的应用

1. 目标

了解无线集群调度系统通信设备的使用。

2. 设备

1）无线集群调度系统调度台、车载台、车站电台、手持台等。

2）城市轨道交通无线通信设备使用有关规定。

3. 实作内容

1）学习掌握城市轨道交通无线通信设备使用规定。

2）分组使用无线集群调度系统通信设备，掌握各设备操作方法。

3）按照城市轨道交通无线通话要求进行联系，进行下达命令、汇报等工作。

任务二　特殊情况下无线通信设备的应用

1. 目标

熟练掌握城市轨道交通特殊情况下无线通信设备的使用。

2. 设备

1）无线集群调度系统调度台、车载台、车站电台、手持台等。

2）城市轨道交通有关应急预案。

3. 实作内容

1）学习城市轨道交通公司在下列不同情况下的应急预案：站台火灾、旅客伤亡、列车故障等。

2）学生分组演练下列不同岗位在特殊情况下的通话：驾驶员、车站值班员、站务员、调度员等。

一、城市轨道交通中无线集群调度通信系统的分组方案

为更好地保证调度通信畅通，使各移动设备之间及调度台之间不产生干扰，需要对移动台号码及组别进行整体规划。

每个移动台都有自己的 ID 号码即身份号码，就像手机的号码一样，在集群系统中此号码是唯一的，不能重复；每个移动台还可以设置一个或多个组别，当移动台设置到某一通话组上时，可以与该通话组的用户进行通话。这两项数据由管理员设置，需要整体规划这两个号码。

1. 便携式手持台号码及分组方案

（1）身份号码(ID)规划　手持台的 ID 号码一般由六位组成，在单个系统中，此号码不能重复，一般前两位可用作部门编号，中间两位可用作科室编号，最后两位可用作顺序号。

（2）组别规划　手持台的组别即该手持台可与哪些通话组进行通话，此号码在系统中可重复使用，此号码也可参照 ID 号的原则编制。

2. 车载电台的号码及分组方案

（1）身份号码规划　车载台的 ID 号码一般由四位组成，在单个系统中，此号码不能重复，一般第一位用来表示车头或车尾电台，后三位表示车载台序号。

（2）组别规划　车载台电台一般只与行车调度进行通信，所以一列车的头尾两个车载电台通话组号相同。不同的轨道交通公司采取不同的列车组织运营机制，所以列车电台的通话组可设置成一样的，或不同列车的车载台组分别是不同的两种方式。

3. 调度台的规划

（1）身份号码规划　调度台数量较少，其 ID 号应有显著特征，以方便操作人员记忆。

（2）组别规划　调度台根据不同需求加载组别，例如行车调度台加载所有列车的通话组及站务人员通话组；维修调度加载所有与维修部门有关的通话组；防灾及公安调度台一般加载所有的通话组，以便进行应急指挥调度。

二、城市轨道交通中无线集群调度通信系统的故障应急

1. 单站集群模式

单站集群的特征是当基站与控制中心之间传输链路中断或中心设备故障时，基站无线收发信机能够单独工作。在此基站覆盖范围的移动设备仍可进行通话，只是不再支持漫游功

能，不能呼叫到其他基站覆盖范围内的同组移动台。

2. 直通模式

直通模式，是在移动网络全部瘫痪，或移动台不在网络服务范围内，即移动台不必借助于任何无线网络，而进行的通话模式。

3. 调度台故障

当在行车指挥过程中，行车调度台突然故障，可采取两种措施解决此故障：一种方式是在行车调度指挥中心如果还有其他调度台，可在此调度台上启动行车调度台用户的权限，加载行车调度数据，来临时替代行车调度台；另一种方式是提前做好一部加载应急通话组的便携式手持台，使用该通话组指挥行车。

三、无线集群调度通信系统设备检修基本要求

无线集群调度通信系统的检修工作包括日常保养、二级保养、小修和中修，这里主要说明保养的主要内容。

1. 日常保养

无线集群调度通信系统应每天进行日常保养。

1）检查机车电台各项功能是否正常。

2）检查基站各模块状态指示灯是否正常。

3）检查主交换机状态指示灯是否正常。

4）检查录音机状态是否正常。

2. 二级保养

无线集群调度通信系统的二级保养每月进行一次。

1）清洁机车电台、控制头、话筒、扬声器。

2）检查车顶天线及连接线是否安装稳固。

3）检查基站的风扇。

4）检查基站接口单元中主备用激光器的切换。

5）检查录音机当前录音磁带，并清洁磁头。

6）清洁录音机机架、各部件外表以及各个终端及调度台。

7）检查无线电信号分配设备光纤接口单元和无线中继单元状态指示灯，判断设备是否正常工作。

8）清洁无线电信号分配设备光纤接口单元、无线中继单元、漏缆接口单元外壳及部件外表。

9）目测站厅天线、车站台天线、楼顶天线等有无损坏，并进行呼叫测试。

复习思考题

1. 什么是移动通信系统？移动通信系统的分类有哪些？
2. 异频单工与半双工通信有什么区别？
3. 集群通信系统有哪几种工作方式？各有什么特点？
4. 集群系统的分类有哪些？
5. 集群系统常用的有哪些技术？

6. 城市轨道交通集群调度通信系统由哪些设备组成？其各组成部分的功能是什么？
7. 集群系统的通话功能有哪些？
8. 城市轨道交通集群调度通信系统一般由哪几个子系统组成？各子系统的功能是什么？
9. 集群系统的移动电台需要设置哪些数据？其功能是什么？
10. 行车调度台故障可采取哪些应急措施？

项目十五　闭路电视系统

知识要点

1. 了解闭路电视监控系统设备组成。
2. 了解城市轨道交通闭路电视系统基本结构。
3. 掌握城市轨道交通闭路电视系统中心级功能和车站级功能。

相关理论知识

一、闭路电视监控系统基本作用

在城市轨道交通中，闭路电视系统(CCTV, Closed Circuit TV)可对各车站主要生产装置、设施、关键设备及重要部位进行全面直观的实时安全监视，为控制中心调度员、各车站值班员、公安值班人员等提供有关列车运行、旅客疏导、防灾救火、突发事件等现场视频信息，是保证城市轨道交通各车站安全运行的重要手段。其主要作用表现为：

1）向调度中心一级行车管理人员(行车调度员、环控调度员、公安值班员、值班主任等)提供各站台区行车情况和站厅区旅客流向的图像信息。

2）向车站行车值班员提供本站列车停靠、起动、车门开闭以及售票机、闸机出入口等处的现场实时图像信息。

3）向列车驾驶员和站台工作人员提供相应站台旅客上下列车的图像信息。

二、闭路电视监控系统组成

闭路电视监控系统是安全技术防范体系中的一个重要组成部分，是一种先进的、防范能力强的综合系统，典型的闭路电视监控系统如图 15-1 所示，包括有摄像装置、传输部分、控制部分以及图像处理显示和记录设备等。

1. 摄像部分

摄像部分是电视监控系统的前沿部分，是整个系统的“眼睛”。它布置在被监视场所的某一位置上，使其视场角能覆盖整个被监视的各个部位。摄像机把它监视的内容变为图像信号，传送到控制中心的监视器上。摄像部分是系统的最前端，作为系统的原始信号源，摄像部分的好坏以及它产生的图像信号的质量将影响着整个系统的质量。

摄像部分根据监视需要，可将摄像机安装在电动云台上，并加装变焦镜头，在室外应用的

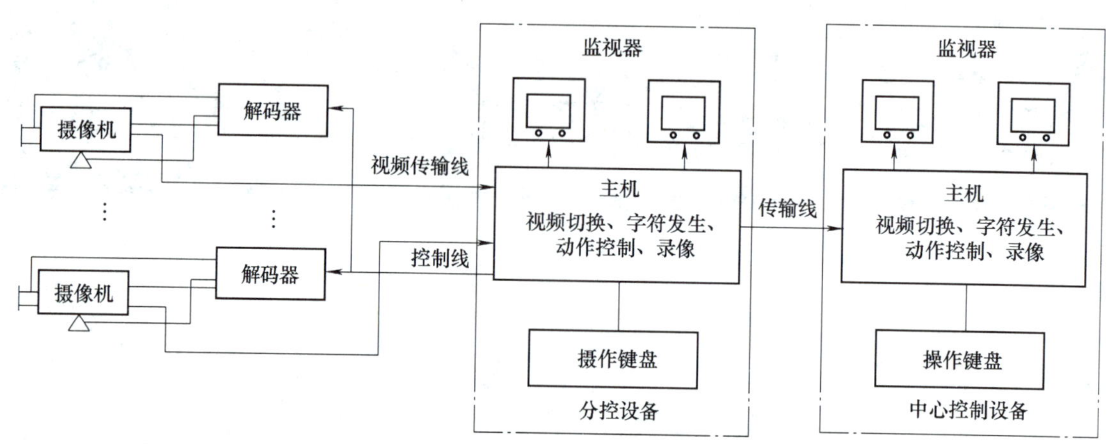

图 15-1 电视监控系统的基本组成

情况下为了防尘、防雨、抗高低温、抗腐蚀等，对摄像机及其镜头还应加装专门的防护罩。

2. 传输部分

传输部分就是系统的图像信号传送的通路。一般来说，传输部分单指的是传输图像信号，由于某些系统中除图像外，还要传输声音信号，有时需要由控制中心通过控制台对摄像机、镜头、云台、防护罩等进行控制，因而在传输系统中还包含有控制信号的传输。

图像信号的传输，要求在图像信号经过传输系统后，不产生明显的噪声、失真，保证原始图像信号的清晰度和灰度等级没有明显下降。这要求传输系统在衰减方面、引入噪声方面、幅频特性和相频特性方面都有良好的性能。

在传输方式上，目前电视监控系统多半采用视频基带传输方式。如果摄像机距离控制中心较远，可采用射频传输方式或光纤传输方式。

3. 控制部分

控制部分是整个系统的指挥中心。控制部分的主要功能有：视频信号放大与分配、图像信号的校正与补偿、图像信号的切换、图像信号的记录、摄像机及其辅助部件(如镜头、云台、防护罩等)的控制等。

控制部分能对摄像机、镜头、云台、防护罩等进行遥控，完成对被监视的场所全面、详细的监视或跟踪监视。控制部分一般设有录像设备，可以随时把被监视场所的图像记录下来，以便事后备查。

控制部分设有“多画面分割器”，如四画面、九画面、十六画面等。通过这个设备，可以在一台监视器上同时显示出四个、九个、十六个摄像机送来的画面，并用一台常规录像机或长延时录像机进行记录。控制部分还设有时间及地址字符发生器，通过这个装置可以把年、月、日、时、分、秒显示出来，并把被监视场所的地址、名称显示出来。在录像机上进行记录，这样为以后的备查提供了方便。

4. 显示部分

显示部分一般由多台监视器、监视屏幕墙或电脑显示器组成。其功能是将传送过来的图像显示出来。在电视监视系统中，特别是在由多台摄像机组成的电视监控系统中，一般都不是一台监视器对应一台摄像机进行显示，而是几台摄像机的图像信号用一台监视器轮流切换显示。这样可以节省设备，减少空间占用。当某个被监视的场所发生情况时，可以通过切换

器将这一路信号切换到某一台监视器上一直显示，并通过控制台对其遥控跟踪记录。在一般的系统中通常都采用四比一、八比一、甚至十六比一的摄像机对监视器的比例数设置监视器的数量。

常用的摄像机对监视器的比例数为四比一，即四台摄像机对应一台监视器轮流显示，当摄像机的台数很多时，可采用八比一或十六比一的设置方案。

在摄像机台数很多的系统中，用画面分割器把某几台摄像机送来的图像信号同时显示在同一台监视器上，即在一台较大屏幕的监视器上，把屏幕分成几个面积相等的小画面，每个画面显示一个摄像机送来的画面。这样可以大大节省监视器，并且操作人员观看起来也比较方便。

三、闭路电视监控系统在城市轨道交通中的应用

城市轨道交通闭路电视监控系统一般分为三部分：一部分用于指挥行车及控制客流，监控场所包括车站站厅、站台、车站轨道等；一部分用于消防楼宇监控，监控场所包括轨道交通企业安装重要设施的场所，一般在控制中心大楼使用；另外一部分用于公安安防系统，监控场所包括地铁进入车站内的通道、站厅、站台等，为公安人员提供车站视频信息，一般用于处理纠纷、事故等情况。

1. 行车指挥用监控系统

行车指挥用监控系统提供城市轨道交通车站内站厅、站台、轨道上列车停靠、起动、车门开关、客流等与行车有关的现场图像信息，以确保城市轨道交通系统正常运行。其使用人员包括车站值班人员、列车驾驶员及控制中心调度人员等。

行车指挥用电视监控系统包括车站设备、控制中心设备以及传输设备三部分。其系统示意图如图 15-2 所示。

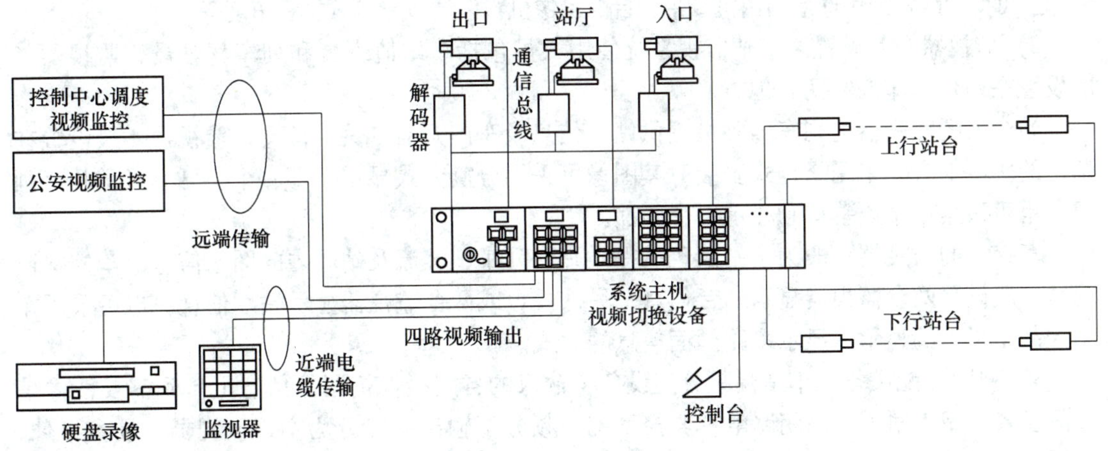

图 15-2　监控系统示意图

（1）车站设备　车站监控系统主要为车站值班员提供本车站内站厅、站台客流图像及轨道上列车图像信息，并进行录像，同时将图像上传到控制中心和公安视频监控中心。

车站监控系统由前端摄像机、解码器、视频矩阵、视频分配器、字符发生器、控制台、硬盘存储设备、监视屏幕设备及传输设备组成。

1）摄像机及其设置。车站电视监控设备应根据车站的布局情况设置监视点，在地铁车站中常设有站台区和站厅区，而在高架或地面轻轨系统的车站设有站台区、出入口区和站厅区。不论是站台区、站厅区还是出入口处均应设置摄像机进行监视，有些还在地铁通道内设置摄像点，常用摄像机如图 15-3 所示。

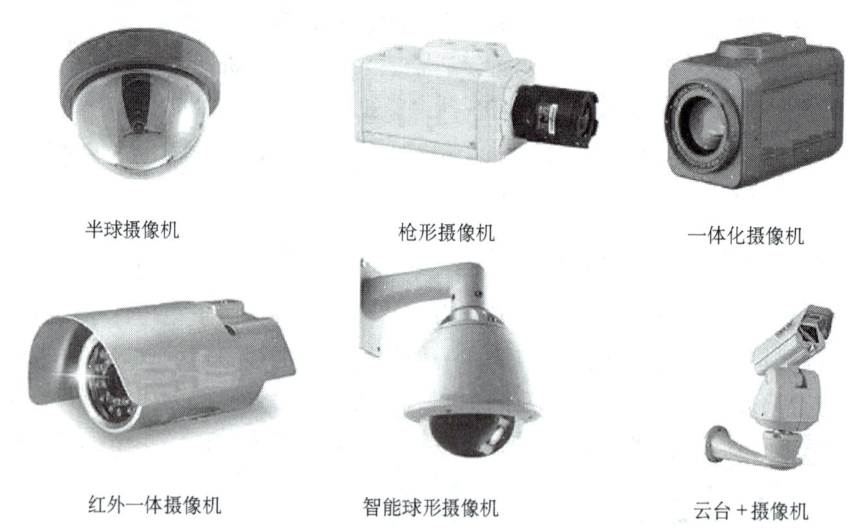

图 15-3　常用摄像机

站台区的摄像机除为车站值班人员提供图像信息外，还为列车驾驶员提供旅客上、下车及车门开关情况的信息。因列车驾驶员无法对摄像机进行控制，故站台区的摄像机通常采用固定式，根据站台的长度，可在上、下行站台分别设置 1 ~2 台摄像机，摄像范围应能覆盖上、下行站台。站厅区和出入口的摄像机为车站值班员及控制中心调度部门提供图像信息，摄像机取景范围要求大而且可变，故常采用球形摄像机或带云台的摄像机，以调节摄像方位和角度等。

2）监视器及其设置。车站监视系统使用人员包括车站值班员和列车驾驶员，监视器一般设置在站台和车控室两个地方。

站台上的监视器为列车驾驶员提供站台信息及车门开启、关闭信息，监视器一般设置在站台的头尾上方，采用悬挂式安装。其图像可采用分割方式显示，即一个屏幕上显示几个画面，也可采用一个屏幕单独显示一个画面。

车控室的监视器一般为车站值班员提供站台列车、客流及站厅内的图像信息，车控室监视器一般设置两台监视器显示站台信息，另外一台或两台监视器显示站厅信息；也可采用车站控制主机上的显示屏显示多路画面信息的方式。

3）视频分配设备。车站视频分配设备将输入的各路摄像机图像信息上传到需要图像信息的设备。城市轨道交通闭路电视监控系统视频分配输出一般分为本地监视器、硬盘录像、控制中心调度和公安安防四部分。

4）控制台。主控键盘也称操作台，是监控操作人员用来操控云台、调节摄像机焦距以及在监视器上切换显示画面的设备。在控制键盘上设有很多数字键及功能键，其中数字键用于选择摄像机输入及监视器输出，功能键用于对选定的前端设备进行各种控制操作，面板键盘、主控键盘允许对系统进行编程设置。在控制键盘上通常还设有 LED 显示屏或液晶显示屏，用于显示控制指令或系统内各监视点的工作状态。

5）时间、日期及字符叠加器。时间、日期及字符叠加器如图 15-4 所示，用于在监视器上加载摄像的时间、日期以及摄像机的区域位置信息，方便现场操作人员使用，而且便于以后提取录像使用。

6）录像存储设备。录像存储设备能够将需要的视频信息按要求保存下来，此设备有两种形式：一种是 PC 型录像存储机，另一种是专用硬盘录像机。

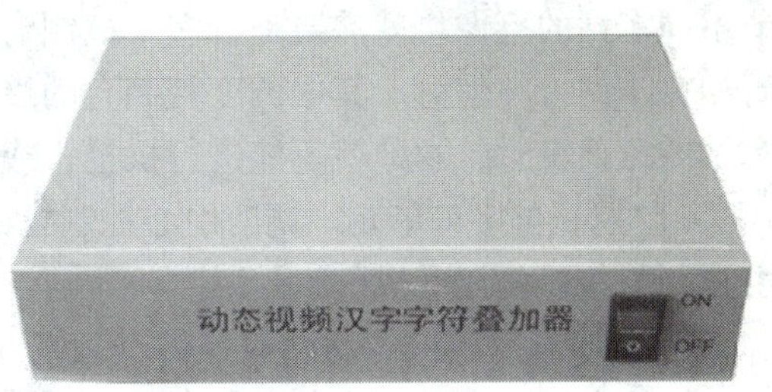

图 15-4　时间、日期及字符叠加器

PC 型硬盘录像机实质是一部专用工业计算机，利用专门的软件和硬件将视频捕捉、数据处理、图像记录、自动警报集于一身。操作系统一般采用 WINDOWS 系列。硬盘录像机一般可同时记录多路视频信息，可根据具体的硬盘录像设备而定。PC 型硬盘录像机优点是控制功能和网络功能较为完善，不足之处是其操作系统基于 WINDOWS 运行，不能长时间连续工作，必须隔一段时间后重启计算机。

单机型(嵌入式)硬盘录像机操作采用面板上的按键控制，不再采用鼠标和键盘，操作系统一般是各厂家自行研发的操作系统。优点是操作简便，能长时间连续工作；不足之处是其控制功能和网络功能尚不完备。

（2）控制中心设备　控制中心监控系统为控制中心行调、环调、总调度员等提供车站的图像信息，用于控制中心调度人员指挥行车及应急抢险。控制中心监控系统主要包括监视屏幕墙、系统服务器、视频切换设备、操作台、控制接口转换设备等，其系统结构如图 15-5 所示。

1）监视屏幕墙。车站监控系统中采用监视器就可完成监控显示功能，而在控制中心汇聚所有车站的视频信息，需要上传的图像较多，需采用监视屏幕墙作为显示设备。监视屏幕墙一般由几个监视器组成，随着电子技术的发展，在城市轨道交通中的屏幕墙也有采用拼接方式监视屏幕墙。

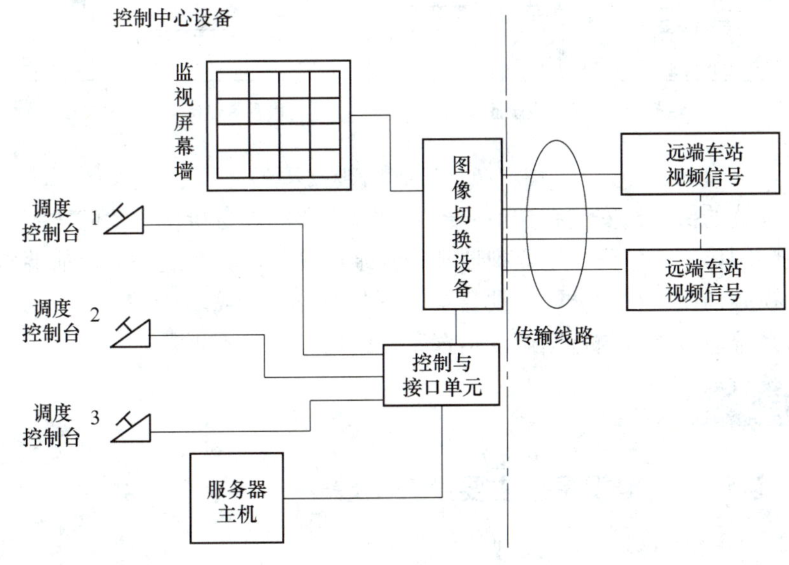

图 15-5　控制中心系统示意图

2）服务器主机。控制中心监控系统服务器主机一般配备厂家自行研制的服务器管理软件，主要功能是将车站视频信息切换到屏幕墙上、对系统参数进行配置、输出系统报警等。

3）调度控制台。由于所有车站的视频信息全部上传到控制中心，如果调度员想同时调节不同车站的摄像机就需要配置多个控制台，不同的调度员分别使用不同的调度控制台，查看相关车站视频信息。其中调度控制台的级别一般优先于车站级控制台，即当调度操控某一车站的摄像机时，本地就不能进行操控；或本地正在操控时，调度可强行切断操控。

4）控制与接口单元。调度中心控制台的操控视频切换、服务器操作视频切换等功能均由控制与接口单元完成。

（3）传输设备　传输设备是将车站视频信号和控制信号传送到控制中心。一般本地传输直接用电缆连接方式就可实现，而控制中心与车站距离一般较远，需要相应的传输设备实现视频及控制信号的传送。

在车站一般将由分配器输出的视频信号和控制信号经转换设备转换成相应传输设备所需的接口数据后，经传输设备传送到控制中心，控制中心传输设备再将接收的信号转换成视频信号送到视频矩阵及控制信号接口。

2. 消防楼宇监控系统

消防楼宇监控系统一般设置在轨道交通企业的重要设施内，如控制中心、车辆段、停车场等地。此部分的主要功能是进行楼宇内的安防及消防，一般与消防系统有联动功能，系统组成如图15-6所示。

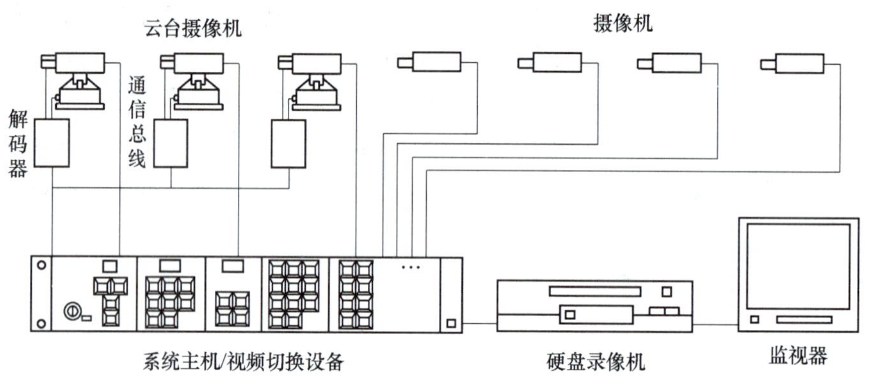

图15-6　消防楼宇监控系统

消防楼宇系统的摄像机安装在楼道、出入口及重要的设备机房。消防楼宇监控系统一般单独组网，视频图像只上传到本地监视器和硬盘录像设备。其系统一般由前端摄像机，后端的控制主机，视频切换、视频分配、硬盘录像、监视设备组成。

公安安防系统设备组成与行车调度指挥系统结构相同，不再赘述。

项目实施

任务一　认识闭路电视系统主要设备组成

1. 目标

1）了解城市轨道交通的闭路电视系统基本结构。

2）能够识别闭路电视系统主要设备，了解各设备的作用。

2. 设备

硬盘录像机、监视器、视频矩阵、视频切换器、摄像机、操控键盘及连接线缆电源等。

3. 实作内容

1）识别闭路电视系统主要设备，掌握系统组网模式。

2）画出车站监视系统结构图，说明各部分的作用。

3）画出控制中心监视系统结构图，说明各部分的作用。

4）制作视频电缆连接头，连接闭路电视监视系统各硬件设备，使之能够正常运转。

任务二　闭路电视系统的操作

1. 目标

能够根据要求正确操作闭路电视系统的键盘、手柄。

2. 设备

闭路电视车站级设备、中心级设备。

3. 实作内容

1）了解闭路电视系统键盘中各按键的功能。

2）正确操作闭路电视系统，能够按照要求显示指定画面。

3）正确设置硬盘录像机。

任务三　学习闭路电视系统的应用

1. 目标

1）能够根据闭路电视系统提供的录像信息作出正确判断。

2）能够根据闭路电视系统提供的录像信息正确执行有关应急预案的规定。

2. 设备

城市轨道交通典型录像、城市轨道交通应急预案。

3. 实作内容

1）学习城市轨道交通应急预案的有关规定、处理原则、信息通报流程等。

2）观看有关录像资料，例如火灾、列车脱轨、闸机故障等。

3）模拟站务员、车站值班调度员，根据录像资料，正确执行有关应急预案中信息通报流程。

拓展与提高

一、闭路电视监视系统其他设备

1. 摄像机

摄像机是获取监视现场图像的前端设备，它一般以 CCD 图像传感器为核心部件，外加同步信号产生电路、视频信号处理电路及电源等。

摄像机具有黑白和彩色之分，由于黑白摄像机具有高分辨率、低照度等优点，特别是它可以在红外光照下成像，因此在电视监控系统中，黑白摄像机应用较多。

摄像机根据使用场所的不同一般分为：半球摄像机、枪型摄像机、一体化摄像机、红外一体摄像机、智能型摄像机、云台摄像机等。

不同摄像机具有各自特点：球形摄像机没有角度限制，可以看到摄像头覆盖的全部场景；云台摄像机可以通过控制云台角度，改变摄像范围；一体化摄像机镜头与摄像机为一体不可拆卸镜头；枪形摄像机的摄像头可更换；红外摄像机在摄像头前加装红外灯，可用于夜间监控。

2. 镜头

镜头与 CCD 摄像机配合，可以将远距离目标成像在摄像机的 CCD 靶面上。

镜头的种类繁多，从焦距上分类，可分为短焦距、中焦距和长焦距和变焦距镜头；从视角的大小分类，可分为广角、标准、远摄镜头；从结构上分类，可分为固定光圈定焦镜头、手动光圈定焦镜头、自动光圈定焦镜头、手动变焦镜头、自动光圈电动变焦镜头、电动三可变镜头(指光圈、焦距、聚焦这三者均可变)等类型。由于镜头选择的合适与否，直接关系到摄像质量的优劣，因此在实际应用中必须合理选择镜头。

3. 云台

云台主要有水平云台、全方位云台、球型云台几种。

水平云台又叫扫描云台，绝大多数限于室内使用。水平云台体积小、重量轻，用于固定摄像机在水平方向进行 360°的扫描。

全方位云台与水平云台相比，在垂直方向上增加了一个驱动电动机，该电动机可以带动摄像机座板在垂直方向 ±60°范围内做仰俯运动。由于部件增多，全方位云台在尺寸和重量上都比水平云台高。

球型云台从外观结构上看与普通云台有很大的不同，但传动机理和普通云台是一样的。球型云台一般都设计成一个中空的托架形，将云台及摄像机和电动镜头一起放置在封闭的球罩里。其托架部分正好用于安装摄像机和电动镜头，云台可以在水平和垂直两个方向任意转动，镜头前端扫过的轨迹恰好构成了一个球面。

4. 红外灯

在闭路电视监控系统中，有时需要在夜间无可见光的环境下，对某些重要部位进行监视。监视现场设置红外灯进行辅助照明可使 CCD 摄像机正常感光成像。与低照度的 CCD 摄像机相比，具有价格极低、在绝对黑暗的环境下仍可获得清晰的图像的特点。

闭路电视监控系统中使用的红外灯大致有两种类型：一种是用普通照明灯外加可见光滤除装置，能耗较高；另一种是用若干红外发光二极管组成的二极管阵列。

5. 解码器

解码器是控制摄像机云台或镜头时进行摄像机与控制器之间信号传输与转换的装置，一般安装在配有云台及自动镜头的摄像机附近，有多芯控制电缆直接与云台及自动镜头相联，另有两芯护套线或两芯屏蔽线的通信线，与监控室内的系统主机相联。

6. 视频矩阵

视频切换矩阵的功能是将输入的视频信息，切换到指定输出端口。

视频矩阵如图 15-7 所示，主要功能就是实现对输入视频图像的切换输出，即将视频图像从任意一个输入通道切换到任意一个输出通道显示。一般来讲，一个 $M\times N$ 矩阵：表示它可以同时支持 M 路图像输入和 N 路图像输出，而且能够将任意一个输入连接至任意一个输出。

图 15-8 为“8 入 4 出”矩阵切换方式原理图，视频信号经驱动电路，提高带负载能力后，直接输入到矩阵交叉的电子开关，控制部分根据控制面板或键盘的指令输出选通码到矩阵交叉电子开关，使其选通指定通道摄像机的视频信号输入到指定的输出口。图 15-8 所示为操作者选通第六路信号输出到第三个视频输出装置。

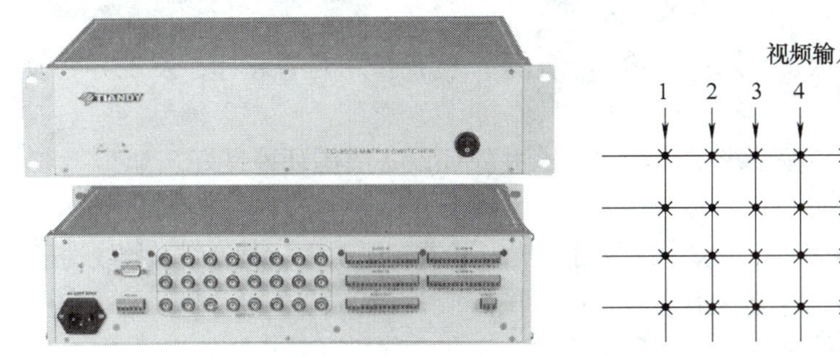

图 15-7　视频矩阵设备(16×8)

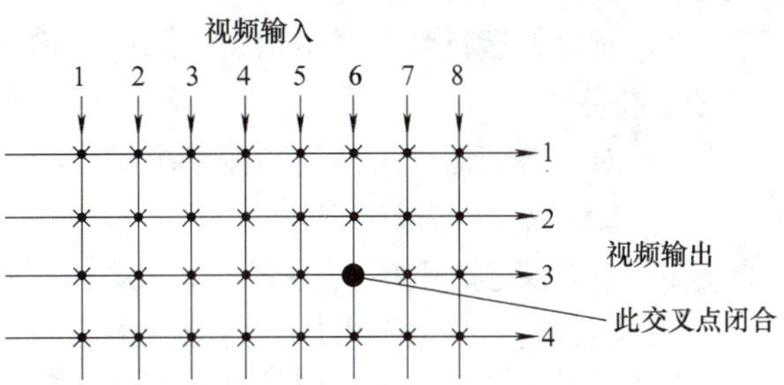

图 15-8　“8 入 4 出”矩阵切换方式原理图

7. 通信电缆

(1) 视频电缆及连接器　视频电缆选用 75Ω 的同轴电缆，通常使用的电缆型号为 SYV—75—3 和 SYV—75—5。它们对视频信号的无中继传输距离一般为 300～500m，当传输距离更长时，可相应选用 SYV—75—7、SYV—75—9 或 SYV—75—12 的粗同轴电缆(在实际工程中,粗缆的无中继传输距离可达 1km 以上)。一般来说，传输距离越长则信号的衰减越大，频率越高则信号的衰减也越大，但线径粗则信号衰减越小。当长距离无中继传输时，由于视频信号的高频成分被过多的衰减而使图像变模糊(表现为图像中物体边缘不清晰,分辨率下降)，而当视频信号的同频头被衰减得不足以被监视器等视频设备捕捉到，图像便不能稳定地显示。根据使用要求可考虑选用视频放大器。

视频信号实际所能传输的距离与同轴电缆的质量及所用的摄像机及监视器均有关。当摄像机输出电阻、同轴电缆特性阻抗、监视器输入电阻这 3 个量不能完全匹配时，就会在同轴电缆中造成回波反射(驻波反射)，因而长距离传输时会使图像出现重影及波纹，甚至使图像跳动。在实际工程中，尽可能一根电缆一贯到底，中间不留接头，避免造成插入损耗。

(2) 通信电缆　通信电缆指的是控制键盘与摄像机解码器之间连接的二芯电缆，一般采用 RS-485 通信方式。通信电缆可以选用普通的二芯护套线，为适应强干扰环境下的远距离传输，可选用带有屏蔽层的两芯线。

(3) 控制电缆　控制电缆通常指的是用于控制云台及电动可变镜头的多芯电缆，它一端连接于控制器或解码器的云台、电动镜头控制接线端，另一端则直接接到云台、电动镜头的相应端子上。控制电缆提供的是直流或交流电压，而且一般距离很短(有时还不到 1m)，基本上不存在干扰问题，因此不需要使用屏蔽线。常用的控制电缆大多采用六芯电缆或十芯电缆。其中六芯电缆分别接于云台的上、下、左、右、自动、公共六个接线端。十芯电缆除了接云台的六个接线端外，还包括电动镜头的变倍、聚焦、光圈、公共四个接线端。

二、闭路电视系统设备检修基本要求

闭路电视的维护工作包括日常巡视和计划性检修工作，按照内容可分为日常保养(一级维修)、二级保养(二级维修)、小修(三级维修)、中修(四级维修)和大修(五级维修)。下面主要说明保养的基本要求。

1. 日常保养(一级维修)

1）检查设备外观是否良好，基础是否稳固，螺钉是否紧固，箱体、加锁装置是否完好。

2）检查外部连接杆件、管线是否完好，动作是否灵活，设备运用是否正常、平稳，有无噪声，温升是否正常等。

3）对设备运行状态、指示、表示进行检测、记录；检查指示是否超标，发现异常及时调校、排除。

4）对设备表面进行清洁，按要求加注润滑油，并保证设备周围环境良好。

2. 二级保养(二级维修)

1）对设备定期开盖、开箱检查，设备内、外部清洁，检查理顺引入(引出)线、接线端子。

2）测试送、受电端电压、电流，绝缘检查或测试。

3）对设备关键、主要部件进行测试、调整。

4）紧固动作部分杆件、塞钉、螺钉，清洗磁头、传感器等，定期更换熔丝，内部加注润滑油。

复习思考题

1. 闭路电视监控系统由哪几部分组成?
2. 闭路电视监控系统前端设备有哪些种?
3. 闭路电视监控系统视频矩阵起到什么作用?
4. 闭路电视监控系统画面合成与画面分割设备有哪些异同?
5. 城市轨道交通监控系统由哪三部分组成?
6. 车站视频分配器一般为哪些设备提供视频信号?
7. 行车调度监控系统有哪些功能?
8. 行车调度监控系统为哪些人员提供视频信息?
9. 监控系统车站设备由哪些设备组成?
10. 控制中心调度监控系统由哪些设备组成?

项目十六　广播系统

知识要点

1. 了解广播系统基本结构及作用。
2. 掌握城市轨道交通广播系统功能及终端设备的设置。
3. 了解城市轨道交通广播系统的组网模式。

相关理论知识

广播系统作为城市轨道交通运营行车组织的必要手段，具有快速响应的能力，它用于对乘客进行广播，通知列车到站、离站、线路换乘、时刻表变化、列车晚点、安全状况等信息；在突发事故或紧急情况时，作为事故抢险、组织指挥的防灾广播，对乘客进行及时有效的疏导和指引，提高应急响应能力。此外，广播系统还可以对运营人员进行广播，发布有关通知信息，便于协同配合工作，提高服务质量。

一、广播系统的组成和分类

1. 广播系统的组成

广播系统一般又称为扩声音响系统，其作用是将语音信息，通过扩声系统发送并能重现声音。广播系统主要由听觉系统(人的耳朵)、硬件系统(器材)、软件系统、音响系统及听音环境组成。

自然声源(如播音员的播音、演讲、乐器演奏和演唱等)所发出声音的能量是有限的，其声压随传播距离的增大而迅速衰减，由于环境噪声的影响，使声源的传播距离减至更短，因此在公众活动场所必须用电声技术进行扩声，将声源的信号放大，提高听众区的声压级，保证每位听众能获得适当的声压级。

2. 广播系统的分类

广播系统的分类方式很多，按安装位置可分为室内广播和室外广播；按安装方式可分为流动演出广播和固定广播；按使用场所可分为公共广播、会议广播和车载广播。

(1) 室外扩声系统　室外扩声系统主要用于体育场、广场、公园、艺术广场等。它的特点是服务区域面积大、空间宽广、声音传播以直达声为主。如果四周有高楼大厦等建筑物，扬声器的布局又不尽合理，因声波多次反射而形成超过 50ms 以上的延迟，会引起双重声或多重声，甚至会出现回声等问题，影响音质清晰度和声场的定位。室外系统以语言扩声为主，兼用音乐和演出功能。音质受环境和气候条件影响大、干扰声大、条件复杂，因此需要有很大的扩声功率。

（2）室内扩声系统　室内扩声系统是应用最广泛的系统，包括各类剧场、礼堂、体育馆、歌舞厅、卡拉OK厅等，它的专业性较强，不仅要考虑电声技术问题，还要涉及建筑声学问题，不仅要作语言扩声，还要能供各种文艺演出使用，对音质的要求很高，受建筑声学的影响较大。

（3）流动演出系统　扩声系统有固定系统和流动系统两大类。流动系统是在固定系统的声学特性条件不能满足文艺演出使用时临时安装的一种便于安装、调试和使用的高性能、轻便的扩声系统。常用于各种大型场地（如体育场、体育馆、艺术广场和大宴会厅等）作文艺演出时使用。这种系统的投资较大，通常由专业单位提供出租使用。

（4）公共广播系统　公共广播系统为城市轨道交通、机场、宾馆、商厦和各类大楼提供背景音乐和广播节目，同时公共广播系统又兼有应急广播的功能。公共广播系统的控制功能较多，如选区广播和全呼功能、强切功能、优选广播权功能等。

（5）会议系统　会议系统包括会议讨论系统、表决系统和同声传译系统。近年来发展很快，广泛用于会议中心、宾馆、集团公司、会场和大学教室等场所。

（6）车载广播　车载广播包括公交车广播、城市轨道交通列车用车载广播等。车载广播一般为乘客提供到站及换乘信息和一些背景音乐等。

3. 广播系统设备的基本组成

广播系统一般由音源、放大和扬声系统组成，如图16-1所示。其音响效果与系统的配置有关，也与播放环境有密切关系。

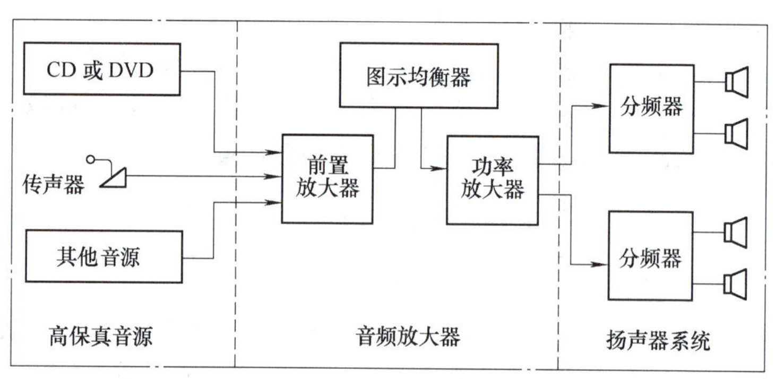

图16-1　广播系统示意图

（1）音源　广播系统能够重现原始声音和原始声场，它需要有高保真音源设备。高保真音源设备一般包括传声器、CD播放机、DVD播放机、MP3播放机等。

1）传声器。传声器俗称麦克风，在广播系统中也有用多功能广播系统控制台的。传声器是一种换能器，它将声能转换为电能，即将声音信号转换成电信号。在剧场、歌舞厅、音乐厅、播音室等都要利用传声器提取音频信号。传声器的种类很多有动圈式、电容式、驻极体式、有线式和无线式。传声器的频率特性、信噪比和灵敏度等性能直接影响重现声音的音质。

2）CD播放机。CD播放机又称激光唱机、镭射唱机。它利用激光光束，以非接触方式将CD唱片上记录的声音信息的数字编码信号识别出来，经解码器把数字信号变为模拟音频信号。CD唱机达到很高的技术水平，由于采用数字录音和放音技术，其频率特性、动态范围、信噪比、失真度、抖晃率、分离度等性能几乎达到理想的程度，是各种高保真音源中比较理想的音源。

3）DVD播放机。DVD播放机也称激光影碟机，采用数字录放技术，它不仅可输出音频信号，同时还能输出视频信号。

4）MP3 播放机。MP3 播放机也是采用数字技术，它具有小巧灵活的特点。随着电子数字技术的发展，数字产品也越来越普及，应用也比较广泛。

（2）音频放大器　音频放大器是广播系统的主体，包括前置放大器和功率放大器两部分，必要时可以插入图示均衡器。音频放大器对音频信号进行处理和放大，用足够的功率去推动扬声器系统发声。

1）前置放大器。前置放大器具有双重功能，即选择音频并进行音频电压放大和音质控制。它将各种不同音源送来的不同电平的音频信号放大为大致相同的额定电平；同时通过加工处理，实现音质控制，以恢复原始声音，输出高保真的音频信号。因此在前置放大器中除必要的放大外，还设置有音量控制、响度控制、音调控制、平衡控制、低频和高频噪声抑制等音质控制电路。所以，前置放大器被誉为广播系统的音质控制中心。

2）图示均衡器。图示均衡器是一种为修饰美化音色而设置的音频信号处理设备。它将整个音频带划分为 5 个、7 个或 10 个频段，最多可达 31 个频段，分别进行提升或衰减。各频段互不影响，对音质可进行精细调整，以减小各种噪声，补偿房间声学缺陷，弥补左、右音箱的频率特性差异，适应聆听者的不同爱好。图示均衡器还可以配置频谱显示器，通过发光管或荧光管动态显示各频率成分的幅度变化。

3）功率放大器。功率放大器的作用是放大来自前置放大器的音频信号，产生足够的不失真功率，以推动扬声器发声。功率放大器处于大信号的工作状态，动态范围很大，容易引起非线性失真，因此必须有良好的动态特性。功率放大器性能的优劣直接关系到广播系统的放音质量，其均衡指标主要有频率特性、谐波失真和输出功率等。

（3）扬声器系统　扬声器系统由扬声器、分频器和箱体三部分组成，其作用是将功率放大器输出的音频信号分频段不失真地还原成原始声音。扬声器系统对重放声音的音质有着举足轻重的影响。

1）扬声器。扬声器是一种电声换能器，广播系统中使用最多的是电动式扬声器，它利用磁场对载流导体的作用实现电声能量转换。依据振动辐射系统的不同，电动式扬声器可分为锥形扬声器、球顶形扬声器和筒式扬声器等，各有不同的特性。

2）分频器。无论哪一种扬声器，要同时良好地重放整个音频频带的声音几乎是不可能的。因此，在高保真广播系统中，通常采用分频的方法，利用各种扬声器的特长，分别承担重放低频、中频或高频段声音的任务。低频段宜用大口径锥形扬声器，中频段可用球顶形或筒式扬声器。分频器的作用是为各频段扬声器选出相应的频段音频信号，并正确分频各扬声器的信号功率。

3）箱体。扬声器振膜前后所辐射的声波是互为反向的，其中低频声波因绕射而造成的相位干涉会消弱其辐射功率。为了提高扬声器的低频效率，应把扬声器装在箱体里。常见的箱体有封闭式和倒相式等。

二、城市轨道交通系统中广播系统的组成及作用

1. 广播系统的作用

城市轨道交通系统中广播系统按设备安装的地点可分为两部分，一部分为地面广播，一部分为车载广播。

地面广播的作用是：对乘客进行广播，通知列车到站和离站的信息，或播放音乐以改善

候车环境，或在发生意外情况时疏导乘客。对乘客广播的播音范围主要是站台和站厅区。广播的另一个作用是对工作人员进行广播，其播音范围为办公区域、站台、站厅、隧道及车辆段、停车场内，以便及时发布与行车有关的信息，使工作人员协同配合工作。地面广播信息可以由控制中心广播台发出，也可由车站值班员发出。

车载广播的主要作用是给乘客发布到站信息以及播放一些背景音乐，同时在紧急情况下可向乘客播放信息。

2. 地面广播系统的组成

地面广播系统一般由车站设备、传输线路和控制中心设备组成，图 16-2 所示为广播系统示意图。

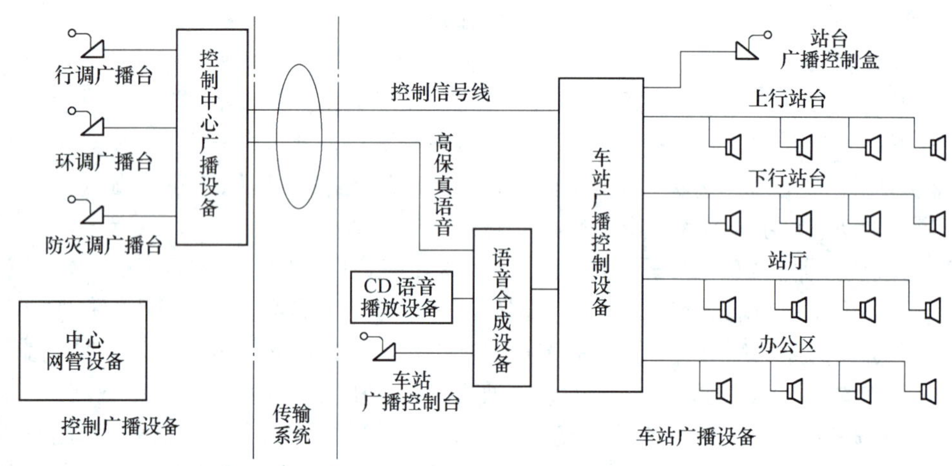

图 16-2 广播系统示意图

（1）车站广播系统设备 车站广播系统由车站值班员操作，通过操作车站广播控制台的键盘对信源、广播区、控制模式进行选择，对车站各广播区定向广播。车站分为上行站台、下行站台、站厅、办公区四个广播区域，如图 16-2 广播系统示意图中的车站广播设备部分。

车站广播系统是由车站广播控制台、站台广播控制台、DVD 机或 CD 播放机、功率放大器、系统控制切换设备、接口装置、扬声器系统组成。

车站广播控制台——用于车站值班员进行广播，车站广播控制台面板上设有传声器、液晶显示屏、键盘区等，键盘区分为信源选择键、广播区选择键和语音合成选择键、监听控制功能键、应急广播操作键等，包括以下功能：

① 选区广播功能：控制台可对车站内的四个广播控制区的单一区域、多个区域或全部区域进行广播。

② 播放声源选区功能：控制台可通过按键选取声源，声源的种类包括传声器、语音合成、CD 或 DVD 播放机。

③ 音量调整功能：播音人员可通过控制台音量按键来调节扬声器的音量，有些系统还具有自动调节音量的功能，其工作原理是：系统安装噪声检测控制器，用来采集广播声场的背景噪声，向车站广播控制设备提供量化后的噪声电平数据。根据噪声的大小计算后自动调整音频信号的幅度，使现场的声音保持一定的强度，达到良好的收听效果。

④ 优先级功能：站台广播控制台是为站台值班人员进行广播而设置的，当其正在广播时，

车站控制室内控制台可直接强拆其广播进行播音，车站广播控制台具有高优先级广播功能。

⑤ 监听选择功能：中心控制调度员可选择监听各车站广播区工作状态与广播内容；车站值班员可监听本站广播区工作状态和广播内容。

⑥ 语音合成广播功能：车站的日常业务广播用语及专业用语可录制在语音合成储存器内，播音员通过键盘操作控制台播放已经存储的话音。

功率放大器对声源信号进行放大处理传送到扬声器。广播系统每个广播区域配置一个功率放大器，而且功率放大器设备一般为模块化，主备冗余配置，即使某一路功放故障，冗余后备功率放大器自动切换，无需人工倒机，提高了系统的可靠性。

系统控制切换装置完成广播系统各部分之间的切换及控制，包括控制台切换声源、控制台切换广播区、噪声检测自动调节播放声音等都是由系统控制切换装置完成的。

接口装置完成各控制模块之间的接口转换，同时将车站广播告警信息传送到控制中心网管设备，接收控制中心发出的声音及控制信息等。

（2）控制中心广播系统设备　控制中心设备主要由调度人员操作，控制中心可对任意一个或多个车站的任意广播区进行广播，可对车站播放语音进行监听等。控制中心广播具有高优先级，广播系统平时运营时以车站广播为主，主要是对乘客进行公告信息广播，在紧急情况下若发生灾难，以中心防灾广播为主。

控制中心对各站广播时，中心广播控制台上输出的语音信号和控制信息，经符合有线传输设备规范的接口设备输出，经光缆传输到各个车站的接口装置；语音信号经由信源转换处理器转换后，根据中心发来的指令，对指定的广播区进行广播。同时车站广播控制设备将本站执行的状态反馈到控制中心，并在控制中心广播控制台上显示。

（3）传输线路　广播系统传输线路包括两部分：一部分为本地传输线路；一部分为控制中心到车站的传输线路。控制中心广播设备与车站广播设备之间的传输线路，它包括控制线路和语音线路，其中控制线路用来传送控制信号，如优先级选择、车站设备告警信号等；语音线路用来传送控制中心播发的语音信号，也可将车站广播的信号传送到控制中心设备以供控制中心监听使用。

（4）自动广播设备　随着城市轨道交通系统中通信与信号新技术的应用发展，二者之间的联系越来越紧密，有些信号系统可向广播系统提供列车进出站触发信号，广播系统设备将这些信号转化后，由广播控制台起动自动广播设备进行全自动广播，其内容包括：列车停靠、进出站信息、安全提示和向导。

图 16-3　广播区编组键

（5）车站广播控制台操作　车站广播控制台面板上设有传声器、液晶显示屏、键盘区等设施，键盘区分为信源选择键、广播区编组键和语音合成选择键、监听控制功能键、应急广播操作键等，下面介绍常用的工作模式。

1）语音合成选广播区模式。在车站广播控制台上可实现向本站的单一区域、多个区域、全部区域进行语音合成广播。如图 16-3 所示为广播区编组键，可通过编组键对几个区域进行编组广播，也可通过删除键将已编好的广播组删除，重新编组。

语音合成键是将编制好的语音信息播送出去，如图 16-4 所示，播放时选择需要播放的信息数字键即可，停止时按“停播”键。

如果需要对已经编好组的“1”、“2”广播区进行播音，内容为语音合成中的信息“3”，按以下顺序即可进行播音，如图 16-5 所示。

2）传声器广播模式。在广播控制台上选择“话筒”（传声器）按键，再选择播放区域，即可对所选择的区域进行人工广播，如图 16-6 所示。

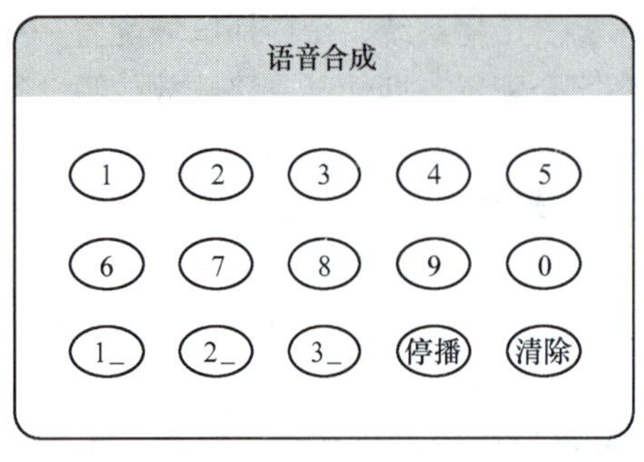

图 16-4　语音合成按键

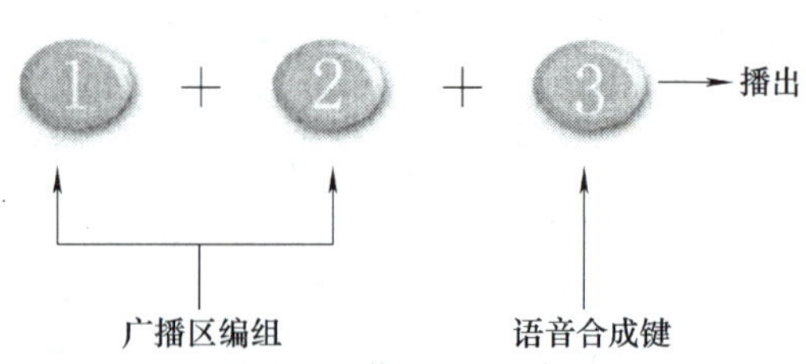

图 16-5　语音合成播送过程

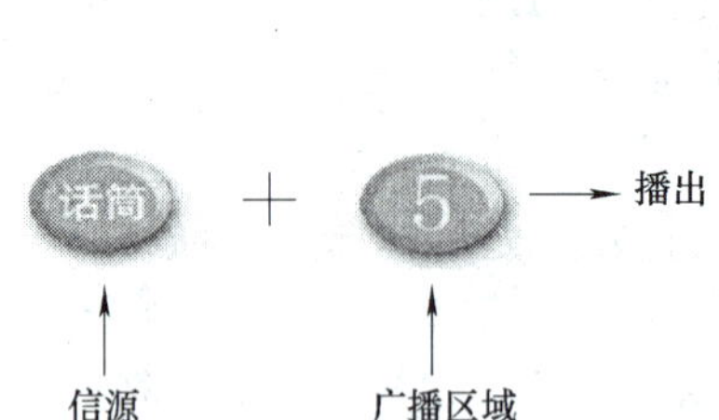

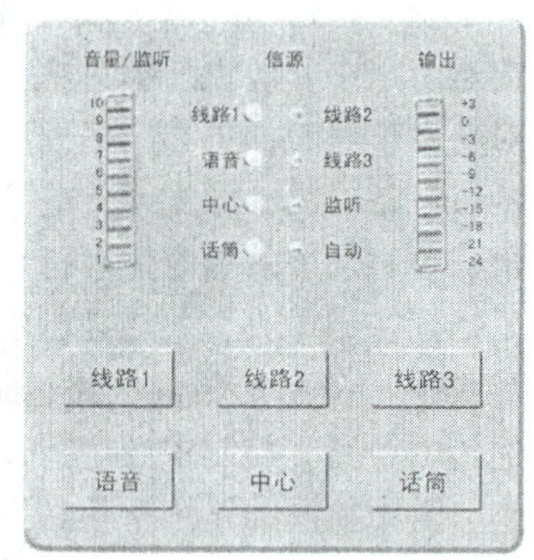

图 16-6　传声器广播过程

3. 车载广播系统的组成

车载广播的主要作用是给乘客发布到站信息以及播放一些背景音乐，同时在紧急情况下可向乘客播放信息。车载广播系统有两种模式：一种是为地面上行驶的列车设计的；另一种是为隧道内行驶的列车设计的。

（1）地面列车车载广播系统　由于列车行驶在地面，车上可接收到 GPS 定位信号，车载广播一般采用 GPS 接收机定位触发，实现自动广播方式，如图 16-7 所示。其系统设备由 GPS 接收机、车载广播控制设备、车厢扬声系统组成。

GPS 接收机接收卫星定位信号，并将信号传送到广播控制设备，实现列车信息定位的功能。

车载广播控制设备接收 GPS 接收机发出的列车定位信号，并判断播发信息的内容，将事先存储的语音信息播发出去。同时具有人工广播的功能，当需要播发紧急信息或 GPS 接收机故障时，驾驶员可通过控制面板上的控制按键人工播发信息。

车厢扬声器系统能对列车上的乘客进行广播，一般采取并联方式。

（2）隧道列车车载广播系统　地铁内的列车一般行驶在隧道内，无法接收 GPS 定位信息，需要通过轨道电路触发设备来实现自动播发广播信息的功能，系统结构如图 16-8 所示。

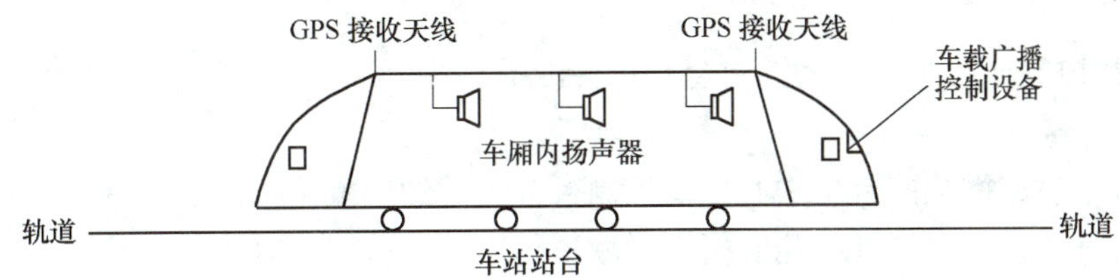

图 16-7　地面列车车载广播系统

其系统设备由轨道电路触发设备、车载接收设备、车载广播控制设备、车厢扬声系统组成。

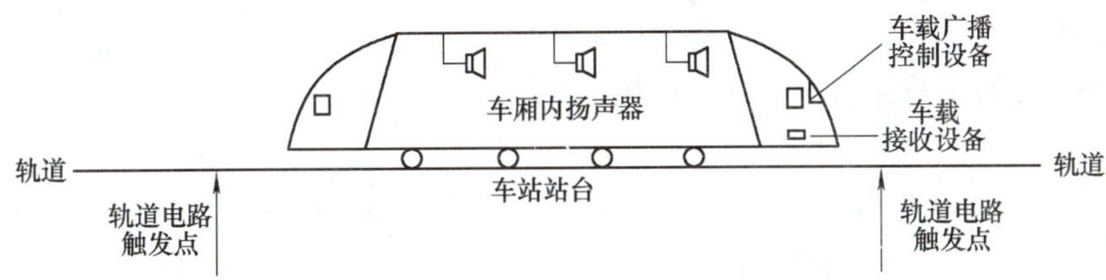

图 16-8　隧道列车车载广播系统

轨道电路触发设备安装在列车进出站时需要广播的轨道上，为车载接收设备发送位置信息。

车载接收设备接收轨道电路触发设备发送的位置信息，并将信号传送到车载广播控制设备。

车载广播控制设备接收车载广播接收设备的位置信息，并判断播发信息内容，其他功能与地面车载广播控制设备相同。

项目实施

任务一　认识广播系统设备组成

1. 目标

1）掌握广播设备之间的连接接口类型。

2）掌握系统组网模式。

2. 设备

车站广播控制台、车站广播控制设备、中心广播控制台、中心控制设备、传输接口设备、扬声器、连接线缆、电源等。

3. 实作内容

1）识别广播系统各设备。

2）画广播系统结构图，学习广播系统组网模式。

3）连接所提供设备，组成广播系统，并使之正常显示运行。

任务二　广播系统的操作

1. 目标

能够根据要求正确操作有关设备完成播音、播放等工作。

2. 设备

车站广播控制台、中心广播控制台及相关设备。

3. 实作内容

1）了解车站广播控制台、中心广播控制台各按键的功能。

2）正确操作控制台按键，能向指定区域进行广播。

任务三　学习广播系统的应用

1. 目标

1）掌握城市轨道交通关于广播系统的使用要求。

2）能够根据有关规定，准确完成广播和播放工作。

2. 设备

车站广播控制台、中心广播控制台及相关设备，城市轨道交通广播系统使用规定。

3. 实作内容

1）学习城市轨道交通关于广播系统的使用规定，掌握其使用时机、使用规范。

2）模拟车站、调度有关岗位，根据有关预案执行规定的广播内容。

拓展与提高

一、扩声系统电缆线路

扩声系统的馈电网络包括音频信号输入部分、功率输出传送部分和电源送电部分。为防止与其他系统之间的干扰，保证声音的质量，扩声系统的电缆线路必须采取有效防护措施。

1. 音频信号输入部分

传声器输出必须使用专用屏蔽软线与调音设备连接，如果线路较长(10～50m)应使用双芯屏蔽软线作低阻抗平衡输入连接。中间如设有传声器转接插座，必须保证接触特性良好。

长距离连接的传声器线(超过50m)必须采用低阻抗平衡传送的连接方法。可采用有色标的四芯屏蔽线，采用钢管防护。

2. 功率输出部分

功率输出的馈电线是指功率放大器输出与扬声器箱之间的连接电缆。

室内扩声系统均采用8Ω低阻抗输出，有时也用4Ω或16Ω阻抗输出。一般采用截面积为2～6mm^2的软线穿管敷设。电缆的截面积取决于传输功率的大小和扬声器的阻尼特性。通常要求馈线的总直流电阻(双向计算长度)应小于扬声器阻抗的1/50～1/100。如扬声器阻抗为8Ω，则馈线的总直流电阻应小于0.16～0.08Ω。馈线电阻越小，扬声器的阻尼特性越好，低音越纯、力度越大。

室外扩声系统由于场地大，扬声器箱的馈电线路长，为减少线路损耗通常不采用低阻抗连接，而使用高阻抗定电压传输音频功率。从功率放大器输出端到最远端扬声器负载的线路损耗一般应小于0.5dB。馈线宜采用穿管的双芯聚氯乙烯多股软线。

3. 供电线路

扩声系统的供电电源与其他用电设备相比，用电量不大，但容易被干扰。为尽量避免灯

光、空调、水泵、电梯等用电设备的干扰，扩声系统应设有专门的接地地线，不与防雷接地或供电接地共用地线。

二、广播系统设备检修基本要求

广播系统的检修工作包括日常保养、二级保养、小修和中修，下面主要说明保养的主要内容。

1. 日常保养

1）每周查看机柜设备各模块的状态指示灯，通过中央处理器查看上次检查至今的故障记录，并清洁机柜表面。

2）每天检查智能广播台按键功能，检查传声器有无松动。

3）每周检查站长、站台、轨旁和桌面广播台各按键功能，传声器有无松动，并进行播音功能测试。

2. 二级保养

广播系统的二级保养每月进行一次，主要内容包括：

1）对于机柜设备，通过中央处理器查看系统状态参数并进行自动音频测试，检查录音信息，清洁机柜内部并检查内部配线，进行主备用功率放大器切换试验。

2）清洁智能广播台进行广播功能测试。

3）检查站长、站台、轨旁和桌面广播台是否固定并进行清洁，检查广播台连线，更换损坏的按键指示灯。

复习思考题

1. 广播系统一般由哪些部分组成？
2. 广播系统分为哪些类型？各有什么特点？
3. 广播系统的音源有哪些？
4. 广播系统的扬声器有哪些类型？各有什么特点？
5. 广播系统扬声器有几种布置方式？各应用于哪些场所？
6. 城市轨道交通企业广播系统由哪些部分组成？
7. 车站广播系统的作用是什么？
8. 用于行车指挥的广播系统为哪些人提供服务？
9. 用于行车指挥的广播系统控制中心设备有哪些功能？
10. 用于行车指挥的广播系统车站设备由哪些设备组成？各起到什么作用？
11. 车载广播有哪几种形式？各由哪些设备组成？

项目十七　时钟系统

知识要点

1. 掌握城市轨道交通时钟系统的设备组成。
2. 掌握时钟系统为城市轨道交通的哪些用户服务。
3. 了解时钟系统的组网模式及其特点。

相关理论知识

一、GPS 时钟简介

1. 关于时间的基本概念

（1）时间频率标准源　时钟频率标准源一般有四种：晶体钟、铷原子钟、氢原子钟、铯原子钟。晶体钟会老化，易受外界环境变化影响，对时钟长期精度产生漂移影响；原子钟长期使用后也会产生偏差，需要定时校准。

（2）定时、授时、时间同步、守时

定时：是指根据参考时间标准对本地钟进行校准的过程。

授时：是指采用适当的手段发播标准时间的过程。

时间同步：是指在母钟与子钟之间时间一致的过程，又称时间统一的过程。

守时：是指将本地钟与已校准的标准时间保持下去的过程。

2. GPS 时钟的实现

时钟系统一般采用 GPS（Globe Position System，全球卫星定位系统，简称 GPS）标准时间信息，GPS 接收模块示意图如图 17-1 所示。其工作基本流程是 GPS 接收模块通过接收天线接收到 GPS 卫星信号，然后将卫星信号传送给微处理器计算出标准时钟，并将此时钟信息显示在液晶显示面板上；同时也可以通过外部接口如串口或以太网口传送给外部设备，为外部

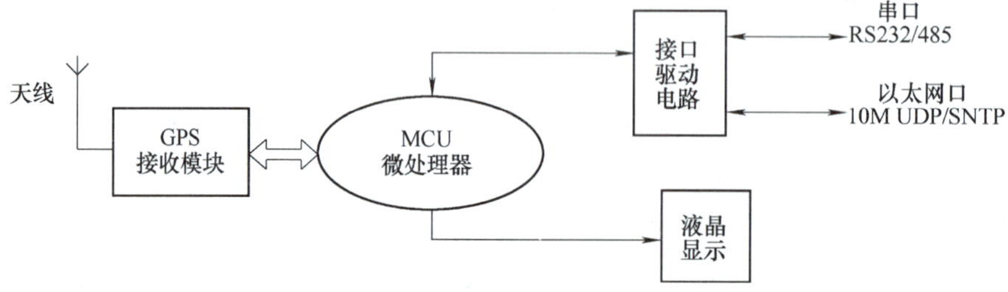

图 17-1　GPS 接收模块的示意图

设备提供标准时钟信息。

3. GPS 时钟的特点

传统的时钟在城市轨道交通企业中需要定期校时，这样操作人员工作量大，容易出现差错，采用以 GPS 为母钟的时钟系统可以为城市轨道交通系统运营提供统一的时钟系统，精确度高，系统可自动校时，无需人工操作。

二、城市轨道交通时钟系统功能

为保证城市轨道交通列车安全、准时、可靠运行，需要各部门、各专业之间密切配合，因此城市轨道交通设置时钟系统以保证准时服务乘客、统一全线设备标准时间。时钟系统具有以下功能。

1. 显示统一的标准时间信息

时钟系统提供全线统一的时间基准，由设置在全线各站、车厂的指针式和数字式子钟显示，为乘客和工作人员提供包括年、月、日、星期、时、分、秒等的准确时间信息。

2. 向其他系统提供标准时间信号

时钟子系统在控制中心可向其他通信子系统、ATS 自动信号系统、SCADA 电力监控系统、FAS 防灾报警系统、AFC 自动售检票系统等相关系统设备提供准确、统一的时间信息，在全线执行统一的定时标准，为轨道交通行车指挥、列车运行、设备管理提供时间基准，确保通信系统以及其他重要控制系统协调同步。

三、城市轨道交通时钟系统组成

时钟系统由中心母钟、监控终端、二级母钟、子钟及传输通道构成，如图 17-2 所示。

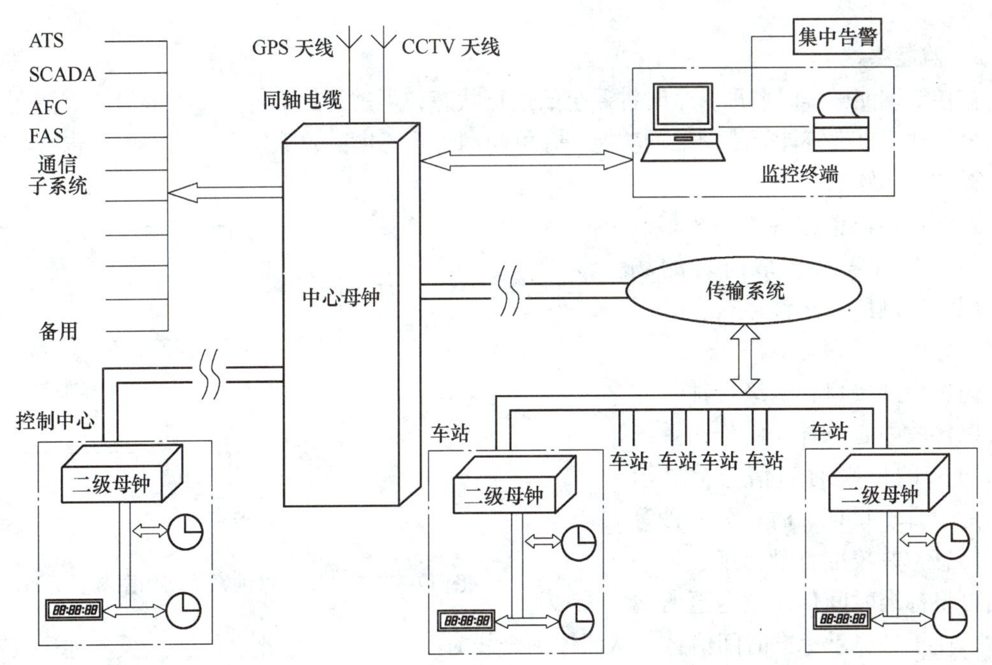

图 17-2　时钟系统

1. 中心母钟

中心母钟也称为一级母钟，主要功能是作为基础主时钟系统。一般中心母钟接收两种标准的时间信号：一种是GPS时钟，作为主用时钟；另一种是接收CCTV时间信号，作为备用时钟。中心母钟可将校准后的标准时间信息通过串口或以太网口分配给控制中心及各场所的二级母钟和其他需要提取标准时间的系统。

中心母钟具有故障告警功能，并可将故障信息发送给监控网管计算机。中心母钟主要由以下几部分组成：标准时间信号接收单元、主备母钟、自动转换单元、输出接口单元等。

（1）标准时间信号接收单元　为时钟系统提供高精度的时间基准而设置，以实现时钟系统的无累积误差运行。在正常情况下，标准时间信号接收来自GPS的卫星时钟信号，经解码、比对后，经由输出接口向母钟发送标准时间代码，以实现对母钟精度的校准。当GPS发生故障时，将自动转换为接收CCTV标准时间。

（2）主备母钟　母钟通过标准接口接收标准时间信号接收单元发送的标准时间信号，用以校准自身的精度。当标准时间信号接收单元出现故障时，母钟将采用自身的高稳晶振作为时间基准。由于母钟是整个时钟系统的中枢部分，其可靠性要求较高，一般采用双机热备容错配置。当主母钟故障时，可通过自动或人工手动切换到备用母钟。母钟能够显示年、月、日、星期、时、分、秒等时间信息，并具备12/24小时两种显示方式的转换功能。母钟通过标准接口与控制中心及各站点的二级母钟连接，将标准时间信号发送给该二级母钟并将其校准。同时母钟可接收回送的该二级母钟及控制中心子钟的运行状态信息，再将这些信息送到监控网管系统。

（3）自动转换单元　检测主母钟的工作状态，实现母钟主、备机的自动转换。

（4）输出接口单元　通过标准接口，将时钟信息送给二级母钟或其他需要提取时钟信息的系统。

2. 监控终端

监控终端能够实时监测整个时钟系统的运行状态，可进行故障管理、性能管理、配置管理及安全管理、报表统计等集中维护功能，并可向网管系统提供故障信息，实现集中告警功能。

3. 二级母钟

二级母钟设置在各车站及车辆段、停车场等需要提取时钟的场所，用于控制所属子钟运行，其系统结构如图17-3所示。

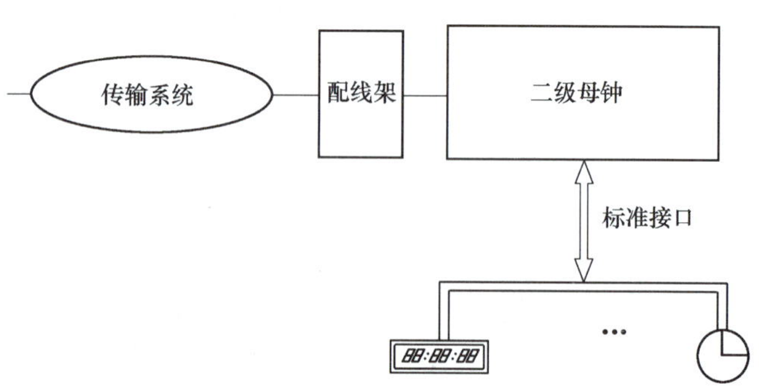

图17-3　车站二级母钟系统结构图

通过标准接口，二级母钟一方面可以接收中心母钟经由传输系统发送过来的标准时间信号，显示年、月、日、星期、时、分、秒等时间信息，并校准自身精度；另一方面可将标准时间信号发送至所属子钟，使子钟显示标准时间信息，从而达到全线时间的统一。除此之外，二级母钟还具有监控和故障告警功能，通过监测数据传输接口接入便携机在各个车站实现对全线设备的监控，并可向中心母钟回送自身及所属子钟的运行状态信息及故障信息。

二级母钟具有独立的晶振，中心母钟发送来的标准时间信号对二级母钟是校对的关系，而不是绝对指挥关系，当中心母钟或传输通道发生故障时，二级母钟仍可依靠自身的晶振指挥子钟运行。

4. 子钟

子钟一般设置在车站的站台、站厅及办公场所等，分为数字子钟和指针子钟，如图17-4所示。

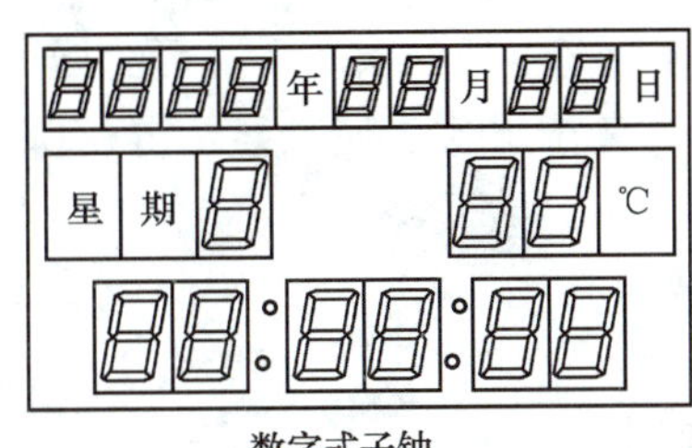

数字式子钟

指针式子钟

图 17-4　子钟示意图

数字式子钟一般为数码管形式，安装在各车站的站台或站厅内，向乘客显示日期及时间信息，还可显示站内外温度等信息。指针式子钟一般为机械式机心，安装在各车站、车厂及控制中心的办公室内，为轨道交通系统工作人员提供准确的时间信息，是轨道交通系统可以准时、可靠运行的重要保障。

子钟通过标准接口接收二级母钟发送的时间信号，将自身的精度校准后，显示统一的时间信息。

当子钟接收不到来自二级母钟发送的时间信号时，仍能依靠自身的晶振独立运行。此时与标准时间的校准可通过子钟上的按键，人工手动进行校时。当重新接收到二级母钟发送来的时间信号后，回送自身的工作状态。

新安装上的指针式子钟具有自动校时功能，当接收到二级母钟发送来的标准时间信号时，能够以最短距离方式快速调整指针的位置到标准时间。

由于子钟的工作场所较复杂，有的场所需要提供照明，所以指针式子钟一般采用内置式照明设备。

5. 传输接口

常用的串行通信接口包括 RS-232 串行接口、RS-422 串行接口、RS-485 串行接口三种。

RS-422 串行接口传输距离在 1km 左右，基本能够覆盖一个车站的范围，同时 RS-422 接口具有单点到多点的传输特性，所以在城市轨道交通中应用较多。时钟系统二级母钟与子钟之间的连线，二级母钟与其他系统接口之间的连线一般都采用此接口。

四、城市轨道交通时钟系统组网模式

为保证城市轨道交通列车安全、准时、可靠运行，需要各部门、各专业之间密切配合，因此城市轨道交通必须设置时钟系统以保证准时服务乘客、统一全线设备标准时间。其有两种组网模式。

1. 时钟系统单独组网模式

城市轨道交通中的时钟系统一般采用控制中心/车站两级组网方式，如上面所介绍：一级母钟接收来自 GPS 的标准时间信号校正本身晶振，产生稳定的标准时间信号，通过传输系统传给车站、车辆段、停车场等的二级母钟。二级母钟接收一级母钟标准时间信号，校正本身晶振，产生稳定标准时间信号，驱动所带全部子钟显示统一时间，为乘客和工作人员提供统一时间。

一级母钟在控制中心还为其他系统提供统一的时间信号，使各系统的定时设备与时钟系统同步。

2. 与旅客引导系统混合组网模式

旅客引导信息系统的主要功能是通过文字、图像、声音等形式为进出车站的旅客提供列车到发的有关信息，引导旅客快捷方便的乘车，并可为候车旅客提供新闻、广告、娱乐等信息服务。显示终端包括 PDP 等离子屏幕、液晶显示屏、LED 显示屏等形式，一般设在各车站站厅、站台。

综合考虑两个系统的显示内容信息、显示界面形式，可以将时钟系统与引导显示系统融合，具体网络模式为：保留各车站的二级母钟，取消站厅、站台内的子钟。一级母钟在控制中心为旅客信息系统提供时间信号或由车站二级母钟给车站旅客引导设备直接提供时间信号，由旅客信息系统在各车站站厅、站台的显示终端上以固定窗口的形式显示时钟信息，如图 17-5 所示。

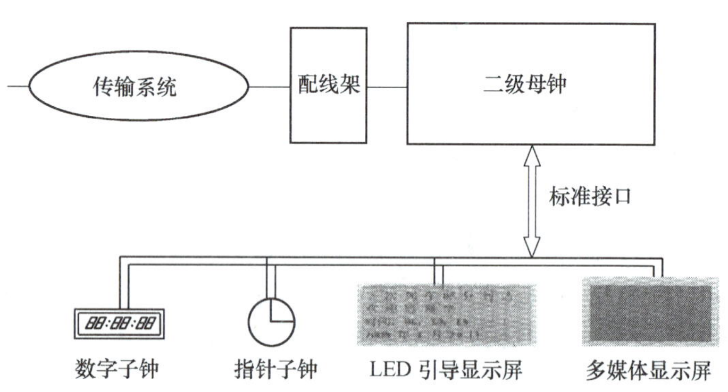

图 17-5 时钟与引导系统整合方案示意图

两种时钟系统组网模式均能满足城市轨道交通运用的需求，第一种方案中各系统独立运行互不影响，第二种方案利用旅客引导系统显示时间信息完成子钟显示，显示屏幕不具备自身校时的功能，当时钟系统故障或线路故障时，屏幕上显示不了时钟信息，但具有经济、合理，集成化程度高的特点。

五、城市轨道交通时钟系统运作模式

1. 中央控制运作模式

系统正常工作状态下，只用中央控制运作模式，中心母钟可正常接收 GPS 信号，并将此信号转换成标准时间信号传送给二级母钟及其他需要接收时间信号的系统，从而使各终端用户的时间与 GPS 的时间保持同步。

当一级母钟不能接收 GPS 信号时，一级母钟将会通过自身的高稳晶振提供时间信号，此时各终端用户仍然接收来自一级母钟的时间信号，一般一级母钟自身晶振的精度可达到 10^{-6}，所提供的时间仍能满足运营要求。

2. 车站降级控制运作模式

当一级母钟因故不能向二级母钟传送时间信号时，系统进入车站降级控制运作模式，二级母钟通过自身的高稳晶振为分布于各站点的子钟提供时间信号，但不向其他系统提供时间信号。

当二级母钟因故无法向子钟提供时间信号时，子钟自行运作继续向乘客提供时间信息。

任务一　现场教学认识设备

1. 目标

1）掌握城市轨道交通时钟系统结构。

2）了解时钟系统组网模式及相关设备。

2. 设备

一级母钟、二级母钟、数字子钟、指针子钟及连接线缆电源等。

3. 实施步骤

1）认识设备：认识 GPS 接收装置、中心母钟、二级母钟、子钟等设备外观及设置位置。

2）学习城市轨道交通时钟系统组网模式，及各设备、接口的应用。

3）连接一级母钟、二级母钟、子钟及电源，使系统能正常运行。

任务二　时钟调整

1. 目标

1）熟练掌握时钟系统故障时的有关作业规定。

2）掌握二级母钟指示灯各种告警的含义。

3）根据要求设置二级母钟及子钟。

2. 设备

数字式子钟、指针式子钟、城市轨道交通关于时钟系统故障处理程序。

3. 实施步骤

1）通过学习，熟练掌握城市轨道交通关于时钟系统故障处理程序。

2）操作：掌握数字式和指针式子钟的调整方法。

拓展与提高

一、GPS 时钟原理

1. GPS 系统的基本组成

GPS 是由美国国防部研制的导航卫星测距与授时、定位和导航系统，简称全球定位系统。GPS 由三部分构成：GPS 卫星（空间部分）、地面支撑系统（地面监控部分）、GPS 接收机（用户部分）。

2. GPS 系统的定时原理

GPS 向全球范围内提供定时和定位的功能，全球任何地点的 GPS 用户通过 GPS 接收机接收卫星发出的信号，即可获取准确的空间位置信息、同步时钟及标准时间。GPS 要实时完成定位和授时功能，需要 4 个参数：经度、纬度、高度和用户时钟与 GPS 主钟标准时间的时刻偏差，所以需要接收 4 颗卫星的位置。若用户已知自己的确切位置，那么接收 1 颗卫星的数据也可以完成定时。

若设(x,y,z)为接收机的位置，(x_n,y_n,z_n)为已知卫星的位置，则列解下列方程就可以得到x，y，z和标准时间T：

$$(x-x_1)^2+(y-y_1)^2+(z-z_1)^2=c^2(T+\Delta T-T_1-\tau_1)$$
$$(x-x_2)^2+(y-y_2)^2+(z-z_2)^2=c^2(T+\Delta T-T_2-\tau_2)$$
$$(x-x_3)^2+(y-y_3)^2+(z-z_3)^2=c^2(T+\Delta T-T_3-\tau_3)$$
$$(x-x_4)^2+(y-y_4)^2+(z-z_4)^2=c^2(T+\Delta T-T_4-\tau_4)$$

式中 ΔT——用户时钟与GPS主钟标准时间的时差；

T_n——卫星n所发射信号的发射时间；

τ_n——卫星n上的原子钟与GPS主钟标准时间的时差；

c——光速。

由于GPS采用被动定位原理，所以星载高稳定度的频率标准是精密定位和授时的关键。工作卫星上一般采用的是铯原子钟作为频标。GPS卫星上的卫星钟通过和地面的GPS主钟标准时间进行比对，这样就可以使卫星钟与GPS主钟标准时间之间保持精确同步。GPS卫星发射的几种不同频率的信号，都是来自卫星上同一个基准频率。GPS接收机对GPS卫星发射的信号进行处理，经过一套严密的误差校正系统处理，使输出的信号在较长时间内处于高稳定性。

二、二级母钟操作说明

二级母钟主要包括主母钟、备母钟、电源模块及通信模块等，如图17-6及图17-7所示。

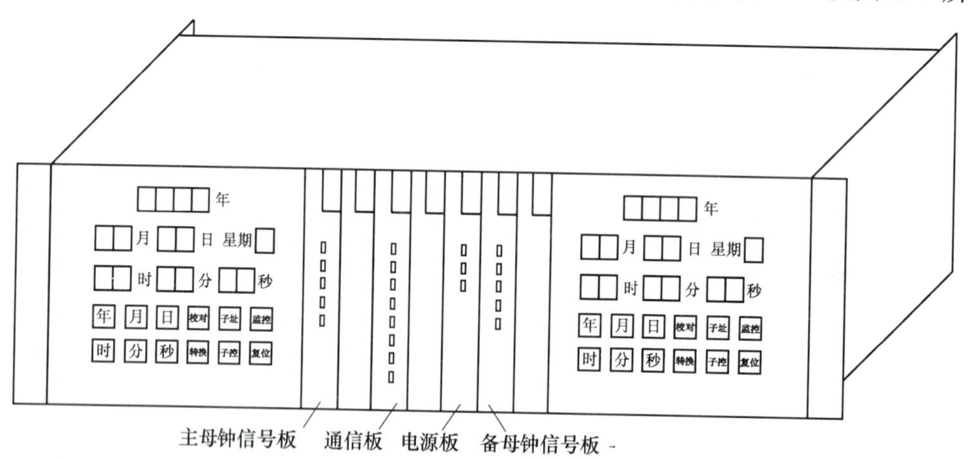

图17-6 二级母钟外观示意图

1. 指示灯显示

接通二级母钟电源，打开电源开关，电源指示灯亮，主母钟开始工作，备母钟工作指示灯闪烁。

1）主备母钟的信号板前面均有5个指示灯，其从上到下依次所表示的意思为：

① 工作指示，红色闪烁为正常。

② 与中心母钟通信状态指示，绿色闪烁为接收数据，红色闪烁为发送数据。

③ 主备之间通信状态指示，闪烁为正常。

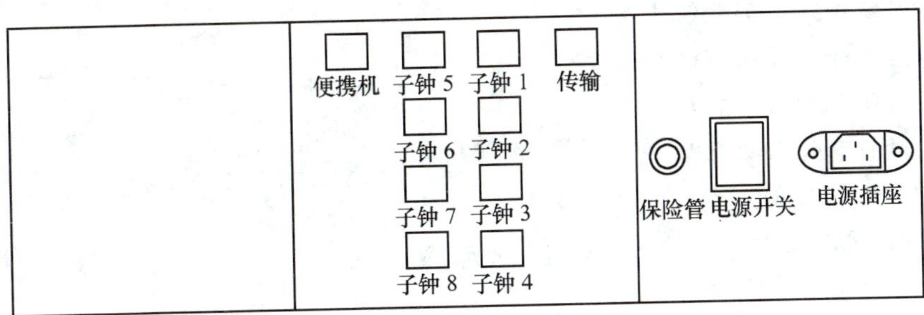

图 17-7　二级母钟后面板接口示意图

④ 预留。

⑤ 预留。

2）电源板的前面有 3 个指示灯，其从上到下依次所表示的意思为：

① 主母钟电源指示，常亮黄色为正常。

② 备母钟电源指示，常亮黄色为正常。

③ 通信板电源指示，常亮黄色为正常。

3）通信板的前面有 8 个指示灯，其从上到下依次所表示的意思为：第几个灯闪烁表示与第几路子钟通信状态指示。绿色闪烁为接收数据，红色闪烁为发送数据。

2. 二级母钟设置步骤

二级母钟可通过前面板各键手动调整二级母钟的时间，各键的具体含义如下：

“年”——按一下，年数加 1。

“月”——按一下，月数加 1，到 12 月时再加 1，自动转为 1 月。

“日”——按一下，日数加 1，到本月最后一天时再加 1，自动转为 1 日。

“时”——按一下，时数加 1，到 23 时再加 1，自动转为 0 时。

“分”——按一下，月数加 1，到 59 分时再加 1，自动转为 0 分。

“秒”——按一下，秒清零。

“校时”——当二级母钟能接收到中心母钟通过传输子系统发送来的标准时间信号时，自动向子钟发送标准时间信号；如果接收不到中心母钟发送来的标准时间信号，则二级母钟只有再按一下该键后，才向各子钟发送校时信号。

“转换”——主母钟工作时，按一下，转换为备母钟工作；备母钟工作时，按一下，转换为主母钟工作。

“监控”——按一下，可在当前显示时间信息的位置显示状态信息。

“复位”——按一下，二级母钟复位到初始状态。

“子址”——当第三次按下“监控”键时，按该键可调节本二级母钟的地址。

复习思考题

1. 时钟标准源有哪几种？
2. GPS 接收机定时的工作原理是什么？
3. 城市轨道交通中时钟系统的功能是什么？
4. 时钟系统为哪些用户提供服务？

5. 时钟系统由哪些部分组成？
6. 一级母钟一般接收哪两种信号？
7. 一级母钟有什么功能？
8. 二级母钟有什么功能？
9. 子钟有几种形式？子钟有什么功能？
10. 时钟系统有几种组网模式？各有什么特点？

附　录

附录 A　常用信号系统英文缩写对照表

ACS	计轴系统	DTC	数字轨道电路
AF	音频	DTI	发车时刻显示器
AM	ATO 模式	EB	紧急停车
APR	信标、绝对位置参考应答器	ESB	紧急关闭按钮
AR	自动折返驾驶（模式）	ESS	紧急车站停车系统
ARS	列车进路设定	ESTT	电子元件接口模块
ASK	数字调幅、幅移键控	FSK	数字调频、移频键控
ATC	列车自动控制	FTGS	西门子公司遥供无绝缘音频轨道电路
ATI	列车到达时刻显示器	HMI	人机界面
ATO	列车自动运行	ICU	区域控制中心
ATP	列车自动防护	JTC	无绝缘轨道电路
ATS	列车自动监视	LAN	局域网
Bond	棒线	LATS	车站自动列车监控
CAN	现场总线	LCC	本地控制台
CATS	中心自动列车监控	LCP	局部控制盘
CBTC	基于通信的列车控制系统	LEU	轨旁电子单元
CCTV	闭路电视	LOW	现场操作工作站
CI	计算机联锁	MMI	人机界面
COM	通信服务器	MODEM	调制解调器
CPU	中央处理单元	MUX	多路转换器
CRC	循环冗余校验	OBE	车载设备
CTC	调度集中	OCC	控制中心
DSP	数字信号处理	PAS	乘客广播系统
DSTT	接口控制模块	RC	进路控制

（续）

PE	工频	STA	天线
PEP	站台紧急按钮	STEKOP	现场接口计算机
PI	站台显示器	STC	车站控制器
PIIS	旅客向导系统	TC	轨道电路
PSD	站台屏蔽门	TVP	轨道空闲处理
PTI	列车识别系统	TWC	车—地通信
RM	限制人工驾驶(模式)	TX	发送器
RX	接收器	URM	非限制人工驾驶(模式)
SCC	车站控制计算机	VCC	车辆控制中心
SCR	车站控制室	VPI	安全型计算机联锁
SER	信号设备室	WE	轨旁设备
SICAS	西门子计算机辅助信号	ZTL	区域逻辑控制器
SM	ATP 监督人工驾驶(模式)		

附录 B 某城市地铁车辆段信号平面示意图(部分)

(见书后插页)

附录 C 某城市轻轨信号平面示意图

(见书后插页)

附录 D 某环形地铁信号平面图(A 站～Q 站局部)

(见书后插页)

参考文献

[1] 何宗华，等．城市轨道交通通信信号系统运行与维修[M]．北京：中国建筑工业出版社，2006.
[2] 林瑜筠．城市轨道交通信号设备[M]．北京：中国铁道出版社，2006.
[3] 张凡，钱传贤．城市轨道交通概论[M]．成都：西南交通大学出版社，2007.
[4] 张唯．铁道运输设备[M]．北京：中国铁道出版社，2002.